KB134997

삼 三
채 彩
中國 西安(長安)의 문화유산

초판인쇄 2015년 7월 10일
초판발행 2015년 7월 10일

엮은이 시안시문물보호고고학연구소
옮긴이 중국문물전문번역팀
펴낸이 채종준
진 행 박능원
기 획 지성영
편 집 박선경 · 조은아
디자인 조은아
마케팅 황영주 · 한의영

펴낸곳 한국학술정보(주)
주 소 경기도 파주시 회동길 230(문발동513-5)
전 화 031-908-3181(대표)
팩 스 031-908-3189
홈페이지 http://ebook.kstudy.com
E-mail 출판사업부 publish@kstudy.com
등 록 제일산-115호(2000. 6. 19)

ISBN 978-89-268-6955-0 94910
978-89-268-6263-6 (전11권)

한국학술정보(주)의 학술 분야 출판 브랜드입니다.

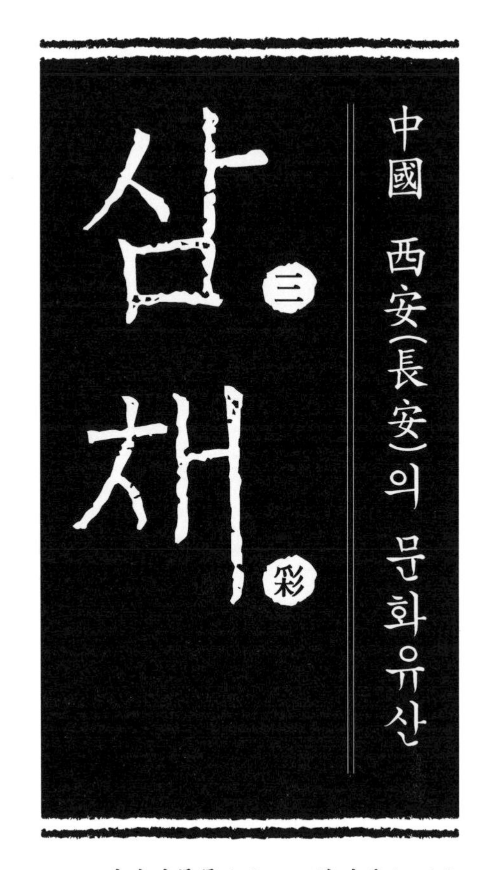

시안시문물보호고고학연구소 엮음
중국문물전문번역팀 옮김

한국학술정보

한눈에 보는 중국 시안(西安, 長安)의 문화유산

시안(西安, 長安)은 중국 고대문명의 발상지로 역사상 13왕조의 왕도인바 중국 전통문화의 산실이라고 할 수 있다. 주(周) · 진(秦) · 한(漢) · 당(唐)나라 등의 수도로서 청동기(青銅器)를 비롯한 각종 옥기(玉器)와 금은기(金銀器), 불교조각상(佛教彫刻像), 당삼채(唐三彩), 도용(陶俑), 자기(瓷器), 회화(繪畵), 서예(書藝) 등 수많은 문화유산을 남기고 있다. 그러나 이러한 문화유산은 여러 박물관이나 문화재연구소에서 분산 소장하고 있어 한눈에 감상할 수가 없다.

시안을 답사했을 때 중국의 지역연구기관으로서 시안 지역의 유적 · 왕릉 · 건축물 등 역사문화유적의 보호와 연구를 담당하고 있는 시안시문물보호고고소(西安市文物保護考古所)에서 정리하고, 세계도서출판시안공사(世界圖書出判西安公司)에서 발행한『西安文物精華(시안문물정화)』를 접한 바 있다. 이번에 출간된『中國 西安(長安)의 문화유산』 시리즈는 이를 번역 · 출판한 것으로, 이를 통하여 시안의 문화유산을 한눈에 감상할 수 있게 되었다. 이 책은 전문가들이 몇 년간에 걸쳐 시안의 문화유산 가운데 에센스를 선정, 회화 · 금은기 · 옥기 · 당삼채 · 불교조각상 · 자기 · 청동거울 · 도용 · 청동기 · 서예 · 도장(圖章) 등으로 분류하여 집대성한 것이다. 중국어를 해득하지 못하는 이들을 위해 각종 문화유산에 대한 상세한 해설을 실어 이해를 돕고 있으며, 화질이 좋아 원서보다도 선명하게 문화유산을 접할 수 있게 되었다.

특히 회화편은 원서보다도 화질이 선명하여 그림의 색감이 더 살아나며, 청동기와 동경(銅鏡)도 세밀한 부분이 더 입체적으로 드러나고 있다. 회화편의 경우, 그림을 보고 있노라면 한국화의 주제나 기법이 어디서 영향을 받았는지를 확연하게 알 수 있어 한국의 회화를 이해하는 데도 많은 도움이 될 것이다. 청동기와 동경의 경우, 한국의 그것과 공통점과 차이점을 비교해보는 재미를 느낄 수 있으며, 불교조각상과 자기의 경우에도 중국과 한국의 공통점과 차이점을 한눈에 살펴볼 수 있다. 이와 같이『中國 西安(長安)의 문화유산』 시리즈는 중국의 문화유산을 감상하고 이해하는 것뿐만 아니라 한국의 문화유산과의 비교를 통하여 두 전통문화 간의 공통점과 차이점을 느낄 수 있다.

실크로드의 기점인 시안은 중국뿐만 아니라 서역의 많은 문화유산을 소장하고 있으나 이곳의 문화유산을 감상하려면 박물관이나 미술관에 직접 가야만 하고, 중요한 유물을 모두 보기 위해선 여러 번 발품을 팔아야 한다. 이에『中國 西安(長安)의 문화유산』 시리즈는 한눈에 중국의 우수한 문화유산을 감상하면서 눈의 호사를 누리고, 중국의 전통문화를 제대로 이해하는 계기가 될 것이다.

2015년
前 문화체육관광부 장관
現 고려대학교 한국사학과 교수
최광식

중국 시안(西安, 長安)의 유구한 역사를 보여주다

시안(西安, 長安)은 중국의 역사에서 다양한 별명을 갖고 있다. 중화문명의 발상지, 중화민족의 요람, 가장 오래된 도시, 실크로드의 출발지 등이 그것이다. 시안의 6천 년 역사 가운데 왕도(王都, 혹은 皇都)의 역사가 1200년이었다는 사실도 시안을 일컫는 또 다른 이름이 될 수 있다. 즉, 시안은 남전원인(藍田原人)의 선사시대부터 당(唐) 시기 세계 최대의 도시 단계를 거쳐 근대에 이르기까지 중화의 역사, 종교, 군사, 경제, 문화, 학예 등 분야 전반에 걸쳐 가히 대륙의 중심에 서 있어 왔다고 할 수 있다. 그만큼 시안은 역사의 자취가 황토 고원의 두께만큼 두껍고, 황하의 흐름만큼 길다고 할 것이다.

시안시문물보호고고소(西安市文物保護考古所)에서 엮은『西安文物精華(시안문물정화)』도록 전집은 이와 같은 시안의 유구한 역사와 그 문화사적인 의미를 잘 보여주고 있다. 첫째, 발굴 및 전수되어 온 문화재들이 병마용(兵馬俑), 자기(瓷器), 인장(印章), 서법(書法), 옥기(玉器), 동경(銅鏡), 청동기(青銅器), 회화(繪畵), 불상(佛像), 금은기물(金銀器物) 등 다양할 뿐 아니라, 시안만이 가지는 역사 배경의 특징을 심도 있게 관찰할 수 있는 분야의 문화재가 집중적으로 수록되어 있다. 각 권의 머리말에서 밝히고 있듯이 이 문화재의 일부는 시안 지역의 특징을 이루는 것들을 포함하면서 다른 일부, 예컨대 자기는 당시 전국의 물품들이 집합되어 있어 그 시기 중국 전체의 면모를 보여주기도 한다는 것이다. 둘째, 당 이후 중국 역사의 주된 무대는 강남(江南)으로 옮겨갔다고 할 수 있는데, 이 문화재들은 시안이 여전히 역사와 문화의 중심축에서 크게 벗어나지 않고 있음을 보여준다. 문인 취향의 서법, 인장 및 자기들이 이를 말해준다고 할 수 있다. 셋째, 이 문화재들은 병마용의 경우처럼 대부분이 해당 예술사에서 주로 다루어질 수준의 것들이지만 다른 일부, 예컨대 회화 같은 경우는 그러한 수준에서 다소 벗어난 작품들로 보이기도 한다. 그러나 이 경우 이 문화재들은 해당 예술사 분야에서 대표성을 갖는 작품들이 일류 작가의 범작(凡作)들과 이류 작가의 다른 주제와 기법을 통하여 어떻게 조형적 가치와 대표성을 가질 수 있는가를 되비쳐줌과 동시에 중국적인 조형 의식의 심층을 엿볼 수 있게 한다는 사료적 가치가 있다고 평가할 수 있다.

이러한 시안의 방대하고 의미 있는 문화재를 선명한 화상과 상세한 전문적 설명을 덧붙여 발간한 것을 한국학술정보(주)에서 한국어 번역본으로 출간, 한국의 관련 연구자와 문화 애호가들에게 시의적절하게 제공하게 된 것은 매우 다행스럽고 보람된 일이라 생각한다. 향후 이를 토대로 심도 있는 연구가 진행되고, 이웃 문화권에 대한 일반 독자들의 이해가 깊어질 수 있기를 기대하면서 감상과 섭렵을 적극적으로 추천하는 바이다.

2015년 관악산 자락에서
서울대학교 미학과 교수
박낙규

장안성(長安省)은 당(唐)의 도읍으로 교외에는 당묘(唐墓)가 대량 분포되어 있다. 따라서 허난(河南) 루오양(洛陽), 궁이시[鞏義市, 옛 명 궁셴(鞏縣)], 산시성(陝西省) 위베이(渭北)의 당릉(唐陵) 및 무덤 소재지를 제외하고 이곳에서 당삼채(唐三彩)가 비교적 집중적으로 출토되었다.

중화인민공화국 수립 이후 시안(西安, 長安)의 동북과 서쪽 교외 및 남쪽 장안구(長安區) 등지에서 당삼채 부장품(副葬品)이 대량 출토되면서부터 당삼채는 점차 모습을 드러내기 시작하였다. 중국사회과학원 고고학연구소, 산시성고고학연구소, 산시성문화관리위원회, 시안 현지 고고학 부처에서 속속 발굴을 진행하여 다수의 당삼채를 출토했다.

1956~1958년 사이 중국과학원 고고학연구소는 시안 교외에서 여러 차례 발굴을 진행하였는데 그중 대부분의 당묘(唐墓)가 성당(盛唐) 시기의 것으로 밝혀졌다. 무주(武周) 신공(神功) 2년에 독고사정묘(獨孤思貞墓)는 동쪽 교외 바차오구(灞橋區) 홍칭춘(洪慶村) 남쪽으로 천묘(遷墓)하였는데 그 속에서 유색이 화려하고 조형이 다양한 삼채용(三彩俑)이 무려 132점이나 출토되었다. 독고사정묘(獨孤思貞墓) 동쪽에 자리한 독고사경묘(獨孤思敬墓)는 경룡(景龍) 3년에 조성되었는데 도굴의 피해로 많은 양의 용(俑)이 이미 파괴되었다. 훼손이 심해 복원이 불가능한 것을 제외하고 보존상태가 양호한 것과 복원된 것이 도합 32점이며 그중 22점은 색채가 단순하다. 서쪽 교외 난허춘(南何村) 서북쪽에 자리한 조하(皂河)에 인접한 선우정회묘(鮮于庭誨墓)는 개원(開元) 11년에 만들어졌으며 여기서도 당삼채용들이 대량으로 출토되었다. 그중 춤을 추고 악기를 연주하는 사람 다섯 명을 태운 낙타용(駱駝俑) 한 점이 당시 처음 발견되었다(1959년 시안 서쪽 교외 중바오춘(中堡村) 당묘에서도 사람 일곱 명을 태운 짐을 실은 낙타용 한 점이 출토되었다). 이를 통해 성당(盛唐) 시기 대형의 당삼채용은 고관, 귀족들의 부장품(副葬品)이며 대형 낙타용과 무사용(武士俑)의 높이가 보편적으로 1m 이상임을 알 수 있다. 출토된 삼채용은 저마다 특색을 지니고 있으며 조형이 생동감 있고 제작이 복잡하고 화려하다. 삼채마(三彩馬)의 장식 또한 화려한데 화려한 말안장과 말다래의 조형에서 당삼채 공예가들의 높은 수준을 알 수 있다. 대형의 인물용(人物俑)과 동물용(動物俑)을 제외하고 단색의 연유도(鉛釉陶)로 된 부뚜막, 우물 난간 등도 출토되었다. 그러나 모든 고관들의 무덤에 당삼채가 부장된 것은 아니다. 예를 들어 개원 28년에 조성된 양사묘(楊思墓)에는 당삼채용이 없으며 부장된 용(俑)은 대부분 홍도(紅陶) 위에 채색 의복을 그린 것이며 일부는 금으로 장식한 것도 있다.

시안(西安) 한삼채(韓森寨), 왕가분(王家墳)과 서쪽 외곽 화력발전소의 당묘에서 품계가 낮은 관료와 부유한 평민이 사용하던 당삼채가 출토되었으며 장안구(長安區) 웨이구(韋區) 베이위안(北塬)에서도 일정한 양의 당삼채가 출토되었다. 시안 서쪽 외곽의 일부 소형 당묘에서 출토된 당삼채는 형체가 작고 조형이 단순하며 대부분 소형 도기공예품이다. 당 리촨팡(醴泉坊)의 당삼채나 도기가마터에서 출토된 홍태삼채(紅胎三彩)와 비슷한 것으로 보아 그 시기 시시(西市) 장례용품 상점에서도 인근 요장(窯場)의 당삼채를 구매할 수 있었음을 알 수 있다. 당대(唐代) 장안의 교외에서 출토된 부장품을 살펴보면 일부 낮은 품계 관리의 부장품 수량이 규정을 초과하였음을 알 수 있다.

『당육전(唐六典)』 권23에서는 당나라 중앙관청에서 '견관서(甄官署)'를 설치해 돌을 깎아 만들거나 흙을 빚어 굽는 일을 관리하는데 "범상장칙공기명기지속, 삼품이상구십사, 오품이상육십사, 당광, 당야, 조명, 지축, 탄마, 우인, 기고하각일척, 기여음성대여동부지속, 성의복완, 각시생지품질, 소유이와목위지, 기장솔칠촌[凡喪葬則供其明器之屬, 三品以上九十事, 伍品以上六十事, 當壙, 當野, 祖明, 地軸, 誕馬, 偶人, 其高下各一尺, 其餘音聲隊輿童仆之屬, 盛儀服玩, 各視生之品秩, 所有以瓦木爲之, 其長率七寸, 무릇 상사와 장사에는 부장품 따위를 제공하는데 3품 이상은 90개, 5품 이상은 60개이다. 당광(當壙), 당야(當野), 조명(祖明), 지축(地軸), 탄마(誕馬), 우인(偶人) 등은 그 높이가 각각 1척이어야 하며 그 밖에 악대와 동복 따위는 외양과 의복, 장신구를 각각 생전 품계에 준하여 도자기와 나무로 만드는데 그 길이는 대개 7촌이다]"라는 규정이 있었다. 당대 관청에서 부장품을 제작하던 당삼채 가마터는 아직 발견되지 않았으며 경기도(京畿道, 중국 당대(唐代) 행정구역의 하나, 장안(長安) 지역, 현재 산시성 시안시 일대)의 관할 구역의 통촨황바오(銅川黃保)와 야오저우구(耀州區) 일대에서만 발견되었다. 그 밖에 1998년에 시안 서쪽 외곽 리촨팡(醴泉坊)에서도 당삼채 가마터가 발견되었다.

당나라 장안성 서쪽 외곽의 리촨팡 가마터가 발견된 후 산시성고고학연구소에서는 1999년 5월부터 7월까지 문물 보호 목적의 발굴을 진행하였다. 그 과정에서 파손된 가마터 4곳과 재구덩이[灰坑] 10곳이 발굴되었고 당삼채를 포함한 만 점이 넘는 도자기 조각이 출토되었다. 리촨팡 가마터에서 출토된 물품들은 품종이 다양하다. 분채용(粉彩俑)이 있는가 하면 붉은색 바탕의 삼채 그릇과 용(俑)이 있고 흰색에 붉은빛이 감도는 고령토를 칠한 그릇과 용도 있다. 이 밖에 나한(羅漢) 등 불교 도자기 인물상이 있는가 하면 삼채 벽돌 등 건축 자재도 있다. 상례 및 장례용 기물(器物)도 종류가 다양한데 이를테면 삼채, 분채로 된 인물용, 동물용도 있다. 또한 많은 용(俑) 제작용 거푸집들도 출토되었다. 용(俑) 중 작은 것은 몇 cm에 불과하지만 큰 것들은 60~70cm에 달한다. 조형은 생동감이 있지만 제작이 거칠며 색상은 화려하지만 함축성이 부족하고 표현에 한계가 있다. 삼채 벽돌 중 남색 벽돌은 색상이 깨끗하며 유층(釉層)이 두껍다. 무늬장식에서 보상화무늬는 삼채 벽돌 중의 남색 유약으로 시유(施釉, 유약 치기)한 듯한데 색상이 깨끗하고 화려한 것으로 보아 수입 코발트를 사용한 것 같다. 이 코발트는 육상과 해상 비단길을 통해 중원으로 유입되었는데 호인(胡人)의 사찰 건축에서 먼저 사용했던 것 같다. 『양경성방고(兩京城坊考)』 등 문헌에 따르면 당대 리촨팡(醴泉坊)에는 규모가 상당한 호인사찰이 있었다. 당대 도읍지인 루오양과 장안에서는 굴을 파고 흙을 취해 벽돌과 기와를 굽는 것을 금지하였는데 장안의 리촨팡(醴泉坊)과 둥시(東市) 인근에 있는 일부 유적지를 볼 때 당 장안성 둥시시(東西市) 인근에 주로 삼채 기물을 굽는 민간 요장(窯場)이 있었음을 알 수 있다.

2002년 이후 시안 남쪽 지역 및 장안구(長安區)에서 당삼채가 부장된 당묘 여러 곳이 발굴되었다. 그중 장안구 곽두(郭杜)에서 발굴된 M31과 얀타구(雁塔區) 당(唐) 연흥문(延興門) 유적지에서 발굴된 강문통(康文通) 무덤에서 모두 대형 삼채용과 기물들이 출토되었다.

새로운 출토자료와 가마터의 발견에 따라 당나라 장안의 삼채가 날로 주목받게 되면서 새로운 문제가 제기되었으며 허난에서 출토된 삼채와의 관계도 연구가 필요하게 되었다. 시안 교외의 당묘에서 발굴된 당삼채 수가 많아 여러 곳에 나누어 보관되어 전면적인 자료가 지금껏 출판되지 못하였다. 쑨푸시(孫福喜) 박사 등이 저술한 이 책은 시안시 문물고고학연구소 및 문물 담당 부처의 삼채 소장품과 등공기마용(騰空騎馬俑), 남유(藍釉) 노새 등 대표적인 우수한 작품과 무덤 출토자료가 수록되었으며 다채로운 장안 삼채 문화를 다루고 있다. 이 책의 출판으로 당대 장안 삼채에 대한 인식과 연구에 도움을 줄 수 있는 것으로 기대된다.

2009년 6월 18일

작전시(禚振西)

唐长安城是大唐首都所在地，在郊区分布有大量唐墓群，因此这里是河南洛阳、巩义市(旧称巩县)、陕西渭北诸唐陵及陪葬墓所在地县之外，全国出土唐叁彩较为集中的一处地区。

建国以来，西安郊区曾考古出土大量随葬唐叁彩器，出土地点主要集中在东北郊、西郊及南部的长安区(县)，唐长安城郊随葬叁彩的面目得以逐渐明晰。中国社科院考古研究所、陕西省考古研究所、陕西省文管会和西安当地考古部门曾陆续发掘出不少随葬唐叁彩的唐墓。

1956～1958年中国科学院考古研究所在西安郊区挖掘随葬有大型唐叁彩俑的墓葬基本为盛唐墓葬：独孤思贞墓位于东郊灞桥区洪庆村之南，墓葬迁窆年代为武周神功二年，随葬叁彩俑类达132件，釉彩鲜艷多样；独孤思敬墓位于独孤思贞墓地东侧，葬于景龙叁年，由于遭盗扰多数随葬俑已破碎，除了部分过于缺损无法修復外，保存较好的和经修整復塬者32件，其中22件为叁彩，釉彩较单纯；鲜于庭诲墓位于西郊南何村西北处，墓地近隣皁河，墓葬年代为开元十一年，出土大批唐叁彩俑类，其中载有乐舞人物5名的骆驼载乐俑为当时首次发现(1959年西安西郊中堡村唐墓出土了另一件载有7人的骆驼载乐俑)。这批墓葬显示，在盛唐时期大型唐叁彩俑确是高官、贵族陪葬用器，大型骑驼俑、武士俑等高达1米以上，出土叁彩俑各有特色，造型生动，俑类制作復杂、华美，叁彩马装饰华丽，带有“叁花”、“障泥”，鞍韉华丽，反映了唐代叁彩、雕塑工艺的高超水平。除了陪葬大型人物、动物俑类，这几座盛唐墓葬还随葬有单色铅釉陶的竈、井栏等。但并非长安盛唐高官墓葬均随葬唐叁彩，如开元二十八年杨思墓并未随葬唐叁彩俑，随葬俑类全为红陶外加彩绘衣饰，有些还有细部贴金装饰。

在西安东郊韩森寨、王家坟和西郊热电厂唐代墓葬群中发掘出土了大量较低品级官僚或富裕平民随葬的唐叁彩，在长安区韦区北塬也有一定数量出土。西安西郊一些小型唐墓出土的唐叁彩器形小且造型简单，多有随葬小型陶塑，与西安西郊唐醴泉坊唐叁彩、陶器窑址出土的红胎叁彩近似，显示唐代可以在西市“凶肆”购买到西市隣近窑场烧造的唐叁彩随葬品。从唐长安郊区墓葬出土实际情况看，一些低品级的人死后的随葬品数量超过了相应的品级规定。

《唐六典·卷二十叁》规定，唐代官方专门设立有“甄官署”，以管理“琢石陶土”之事，并规定“凡丧葬则供其明器之属，叁品以上九十事，五品以上六十事，当圹、当野、祖明、地轴、诞马、偶人，其高下各一尺，其余音声队舆童仆之属，盛仪服玩，各视生之品秩，所有以瓦木为之，其长率七寸”。迄今为止，烧造唐代官方制作随葬叁彩的唐长安窑址尚未发现，仅在京畿道辖内的铜川黄堡和耀州区一带发现过唐叁彩窑址，另外1998年西安西郊醴泉坊发现了商作唐叁彩窑址。

唐长安城西郊醴泉坊窑址发现后，陕西省考古研究所在1999年5月～7月进行了抢救性发掘，发掘残窑址4座，10座灰坑，出土的唐叁彩在内的陶瓷残片上万片。醴泉坊窑址出土物品类繁杂，有大量的粉彩陶俑，亦有大量红胎叁彩器皿、俑类，也有部分白中泛红的瓷土胎器皿和俑类，同时也烧造有罗汉一类佛家陶制人像，还烧造叁彩砖等建筑材料。以丧葬用器为大宗，如叁彩、粉彩的各类人物、动物俑等，出土了多种俑类模具。俑类小者仅数厘米，大的则有6～70厘米不等。造型活泼，但制作均显粗疏，用彩艷丽，但含蓄不足、温润有限。叁彩砖中的蓝彩色纯、釉厚，纹饰似为宝相花纹叁彩砖中的蓝彩，色釉纯正鲜艷，应该是采用了进口钴料，是通过陆上或海上“丝绸之路”贸易输入中塬，可能先使用在胡寺建筑。据《两京城坊考》等文献记载，醴泉坊在唐代就曾建有规模不小的胡寺。唐代曾有规定两京为帝都所在，禁止穿窟取土，烧造砖瓦，从长安醴泉坊和东市隣近一些遗址可以看出，唐长安城确实在东、西市隣近街区存在烧造叁彩明器为主的民营商业性窑场。

2002年以来，西安南郊及长安区考古发掘了数座随葬唐叁彩的唐墓，如长安区郭杜发掘的M31、雁塔区唐供延兴门遗址外发掘的康文通墓，都出土了大批让人耳目一新的大型叁彩俑类和器物。

随着新出土资料和窑址发现，唐长安叁彩日益受到重视，并提出很多有待厘淸的新问题，与河南出土叁彩的关系也有待探究。西安郊区唐墓的发掘单位较多，出土叁彩实物被分散保管于多处，迄今尚未有比较全面的出版资料。孙福喜博士等编着的本书，萃集了西安市属考古、文物单位叁彩藏品，收录了腾空骑马俑、蓝釉骡等一批代表性精品和墓葬出土资料，展示了丰富多彩的唐长安叁彩文化，她的出版，对认识、研究唐长安叁彩必将带来极大推动。

二零零九年六月十八日

禚振西

With a lot of Tang tombs scattered in the suburbs, Chang'an City, the capital of Tang, was the place where Tang San Cai is mostly unearthed in China in addition to Luoyang City, Gongyi City(the previous Gong County), Henan Province and counties of northern Weinan, Shaanxi Province, where many Tang tombs and satellite tombs are found.

After the founding of P.R. China, a lot of funerary Tang San Cai utensils were excavated in the suburbs of Xi'an. The findspots are mainly grouped in the northeast suburb, the west suburb and the southern Chang'an County. The features of funerary San Cai in the suburbs of Chang'an in Dang Dynasty are becoming distinct gradually. Many Tang tombs with quite a few funerary Tang San Cai were successively excavated by the Institute of Archaeology of China Academy of Social Sciences, the Shaanxi Provincial Institute of Archaeology, Shaanxi Provincial Cultural Relics Committee and the local archaeological departments of Xi'an.

The tombs hosting large Tang San Cai figurines which were excavated by Institute of Archaeology of China Academy of Social Sciences in Xi'an suburbs from 1956 to 1958 are basically tombs of mid-Tang period, including Dugu Sizhen Tomb in Hongqing Village, Baqiao District in the east suburb and Xianyu Tinghui Tomb in the northwest of Nanhe Village in the west suburb. The Dugu Sizhen Tomb was built in 698, and its funerary Tang San Cai figurines are up to 132 in number, whose glazes are glinting and various. Dugu Sijing Tomb, which is to the east of Dugu Sizhen Tomb, was built in 709. Because of grave robbers, many of the funerary figurines were broken, while 32 are well-preserved and restored, 22 of which are San Cai, whose glazes are rather simple. The latter tomb is near River Zao, and its burying year was 723. There are large quantities of unearthed Tang San Cai figurines from this tomb, among which the musicians-on-camel figurines are firstly discovered(5 singers and dancers are on the back of camels). In 1959, another seven-musicians-on-camel figurine was discovered in Tang tomb in Zhongbu Village, the western suburb of Xi'an. The utensils in this tomb show that in the most flourishing period of Tang Dynasty large Tang San Cai figurines were funerary utensils only for officials and aristocrats. The large camel-riding figurine and warrior are more than 1m in height. The excavated San Cai are unique in characters and lively in style. The production of those figurines is very complex and the artifacts are really gorgeous. The ornate three-color horse, which has Sanhua mane, clay barrier and ornate saddle and saddle blanker, indicates San Cai and sculpture artifacts in Tang Dynasty were at a superb level. Beside the large funerary people and animal figurines, these tombs also host funerary utensils such as cookers and well curbs of monochrome lead-glazed pottery. However, not all officials in Chang'an City of this period were buried with Tang San Cai as funerary objects. For example, Yang Si Tomb of 740 has no Tang San Cai, and all of its funerary items are terracottas, painted clothing and some small-scale goldoverlaid ornaments.

Large quantities of Tang San Cai were excavated in the tombs of officials at a lower level and some rich ordinary people were excavated in Hansenzhai and Wangjiafen of the eastern suburb of Xi'an and Tang Dynasty Tombs in the Thermal Plant of the western suburb, and also in Beiyuan, Weiqu, and Chang'an District. Tang San Cai unearthed from some small-scale Tang tombs in the western suburb of Xi'an are small in size and simple in model. These tombs also have small pottery sculptures as funerary objects. The small-sized Tang San Cai in those tombs are similar to the Tang San Cai of the Liquanfang in the western suburb of Xi'an and the Redbody San Cai unearthed in pottery kiln. It shows that one can buy Tang San Cai made by the nearby kilns as funerary objects in Tang King Market's Shroud shops. From the actual condition of excavation of tombs in suburbs of Chang'an, Tang Dynasty, the number of funerary objects of some low-grade people surpasses the relevant grade identification.

Tangliudian Volume 32 stipulated that Select Official Department specially set up by the Tang government was in charge of carving jade and making pottery. It also stipulates all officials would be offered funerary objects according to their official position: the third level and above would be offered 90 objects and level five and above, sixty. The height of Dangkuang, Dangye, Zuming, Dizhou, Danma, Ouren is one Chinese measure note, and other singers, instrument players, and servants figurines as well as the honor guards and playing objects were of 0.7 Chinese measure note if they were made of kiln and wood according to their quality and grade. Up to now, the official kilns making and baking funerary Tang San Cai are not found. Only some kilns were found in Huangbu, Tongchuan, and Yaozhou District within Gyeonggi jurisdiction. In addition, a commercial Tang San Cai kiln was found in Liquangfang, the western suburb of Xi'an in 1998.

After the discovery of Liquanfang in the western suburb of Tang Chang'an city, the Shaanxi Institute of Archaeology took rescuing action to excavate 4 damaged kilns and 10 ashcans, getting tens of thousands of ceramic pieces including Tang San Cai. The unearthed materials were various, such as quantities of pastel pottery figurine, red-body San Cai utensils and figurine and some white in the reddening white earth adobe utensils and figurines. Besides, there were also some baked Buddhist figures like arhat and construction materials like San Cai bricks. A lot of figurine models were unearthed, among which the funerary objects such as San Cai and pastel people and animals figurines. The small ones were only measured by centimeters, and big ones varied from 6cm to 70cm. They were lively shaped, but not delicately made; they were colorful, but not implicit and gentle enough. In the San Cai bricks, the blue color is pure and thick, and the texturing is similar to San Cai bricks of Baoxiang flower which is bright and pure, because it used imported colbalt by maritime Silk Road and the Silk Road trades to central plains. The imported colbalt was first used in Hu Temple buildings. According to the Blocks in Two Ancient Capital Cities(Xi'an and

Luoyang) of Tang Dynasty and literatures like that, Liquanfang had built big-scale Hu temples in Tang Dynasty, when it was stipulated that the two cities were the capital cities, digging clay and baking bricks were not allowed. From the sites of Liquanfang in Chang'an and East Market's neighborhood, there were private commercial kilns in the streets and districts near the west and east market.

From the year 2002, several Tang tombs with funerary Tang San Cai were found in southern suburb and Chang'an District in Xi'an, such as M31 found in Guodu, Chang'an District, and Kang Wentong Tomb, outer Yanxing Gate, Yanta District, both of which have unearthed quantities of refreshing large San Cai figurines and utensils.

With the new discoveries of documents and kiln sites, the Tang San Cai in Chang'an got more and more attention. A lot of new questions were raised to be solved. So did the relationship with the San Cai unearthed in Henan. The excavation of Tang tombs was done by many different organizations in Xi'an, therefore, the San Cai entities were kept in several places, and there were no comprehensive publications. This book edited by Dr. Sun Fuxi collected archaeology and cultural relic of San Cai in Xi'an city, and it also included excavation information about some representative choicest articles, such as Vacated riding figurine and Glazed Mule, showing rich and colorful Tang San Cai culture in Chang'an, Tang Dynasty. The publication of this book will motivate the understanding and study of Tang San Cai in Chang'an, Tang Dynasty.

June 18th, 2009

Zhuo Zhenxi

唐長安城は大唐首都の所在地であり、近郊地区で大量の唐墓群が分布しているので、ここは河南洛陽、鞏義市（旧称は「鞏県」）、陝西渭北の諸唐陵および陪葬墓の所在地県のほか、また全国から出土した唐三彩やや集中している1か所の地区である。

新中国の建国以来、西安の近郊地区で考古によって大量に副葬された唐三彩器を出土したことがある、出土場所は主に北東の郊外、西の郊外と南部の長安県（区）に集中しているが、かつ唐長安城の郊外の副葬三彩の姿が次第に明らかになりつつある。中国社会科学院考古研究所、陝西省考古研究所、陝西省文管会と西安現地の考古部門は続々と多くの副葬された唐三彩の唐墓を発掘したことがある。

1956~1958年に中国科学院考古研究所が西安近郊地区で副葬された大型の唐三彩俑のお墓を掘ったのは殆ど盛唐のお墓である。独孤思貞墓は東郊外灞橋区洪慶村の南に位置し、お墓が移動したの年代は武周神功2年で、副葬された三彩俑類では132件に達し、釉彩もあでやかで多様化である。独孤思敬墓は独孤思敬のお墓地の東側に位置し、景竜3年に埋葬されたが、盗掘者の騒動によって多数の副葬俑がすでに破砕されてしまった、部分はあまりにも欠陥により修復不可能な状態の以外、保存状態良好のものと修繕でリセットものは32件がある、ただし22件は三彩である、釉彩もやや単純である。鮮于庭誨墓は西郊の南何村の西北に位置し、お墓地は皂河より近く、お墓の年代は開元11年である、多くの「唐三彩俑類」を出土された、ただし伴奏付きの舞踊の人物が5名乗っている駱駝載楽俑はその時に最初発見されたものである(1959年に西安西郊中堡村唐墓から別の1件が7人に乗っている駱駝載楽俑を出土された)。このお墓は盛唐時期に大型の唐三彩俑については確かに高官、貴族が陪葬用の器物だったと分かる、その大型の騎駝俑、武士俑などは高さが1メートル以上に達し、出土された三彩俑もそれぞれ特色がある、また造型は生き生きしているだけでなく、俑類の製作は複雑、華美、三彩馬の装飾も華麗、「三花」、「障泥」付きによる、鞍韉（したくら）が華麗になる、唐時代の三彩、彫刻塑像とのプロセスの高度レベルを反映された。陪葬された大型の人物、動物俑類を除く、いくつかの盛唐墓はまた単色の鉛釉陶のかまど、井戸の 柵 などが副葬している。しかし長安盛唐の高官墓が全部副葬された唐三彩ではない、例えば開元28年の楊思墓は副葬された唐三彩俑ではない、かつ副葬された俑の種類はすべて赤陶と彩絵の服装飾具を加え、一部あるまだ細部の金箔装飾がある。

西安の東郊外の韓森寨、王家のお墓と西郊外の火力発電所の唐代の墓群中で発掘による大量にわりに低品等級の官僚あるいは豊かな平民の副葬された唐三彩を出土した、長安区韋曲の北塬も一定数量の出土があった。西安西郊外のいくつかの小型の唐墓から出土された唐三彩の器形は小さくて造型も簡単である、多く副葬された小型の陶塑がある、西安西郊外の唐醴泉坊の唐三彩、陶器窯の場所から出土された赤胎三彩と似ている、唐代に西市「凶肆」で西市の付近窯場から焼成された唐三彩の副葬品が買えたかがわかる。唐長安の近郊地区のお墓から出土された実際の情況から見ると、いくつかの低品等級の人が死んだ後の副葬品の数量が相応する等級の規定を超出した場合もある。

《唐六典•巻二十三》の規定による、唐代の政府がもっぱら「甄官署」が設立している、「琢石陶土」の事を管理するためのである、そして「およそ葬儀はその明器の属を祭る、三品以上は九十事、五品以上は六十事、當壙、當野、祖明、地軸、誕馬、人形、その高下がそれぞれ1尺、ほかの音声隊と男の子の召使いの属、盛儀服着で遊ぶ、それぞれ生む品順による、全部瓦木をとする、その長率は7寸」と定める。今まで、唐代政府で製作された副葬三彩を焼成され た唐長安の窯址がまだ発見しない、ただ京畿道管轄内における銅川黃堡と耀州区の一帯で唐三彩の窯址を発見したことがあるのみ、その他に1998年西安西郊外の醴泉坊で商作唐三彩窯の所在地を発見された。

唐長安城の西郊外の醴泉坊の窯址が発見された後で、陝西省考古研究所は1999年5月~7月に応急的発掘を行なった、残窯址の4基まど10基の灰穴を発掘された、出土された唐三彩を含める陶器残片が10000以上がある。醴泉坊の窯址から出土された品物の種類が繁雑で、多くの粉彩陶俑がある、多くの赤胎三彩の器具、俑類もある、部分の白中で赤んでいる磁土の胎器具と俑類もある、同時に羅漢に類似している仏陀家で陶製の塑像も焼成している、また三彩煉瓦などの建築材料を焼成する。葬儀用の器具は大口である、例えば三彩、粉彩の各類の人物、動物俑など、それぞれの俑類のモールドを出土しました。俑類は小さいものはただ数センチメートルだけである、大きいのは6~70センチメートル異同サイズがある。造型は活発で、しかし製作が全部粗忽が現れている、鮮やかな色彩だが、含蓄が不足気味で、やさしくて限度がある。三彩の煉瓦中の青彩が純粋で、釉が厚く、刺青は宝相模様の三彩煉瓦中の藍彩のようである、色釉は純粋であでやかで、輸入したコバルトをを採用すべきである、陸上あるいは海上の「シルクロード」の貿易を通じて中原に輸入した、先に胡寺建築に用いるかもしれない。《両京城坊考》などの文献記載によると、醴泉坊は唐代で規模が小さなしない胡寺が建てる。唐代かつて両京を帝都の所在地に決まったことがある、レンガ焼成のための土掘りとして穴あけの禁止、長安醴泉坊と東市に近くのいくつか遺跡から、唐長安城が確かに東、西市の附近町区で焼成製 の三彩明器を主とする民営商業性の窯場が存在しているように見える。

2002年以来、西安南郊外と長安区で考古による数基の副葬された唐三彩の唐墓を発掘された、例えば長安区郭杜から発掘されたM31、雁塔区唐供延興門遺跡の外で発掘された康文通墓、すべて大量に人に見るもの聞くものがすっかり新しく変わらせた大型の三彩俑類と器物を出土した。

新しく出土された資料と窯址の発見に従って、唐長安三彩は日に日に重視されるように、そして多くの整理する必要がある新問題を提出したが、河南から出土された三彩の関係と探究をも待たねばならない。西安近郊地区の唐墓からの発掘部門はわりに多く、出土された三彩の実物が分散でさまざまな所に保存される、今までまだ比較的そろった出版資料がない。孫福喜博士などによる一冊の本として編纂によって、精髄に西安市属の考古、文化財部門で三彩の秘蔵品に集まっている、騰空騎馬俑、藍釉騾などのいくつかの代表性の逸品とお墓からの出土資料を収録した、多彩な唐長安三彩の文化を展示した、彼女の出版によると、唐長安三彩を了解研究することに対してはきっと強大な推進を持ってくるようになる。

2009年 6月 18日

禚振西

당삼채(唐三彩)는 연유(鉛釉) 도기(陶器)의 일종이다. 유도(釉陶)는 중국 도기 유형 중 하나로 자토(瓷土)가 아닌 점토(粘土)로 만들었으며 소성(燒成) 온도는 1,000℃ 정도이다. 유층(釉層)은 납화합물을 용제로 사용하였으며 착색제는 철, 구리, 망간, 코발트 등이 있는데 소성 온도는 대부분 700~900℃ 사이이다. 따라서 자기와 원시자기를 일컬어 '저온유도(低溫釉陶)'라고 한다.

중국의 유도는 한무제(漢武帝) 시기(기원전 140~87년)에 관중지역에서 처음 나타났으며 동한(東漢)에 이르러 남북으로 확산되었다. 잇따라 진녹색, 연녹색, 밤색, 다황색 등 다양한 색상의 도자기도 출현하기 시작하였다. 이는 장인들이 다양한 금속원료의 특성 및 화학기술에 대한 인식, 응용이 모두 높은 수준에 이르렀음을 보여준다. 양한(兩漢)의 유도는 모두 부장품(副葬品)으로 조형과 종류가 다양한데 주로 정(鼎), 합(盒), 종(鍾), 이배(耳杯), 창(倉), 정(井), 부뚜막, 가축우리, 뒷간, 못, 성, 누각과 정자, 물레방아, 작방(作坊) 등이 있으며 이런 기물(器物)에서 당시 장원 생활을 엿볼 수 있다. 한대(漢代) 이후 중원에서는 후장(厚葬)의 풍속을 삼가기 시작하면서 연유도(軟釉陶)의 생산도 줄어들었다. 이후 북위(北魏) 시기부터 유도 부장품(副葬品)이 다시 유행하였는데 당시 유도는 색상의 비례와 조합이 알맞고 풍격이 사실적이며 미관이 고상하다. 하지만 유색은 모두 단색이고 또한 유층이 두꺼워 부자연스럽고 기물의 제작이 비교적 거칠며 점토를 이용해 한 차례 소성했다. 북조(北朝) 시기에 이르러서야 고령토(高嶺土)를 사용하기 시작하였고 흰색 혹은 녹황색 유약을 입힌 위에 녹색을 덧칠했다. 이로써 당시 유도가 이미 당삼채의 초기 형태에 이르렀음을 알 수 있다. 당대(唐代) 유도 공예의 출현은 비약적인 발전이라 할 수 있는데 동일한 기물에 다양한 유색을 번갈아 칠함으로써 오색찬란한 당삼채를 제작해 냈다. 따라서 당삼채의 출현은 도자기 공업 발전의 산물이라 할 수 있다.

당삼채의 소성(燒成) 방법은 두 가지가 있다. 우선 두 차례 소성하는 방법인데 주로 구조가 복잡하고 기형이 큰 기물(器物)을 만들 때 사용한다. 먼저 1,050~1,100℃ 사이에서 구워낸 후 그 위에 유약을 입히고 다시 800~900℃ 사이에서 구워내는 방법인데 당삼채의 일반적인 제작 방법이다. 둘째로 소태(素胎)에 직접 유약을 입힌 다음 900℃ 정도의 온도에서 소성하는 방법이다. 후자는 전자보다 태질(胎質)이 견고하지 못해 손톱자국마저 쉽게 남는다.

당삼채 제작 유적은 1957년 허난(河南) 궁셴(鞏縣, 현 궁이시) 시아오후앙위춘(小黃冶村)에서 처음 발견되었다. 수대(隋代)에 궁셴에서 주로 도자기를 만들기 시작하였는데 청자와 푸르스름한 백자완(白瓷碗), 고족반(高足盤)이 주를 이룬다. 당대에는 도자기 종류가 다양해졌으며 주로 백자, 당삼채, 남색 및 녹색 도자기 등이 있다. 가마터의 조사, 실물 표본자료 분석으로 살펴본 결과 궁셴요(鞏縣窯)의 당삼채는 2차 소성을 거쳤음을 알 수 있다. 백색 점토로 소태를 만들어 가마에 넣어 1,100℃ 정도에서 소성한 후 채색 유약을 칠하고 다시 약 900℃의 온도에서 2차 소성한다. 가마터에서 채집한 샘플을 볼 때 삼채 기물은 주로 유약을 2~3가지 또는 그 이상 입힌 것이 가장 많으며 황유(黃釉), 녹유(綠釉), 백유(白釉), 남유(藍釉), 흑유(黑釉), 담청유(淡青釉), 홍유(紅釉) 등을 입힌 유형도 볼 수 있다. 기물의 형태는 주로 노(爐), 분(盆), 발(鉢), 완(碗), 반(盤), 관(罐), 등(燈), 병(瓶), 호(壺), 배(杯), 침(枕), 와당(瓦當)과 인물용(人物俑), 마용(馬俑), 낙타용(駱駝俑) 및 소량의 인물 · 동물 장난감도 있다. 궁셴의 삼채요(三彩窯)는 후앙위허(黃冶河) 양쪽에 분포되어 이루오허(伊洛河)로부터 루오양(抵洛陽)까지 운송하는 데 편리하였으며 또한 황하를 거슬러 장안에 이를 수도 있었다. 시안, 루오양, 특히 루오양 인근 당묘(唐墓)에서 출토된 삼채는 대부분 궁셴요에서 생산된 것이다.

1984년 가을, 산시성고고학연구소 동촨(銅川) 지소는 후앙바오쩐(黃堡鎭)에서 당나라 삼채 작방과 가마터 세 곳을 발견하였는데 이곳에서 다수의 삼채 기물과 삼채 파편이 출토되었다. 당삼채 색상은 주로 갈색, 황색, 녹색이 어우러진 형태이며 이 밖에 단색으로만 칠한 기물도 속속 발견되었다. 후앙바오요(黃堡窯)의 삼채 기물을 궁셴요와 비교해 볼 때 태질(胎質)이나 장식이 모두 조금씩 뒤떨어지며 바탕은 자토로 만들어 색상이 분홍빛을 띤다. 후앙바오요 기물의 유색과 문양은 궁셴요의 기물처럼 풍부하고 다채롭지 못하다. 남색 유약은 거의 없으나 조형은 궁셴요 기물보다 풍부하다. 일상용품 기물에는 완(碗), 분(盆), 관(罐), 호(壺), 병(瓶), 침(枕), 잔(盞) 등이 있다. 도기 부장품에는 사자, 낙타, 말, 호랑이, 무소, 원숭이 및 머리 모양의 용(俑)이 있고 이 밖에 용머리 모양 혹은 수면형(獸面形)의 건축 부재 및 평기와, 둥근 기와 등도 있다. 후앙바오쩐의 삼채 제작은 만당 시기까지 지속되었는데 고종(高宗)에서 현종(玄宗) 시기까지 발전했던 궁셴 삼채에 비해 오랜 발전을 이루었다. 시안의 일부 당묘에서 출토된 삼채는 궁셴요 삼채와 비교할 때 조형과 장식의 차이가 있어 후왕바오요 기물로 추측된다.

이상 두 곳 이외에 허베이(河北) 네이치우(內丘)의 당대(唐代) 싱요(邢窯) 유적에서도 삼채 기물의 파편이 발견되었는데 주로 노(爐), 발(鉢), 관(罐) 등이다. 이곳은 세 번째로 꼽히는 당삼채 산지(產地)이다.

1998년 시안 서쪽 외곽 옛 공항에 위치한 장안성의 리콴팡 유적지에서 삼채 가마터가 발견되었는데 주로 인물용, 동물용, 생활용품, 불교용품, 건축자재 및 점토소태를 만드는 모형과 가마 안에서 소태를 받치는 데 사용한 도자기 지지대 등이 있었다. 삼채 기물 중 부장품은 주로 인물용과 동물용이다. 용(俑)은 크기가 다양한데 작은 것은 3cm, 큰 것은 60~70cm이며, 홍도(紅陶)가 많고 자토가 적으며 조형이 생동감이 있다. 또한 도법(刀法)이 완숙해 보이지만 제작이 거칠며 색상이 화려하지만 함축성이 부족하고 온화함이 부족하다. 건축자재 중 삼채 벽돌은 남색으로만 칠하였고, 유층이 두꺼우며 대부분 보상화무늬가 그려져 있다. 재료 운용과 예술적 표현력으로 볼 때 장안 리콴팡에서 발견한 삼채와 장안 일대 당묘에서 출토된 삼채는 차이점이 많은데, 동원장(東園匠) 또는 관영(官營) 작방(作房)의 제품이 아닌 상업성을 띤 민간 삼채 작방의 제품이다. 이는 현재까지 네 번째로 발견된 삼채 가마터이다. 이 외에도 산시성 훈위엔요(渾源窯), 쓰촨성 공요(邛窯) 등에서도 소량의 삼채가 출토되었다.

당삼채가 출토된 지역은 주로 시안, 루오양에 집중되어 있다. 즉, 당대 경사(京師)와 동도(東都) 부근이며 산시, 간쑤, 저장, 후베이, 허베이 등 일부 지역에서도 당삼채가 발견되었는데 대부분 성당(盛唐) 시기의 기물이다. 그 외에도 장쑤 양저우 탕청(唐城) 유적지에서도 적지 않은 당삼채 및 삼채 파편이 발견되었다. 당삼채의 조형은 다양한데 주로 인물용, 동물용, 생활용품, 기물모형 등 네 종류이다.

(1) 인물용에는 문관(文官), 무사(武士), 천왕(天王), 귀부인(貴婦人), 남녀시종(男女侍從), 환관(宦官), 기악(伎樂), 호인(胡人), 견마(牽馬), 견타(牽駝) 등이 주를 이룬다.

(2) 동물용은 말과 낙타 이외에 소, 당나귀, 돼지, 양, 개, 닭, 오리, 원숭이, 사자, 거북 및 사람 얼굴 혹은 동물 얼굴 모양으로 만들어진 진묘수(鎭墓獸) 등이 있다.

(3) 생활용품에 속하는 기물 품종이 가장 많은데 완(碗), 반(盤), 배(杯), 우(盂), 호(壺), 관(罐), 존(尊), 노(爐), 병(瓶), 염(奩), 분합(粉盒), 촉대(燭臺), 침(枕), 연(硯) 등이 있다. 동일한 기물의 형태에서 다양한 형태가 파생되었는데 예를 들어 용수배(龍首杯), 상수배(象首杯), 호수배(虎首杯), 압형배(鴨形杯), 조형배(鳥形杯), 심복배(深腹杯) 등이 있다. 호(壺)에는 집호(執壺), 봉두호(鳳頭壺), 원앙형호(鴛鴦形壺), 쌍어호(雙魚壺) 등이 있다. 그중 제작이 정교하고 장식이 화려한 기물들은 부장품에만 그친 것이 아니라 실용적 가치도 있었을 것으로 추측된다.

(4) 기물 모형에는 주로 상(箱), 궤(櫃), 탑(榻), 가옥, 정자, 못, 가산(假山) 등이 있다.

이 밖에 소량의 삼채 장난감과 건축부품들도 발견되었다.

당삼채는 제작이 매우 정교하다. 특히 인물 · 동물용을 만들 때 먼저 모형에 맞춰 만든 다음 날소(捏塑), 각화(刻

花), 인화(印花), 퇴첩(堆貼) 등 장식기법을 사용하였다. 또한 유색은 풍부하고 다채로우며 유면(釉面)의 흐름이 자연스러우며 색상이 다채롭다. 인물용은 소성 후 개상(開相) 처리를 하여 인물용의 형상이 더욱 생동감 있게 묘사되었다. 인물용과 동물용은 비례가 정확하고 전체적으로 조화를 이루어 장인들의 뛰어난 공예 수준을 엿볼 수 있다.

고고학 연구자료를 보면 당삼채의 소성 연대는 770년대 이전이었을 것으로 추측된다. 시안 지역에서 발견한 당삼채는 대부분이 성당 시기 제품에 속하며 그중 중요한 발견은 다음과 같다.

1. 1966년 시안시 리안후구(蓮湖區) 시안제약공장 당묘에서 삼채호인등공마(三彩胡人騰空馬)와 남유(藍釉) 노새가 출토되었다. 삼채호인등공마는 높이가 38cm, 길이가 52cm로 몸집이 거대하며 호인 기수와 나는 듯이 달리는 말로 구성되었다. 기수는 가르마를 탄 머리에, 양쪽 귀 위로 각각 상투머리를 하고 얼굴은 살이 쪘으며 두 주먹을 쥐고 말을 타고 앉은 자세를 취하였다. 남색 원령장포(圓領長袍)를 입고 허리에 주머니가 달린 띠를 맸으며 앞 끝이 뾰족한 목이 긴 신을 신었다. 말은 하늘 높이 날 듯한 용맹한 기세를 자랑하는 듯하다. 목의 갈기는 곧으며 말안장 뒤에는 백색, 녹색, 황색을 번갈아 칠한 자루가 달렸다. 말의 몸통 전체는 황색 유약을 입혔는데 앞다리 윗부분은 흰색을 칠하였고 그 위에 황유(黃釉)를 칠하였는데 흐름이 매우 자연스럽고 선명하다. 장인들은 말의 내재적 정신을 포착함으로써 살지고 강인한 외형을 가진 말을 용맹스럽고 사나운 기세로 형상화하였다. 호인등공마의 조형은 생동감이 있고 유색이 화려하고 아름다워 당삼채 가운데서도 걸작으로 손색이 없다. 말의 기색과 자태, 근육이 발달한 다리의 묘사가 섬세하여 마냥 신기할 따름이다. 호인등공마와 함께 출토된 남유 노새는 높이가 26.5cm, 길이가 33cm이다. 작은 귀는 곧게 치켜세우고 머리를 숙이고 무거운 짐을 싣고 앞을 향하여 걷는 자세인데, 직사각형 받침 위에 서 있다. 등에는 말안장이 있고 그 위에 무거운 보따리를 실었다. 몸통 전체에 남색 유약을 입히고 갈색 반점을 군데군데 그려 놓았으며 보따리에는 황색, 백색, 남색 등 3색 유약을 입혔다.

2. 2002년 산시사범대학 후방 부서가 꾸오두씨아오구(郭杜校區) M31에서 당삼채 66점을 출토하였다. 이는 현재까지 시안 지역에서 당삼채 출토량이 가장 많고 품질이 가장 좋은 무덤으로 알려지면서 오늘날 국내외 학술계의 주목을 끌고 있다. 무덤에서 출토된 부장품은 삼채가 주를 이루는데 그중에서도 용(俑)의 형체가 비교적 크고 제작이 정교하고 아름다우며 유색이 투명하고 빛나며 조형이 정확하다. 진묘수(鎭墓獸), 천왕용(天王俑), 여용(女俑), 낙타용(駱駝俑), 기타주악용(騎駝奏樂俑), 연화형기물좌(蓮花形器物座) 등이 주를 이룬다. 조각 기법과 조형은 시안우후이팅묘(鮮于庭誨墓)와 중바오춘(中保村) 당묘에서 출토된 기물과 비슷하며 성당 시기 무덤의 부장품에 속한다. 그런데 이 무덤은 도굴로 인하여 관대에는 삼채 말머리 하나와 삼채 파편만 남아 있고 나머지 부장품은 발견되지 못하였으며 무덤 주인의 신분도 명확하지 않다. 그러나 삼채 부장품이 아름답고 정교한 것을 보아 무덤 주인의 신분은 귀족일 것으로 짐작된다.

M31에서 출토된 대형의 삼채용과 기물은 모두 소태로 만들어졌는데 태질이 단단하고 부드럽고 매끄러우며 잡티가 적다. 삼채 유색은 황색, 녹색, 남색이 주를 이루는데 색조가 화사하고 윤기가 난다. 그중 적갈색은 보기 드물다.

이 무덤에서 출토된 삼채용은 제재가 풍부하고 조형이 생동감이 있다. 호인무관용은 깊은 눈, 높직한 코, 구레나룻을 가지고 있다. 손에 홀판(笏板, 벼슬아치들이 들고 다니는 길쭉한 판)을 들고 있는 모습을 보아 이 호인은 당시 장안에서 관리직을 담당하였을 것으로 짐작된다. 삼채마의 색상은 오색찬란하고 체구가 매우 크며 민첩하고 용맹스러워 보인다. 재물와타(載物臥駝)와 기타주악용은 구상이 절묘하고 조형이 생동감이 있어 중바오춘(中堡村)에서 출토된 동일한 유형의 기물과 비교해도 손색이 없다. 호인견타용(胡人牽駝俑)은 머리에 복두를 쓰고 귀에 귀덮개를 썼으며 말고삐를 잡은 자세를 취한 것을 보아 멀리에서 온 서역의 상인을 묘사한 것으로 보인다. 여용(女俑)의 자태는 풍만하며 손에 과일바구니를 들었는데 그 모습이 매우 여유로워 보인다. 동자첩치기용(童子疊置技俑)의 형상은 생동감 있게 재현되었는데 익살스럽고 재주가 뛰어나 보인다. 이러한 삼채용은 당대 생활모습을 진실하게 반영하였다. 이런 무덤의 발견은 당대 삼채 조형예술, 표현기법, 제작공예 및 산지 연구에 있어 풍부한 자료를 제공해주었다.

3. 2002년 6월 시안시 얀타구(雁塔區) 장안성 얀싱먼(延興門)의 유적지를 제외하고도 강문통묘(康文通墓)에서 당삼채 14점이 발굴되었다. 이 묘지를 보면 무덤 주인은 만세통천원년(万歲通天元年, 696) 7월 안읍리(安邑里) 사저(私邸)에서 사망한 뒤 신공(神功) 원년(697) 10월 경조(京兆) 만년현(万年縣) 용수향(龍首鄕)에 묻힌 것임을 알 수 있다. 이 부장품 중 가장 주목을 끄는 작품이 바로 제작이 정교하고 아름다운 묘금채회삼채용(描金彩繪三彩俑)이다. 그중에는 천왕용, 진묘수, 무관용의 형체가 크고 제작이 정교하며 특히 유약 위에 채색무늬를 그리는 기법을 사용하여 다른 삼채용과 다른 특색을 갖추었다. 대형 인물용은 머리를 제외하고 전신에 유약을 입힌 위에 화장토(化妝土)를 칠했으며, 채색무늬를 그릴 때 먼저 단선(單線)으로 간단하게 무늬를 그린 다음 색을 칠하였다. 천왕용은 금박무늬 위에 주사(朱砂)로 간단하게 무늬를 그려 넣었다. 함께 출토된 말과 낙타의 코와 입 부위에도 주사 자국이 남아 있다. 이곳에서 발견된 당삼채는 아름다운 채색무늬와 정교한 유약 처리로 예술적 표현력을 극대화했고 제작기술 또한 비약적인 발전을 이루었다.

당삼채는 탁월한 예술품으로 중국뿐만 아니라 세계의 도자기제조업에도 커다란 영향을 미쳤다. 8~9세기에 일본의 '나라(奈良) 삼채', 한국의 '신라 삼채' 및 동아프리카 '이집트 삼채' 모두 중국 수출품의 직접적인 영향을 받아 발전했다. 페르시아 유도 가운데 백태유도(白胎釉陶) 또한 중국의 영향을 받았다. 당대 이후의 '송삼채(宋三彩)', '요삼채(遼三彩)'와 명청대(明淸代) 산시 지역에서 유행한 도태법화기(陶胎琺華器)와 경덕진(景德鎭)에서 구워 만든 자태법화기(瓷胎琺華器)에서도 모두 당삼채의 영향을 찾아볼 수 있다. 당대 이후 중국의 도자기 유약과 착색제는 역시 구리, 철, 코발트, 망간 등 네 가지 종류를 유지하였으며 청대에 다소 증가했다. 당삼채 위에 입힌 남유(藍釉)를 보면, 중국은 당대에 이미 코발트를 사용하였음을 알 수 있다. 이는 코발트가 도자기 장식기법의 발전과 청화자기(青花瓷器)의 탄생에 중대한 의의가 있음을 보여준다.

엮은이

唐叁彩是一种铅釉陶器。釉陶是中国陶器的一个品种，多数是以普通粘土而不是以瓷土做胎，烧成温度在1000℃左右。釉层以铅的化合物作为助熔剂，着色剂有铁、铜、锰、钴等，烧成温度大多在700～900℃之间，所以相对于瓷器或塬始瓷而言也被称作“低温釉陶”。

我国釉陶最初是在汉武帝时期(公元前140～前87年) 出现于关中地区。到了东汉，釉陶的生產已遍布南北各地，并成功地烧制出深绿、浅绿、粟黄、茶黄等多种釉色。这说明工匠们对于各种呈色金属塬料特性的认识、化学技术的掌握和运用都达到了较高的水平。两汉釉陶都是作为明器出现的，造型种类很丰富，有鼎、盒、锺、耳杯、仓、井、竈、家禽家畜圈舍、厕所、陂塘、坞堡、楼台亭榭、水碓、作坊等，比较形象地反映了汉代的庄园生活。汉以后，中塬地区的厚葬之风有所收敛，铅釉陶的生産也随之萧条。北魏时期，釉陶明器重新开始流行。这一阶段的釉陶，色调比例配合得恰到好处，造型风格注重写实，美观大方。但釉色均为单色釉，且施釉较厚，流动性不大，器物制作较粗糙，塬料为一般的粘土，器物为一次烧成。到北朝后期，釉陶生産的塬料开始采用高岭土，在白色或黄绿色釉里又挂上了绿色彩，可以说这时的釉陶已是唐叁彩的雏形。唐代釉陶工艺出现了一个大的飞跃，在同一器物上，多种釉色交错使用，五彩缤纷的唐叁彩被工匠们创造了出来。可见，唐叁彩的出现是陶瓷工业自身发展的産物。

唐叁彩的烧造方法有两种：一种是二次烧成，多运用于结构復杂、器型较大的器物，即先在1050～1100℃的窑内素烧，上釉后，于800～900℃的炉中再烧，为唐叁彩産品的主流；另一种是做好坯后直接上釉，在900℃左右的温度下烧成。后者器物的胎质不如前者坚固，用手指甲就可以划出痕迹。

1957年，唐叁彩烧造遗址首先在河南巩县(今巩义市)的小黄冶村被发现。巩县窑创烧于隋代，隋代産品以青瓷和泛青的白瓷碗、高足盘为主。唐代烧造陶瓷産品种类丰富，主要産品是白瓷，兼烧唐叁彩和一些单色的蓝彩、绿彩等品种。根据窑址调查和实物标本的测试资料来分析，巩县窑唐叁彩应该是二次烧成，即先用白色粘土做成坯胎，入窑在1100℃左右素烧，烧成后施以彩釉，再经过大约900℃的温度第二次烧成。从窑址上采集到的标本来看，叁彩类器物以兼施二、叁种或更多釉色的器物为最多，其次还有黄釉、绿釉、白釉、蓝釉、黑釉、淡青釉、红釉等品种。主要器型为炉、盆、鉢、碗、盘、罐、灯、瓶、壶、杯、枕、瓦当和人俑、马俑、骆驼俑等俑类以及少量人物、动物形玩具等。巩县叁彩窑分布在黄冶河两岸，可以很方便地把産品经伊洛河运抵洛阳，并可经黄河上溯至长安。西安、洛阳，特别是洛阳周围唐墓中出土的叁彩器有不少都是巩县窑産品。

1984年秋季，陕西省考古研究所铜川工作站在铜川黄堡镇发现了一组唐代叁彩作坊和叁座窑炉，在窑址中还发现了不少叁彩器和叁彩残片，釉色以棕、黄、绿叁色为主，还有一些棕、黄、绿单色釉的器物。与巩县窑相比，黄堡窑生産的叁彩器在胎质、装饰上略有逊色，其胎质为瓷土，成品胎质为淡粉红色。釉色、花纹不及巩县窑丰富多彩，基本不见蓝彩，但它也有巩县窑所不及之处，即器物造型十分丰富，属于日用器皿类的有碗、盆、罐、壶、瓶、枕、灯、盏等；陶塑明器类有狮子、骆驼、马、虎、犀牛、猴以及俑头等；此外还有龙头形、兽面形的建筑构件以及板瓦、筒瓦等，另外黄堡叁彩烧造的时间一直持续到晚唐，比仅在高宗到玄宗时期兴盛一时的巩县叁彩持续的时间要长得多。西安地区一些唐代墓葬中出土的叁彩器，在造型、装饰上与巩县窑叁彩有所区别，应是黄堡窑産品。

除以上两处外，河北内丘唐代邢窑遗址中也发现过一些叁彩器物的残片，有炉、鉢、罐等造型，这里是已知第叁处比较重要的唐叁彩産地。

1998年位于西安西郊老机场的唐长安城的醴泉坊遗址发现一处叁彩窑址，出土有人物俑、动物俑、日用容器、佛教用品、建筑材料以及用于泥坯成型的模具和窑内支坯的陶支架等。在这些叁彩中，以随葬用的人物俑、动物俑居多，其规格大小不等，小的仅3厘米，大的有60～70厘米，红陶胎的多，瓷土胎少，造型活泼，刀法流畅，但制作均显粗疏，色彩艷丽，但含蓄不足，温润有限。建筑材料中的叁彩砖，蓝彩色纯、釉厚，纹饰多为宝相花。从用料和艺术表现力来看，长安醴泉坊发现的叁彩与长安一带唐墓中出土的精品叁彩存在较大差距，应非东园匠作或官营作坊中的産品，而当是商业性质的叁彩作坊，其産品是用于出售的。这是迄今已发现的第四处唐叁彩窑址。此外，在山西浑源窑、四川邛窑等地也有少量的唐叁彩烧造。

唐叁彩的出土区域主要集中在西安、洛阳，即唐代京师和东都附近，在山西、甘肃、浙江、湖北、河北等省份的一些地区也有所发现，主要出土于盛唐前后的墓葬中。此外，在江苏扬州唐城遗址中也发现过不少唐叁彩及叁彩碎片。

唐叁彩的造型种类各式各样，应有尽有，常见器型大略可以分为人物俑、动物俑、日用容器、器用模型四个类别：

(1)人物俑，可以分为文官俑、武士俑、天王俑、贵妇俑、男女侍俑、宦官俑、伎乐俑、胡人俑、牵马俑、牵驼俑等；

(2)动物俑，最常见的是马和骆驼，此外还有牛、驴、猪、羊、狗、鶏、鸭、猴、狮子、龟以及人面、兽面镇墓兽等；

(3)日用容器，属于这类用品的器种最多，有碗、盘、杯、盂、壶、罐、尊、炉、瓶、奁、粉盒、烛台、枕、砚等。每一种器型中又演化出若干不同的子器型，如杯有龙首杯、象首杯、虎首杯、鸭形杯、鸟形杯、深腹杯等；壶有执壶、凤头壶、鸳鸯形壶、双鱼壶等，这类器物的用途可能不仅仅是明器，其中一些做工精细、装饰华美者可能还具有实用价值；

(4)器用模型，有箱、柜、榻、屋宇、亭台、池沼、假山等。

此外，在窑址中还发现有少量的叁彩玩具及建筑构件。

唐叁彩做工十分考究，特别是人、兽俑类，在用模范成形后，还使用了捏塑、刻花、印花、堆贴等装饰技法，釉色丰富多彩，釉面流淌，色彩斑斓。人俑烧成以后的“开相”工艺，使得人俑的形象更加生动、逼眞。人、兽俑的身体各部位比例准确，整体协调，显示出高超的工艺水平。

考古资料表明，“唐叁彩”的正式烧成当不晚于公元七世纪七十年代。西安地区发现的唐叁彩多属盛唐阶段，最重要的发现有以下叁处：

一、1966年西安市莲湖区西安制药厂唐墓出土的叁彩胡人腾空马和蓝彩驮骡。叁彩胡人腾空马体量硕大，高38厘米、长52厘米，由骑手和飞奔的悍马两部分组成。骑手端坐马背，头发中分，两耳上各梳一髻，面部丰满，双拳作控马状，身着圆领蓝色长袍，腰束革带，带上系囊，足蹬尖头靴。马的体形彪悍，作跃起腾空状，颈上鬃毛直立，马鞍后有白、绿、黄叁色相间的袋囊。马体施黄釉，前腿上部釉色浅白，其上黄釉流淌非常明显。制陶工匠们抓住了马的内在精神，以强劲膘肥的外形体现了骏马彪悍勇勐的性格。这件胡人腾空马造型生动逼眞，釉色鲜美华丽，是唐叁彩中的上乘佳作，马的神态和肌肉健壮的腿部均雕刻得细致传神。同时出土的蓝彩驮骡，高26.5厘米，长33厘米，短耳直竪，作低头负重前行状，置于一长方形踏板上。背上有鞍鞯，鞍上驮一沉重行囊。骡体施蓝釉，间有褐色斑纹，行囊施黄、白、蓝叁色釉。

二、2002年陕西师范大学后勤集团郭杜校区M31出土的六十六件唐叁彩。这是迄今西安地区出土唐叁彩数量最多、品质最高的唐墓，发掘成果获得国内外学术界瞩目。墓中出土随葬器物主要以叁彩器为主，其中俑的形体较大，制作精美，釉色莹润，造型准确。镇墓兽、天王俑、女俑、骆驼、骑驼奏乐俑、莲花形器物座等器物，在塑造手法和形制上，与鲜于庭晦墓、中堡村唐墓出土器物略同，当同属盛唐时期的墓葬。由于该墓早年被盗，棺床上仅存一件叁彩马头和少许叁彩残片，未发现其他葬具，墓主身份不详，但从大量精美的叁彩随葬器物来看，墓主应为当时的贵族。

M31出土的大型叁彩俑和器物均为白胎，胎质坚硬细腻，少见杂质。叁彩釉色以黄、绿、蓝叁色为主，少见红褐色釉，色彩华丽，色泽莹润。

此墓出土的叁彩俑，题材丰富，造型生动。胡人武官俑，深目高鼻，络腮胡，手持笏板，是胡人在长安为官的反映；叁彩马色彩斑斓，体量硕大、剽悍；载物卧驼和骑驼奏乐俑构思巧妙，造型生动，可与中堡子村出土的同类器物媲美；胡人牵驼俑，头戴幞头，配有耳套，作牵驼状，应为远涉千里的西域商人形象；女俑体态丰满，手捧花口果盘，悠闲恬静；童子叠罗汉杂技俑的动作高难、滑稽生动。这些叁彩俑眞实地反映了唐代现实生活的多个方面。该墓的发现，为研究唐代叁彩器的造型艺术、表现手法、制作工艺及産地，提供了丰富的实物资料。

叁、2002年6月西安市雁塔区唐长安城延兴门遗址外发掘的康文通墓出土的十四件唐叁彩。由墓志可知，墓主康文通于万岁通天元年(696年)七月终于安邑里私第，神功元年(697年)十月葬于京兆万年县龙首乡界。该墓随葬器物中最引人注目的是制作精美的描金彩绘叁彩俑，其中天王俑、镇墓兽和武官俑体形高大，做工精细，特别是在釉上施以彩绘的工艺，与本地以往同类叁彩俑有明显区别。大型人物俑除头部外，通体施釉，釉面上大面积施化粧土，彩绘时先用单线勾勒出纹饰，再平涂其他色彩。天王俑描金处还用朱砂勾勒出纹饰。同墓出土的马、骆驼俑，鼻、嘴部也残留朱砂痕迹。这批唐叁彩上发现的釉上彩绘，将绚丽的彩绘与华美的叁彩釉相结合，增强了艺术表现力，是叁彩制作技术上的又一次飞跃。

“唐叁彩”以其卓越的艺术成就，对中国乃至世界的陶瓷制造业産生了深远的影响。公元八、九世纪时的日本“奈良叁彩”、韩国“新罗叁彩”以及东非的“埃及叁彩”等都是直接受中国外销叁彩器的影响而发展起来的，波斯釉陶中的白胎釉陶也深受中国工艺的影响；而唐代以后的“宋叁彩”、“辽叁彩”以及流行于明清时期山西地区的陶胎珐华器以及景德镇烧造的瓷胎珐华器，也都能从“唐叁彩”身上找到渊源关系。唐代以后，我国陶瓷器釉、彩的着色剂主要仍是铜、铁、钴、锰四种，直到清朝盛世时才有所增加。唐叁彩上的蓝釉、蓝彩证明，中国将钴元素用于装饰陶瓷不晚于唐代，钴料的应用对于瓷器装饰技法的发展变化和靑花瓷器创烧具有重大意义。

编者

Tang San Cai is a type of lead-glazed pottery. Glazed pottery is a type of China pottery, and the majority of it uses ordinary clay not porcelain clay as bases, which will be burned at the temperature of 1,000℃. The glaze layer will use lead compounds as flux, and iron, copper, manganese and cobalt as color ants. The burnt temperature is from 700℃ to 900℃, so it is also called "low-temperature glazed pottery", compared to that of porcelain and protoporcelain.

During the sovereign of Emperor Wu Di of the Han Dynasty(140B.C.~87B.C.), glazed pottery appeared in China for the first time in the central Shaanxi plain. When it came to Eastern Han Dynasty, glazed pottery was produced throughout north and south, and great success was made in the colors it burnt out as dark green, bright green, millet yellow and tea yellow and so on. This shows craftsmen knew the nature of all the coloring metal and they can master and apply the chemical technique at a high level. Glazed potteries during Eastern and Western Han Dynasty were made as funerary objects, and their shapes were abundant, including tripods, cases, bells, earrings, barns, wells, cookers, pens of fowls and livestock, toilets, ponds, fort dock, tower pavilions, water powered trip-hammer and workshops. All utensils vividly indicated people's manor life. After Han Dynasty, the big funerary ceremonies were under convergence, so the lead-glazed pottery industry began to drop. During the Northern Wei Dynasty, glazed pottery funerary objects started to become popular again. In this period of time, the color proportion of glazed pottery was great matched to a turn; the modeling features were very realistic and artistic. However, the glazed color was all single and the glaze layer was thick, lacking liquidity. What's more, the utensils were crudely made and the material is ordinary clay, and they were usually once made. When it was late Northern Dynasties, materials for glazed pottery began to use Kaolin, adding green to the white or olivine glazed layer, which made the glazed pottery the prototype of Tang San Cai. Glazed pottery leaped to a new stage. On one utensil, there were several glazed colors inter played. Tang San Cai were made by the craftsmen with various colors. Therefore, we may say the emerging of Tang San Cai was the result of ceramics' development itself.

There are two ways to burn Tang San Cai: one is to burn twice, which is used to burn complicatedly structured big utensils. That is first to have biscuit firing in a 1,050℃ to 1,100℃ kiln, and then have a second burn in a 800℃ to 900℃ furnace after glazing. This method is the main fashion. The other way is to put glaze directly on the adobe, and then burn it around 900℃. The adobe used in the second method is not as hard as that in the first, one can leave traces with his nail.

In 1957, the burn site of Tang San Cai was first found in the village of Xiaohuangye, Gong County(now Gongyi City), Henan Province. The kiln in Gongyi was initially used in Sui Dynasty, when its productions were mainly celadon, white porcelain bowls and leg disc with blue blush. In Tang Dynasty, the ceramics products were various, mainly white porcelain, and at the same time, they also burnt Tang San Cai and single blue and green porcelain. According to the research of the kiln sites and the test data of physical samples, Tang San Cai in Gongyi Kiln was burnt twice. That is to use white clay to make the adobe, and then put the adobe into the kiln to have biscuit firing at the temperature of 1,100℃. After it's burnt, put glaze on it, and burn a second time at around 900℃. From the specimens collected in the kiln site, San Cai utensils having two or three or even more glazes take up majority of the utensils. There are also other glazes like yellow, green, white, blue, black, bright blue, red and so on. The main types are furnace, basin, alms bowl, bowl, plate, jar, lamp, bottle, pot, cup, pillow, vatan and figurines of people, horse and camel, and a small quantity of human-like and animal-like toys. San Cai Kiln in Gong County are scattered along the banks of Huangye River, so it is quite convenient to ship the products to Luoyang through Yiluo River and up to Chang'an by Yellow River. Quite a lot of San Cai utensils unearthed in Xi'an and Luoyang, especially the ones in the tombs of Tang Dynasty near Luoyang, were burnt in Gong County kilns.

In the autumn of 1984, Tongchuan Workstation of the Shaanxi Provincial Institute of Archaeology discovered a set of San Cai workshops of Tang Dynasty and three kilns in Huangbu Town, Tongchuan. Within the kiln, there are quite a lot San Cai utensils and San Cai pieces, whose glaze colors are mainly brown, yellow and green, and some are single brown, yellow or green glaze. Compared to the kiln in Gong County, the products of Huangbu kiln are a little inferior in adobe quality and decorations, because the adobe is clay and the finished abode is bright pink; the glaze and pattern are not as rich as those of Gong County Kiln, and there is no blue color. However, it has some advantages that Gong County Kiln hasn't, for example, the modeling of the artifacts is various, including household utensils(bowl, basin, jar, pot, bottle, pillow, lamp, cup and so on), funerary pottery(lion, camel, horse, tiger, rhino, monkey and figurine heads), building components of dragon-head shape and animal-face shape, and slate and pantile and so on. In addition, the production of Huangbu San Cai lasted even to late Tang Dynasty, much longer than the period of Gong County San Cai's prosperity which lasted from Emperor Gao Zong of Tang Dynasty to Emperor Xuan Zong. Excavated San Cai in Tang tombs in Xi'an are probably products from Huangbu kilns since they are different from that in Gong County kiln in modeling and decoration.

Xing Kiln of Tang Dynasty in Neiqiu, Hebei Province is the third important manufacturing place of Tang San Cai. Here some San Cai pieces were found, and the modeling included furnace, bowl, and jar, etc.

In 1998, another San Cai kiln was found in Tang Chang'an's Liquanfang site, where the former airport of Xi'an was located. There a large quantity of objects were excavated, including people figurines, animal figurines, daily-use utensils, Buddhism objects, construction materials, models which were used to shape the moulded pottery not yet put in a kiln to bake, and pottery supporter used to support the models in the kiln. Among all the San Cai, there was a majority of funerary people and animal figurines, whose sizes varied from 3cm to 60~70cm. There were more Red-pottery adobes than white ones. San Cai found in Liquanfang has vivid shapes and smooth blades, but they are crudely made. Their have bright and beautiful colors, but lack of reservation and polish. Of the construction San Cai bricks, blue glaze is pure, and thick, and its emblazonry is mostly Baoxiang flower. San Cai found in Liquanfang, Chang'an is rather inferior to the choicest ones unearthed in Tang tombs around Chang'an on the perspective of materials and artistic expressions, and it should not belong to East Garden makers' work or government-run workshops, but the work of commercial San Cai workshop, whose products were to sell. This is the fourth discovered Tang San Cai kiln site up to now. Besides, a small quantity of Tang San Cai making and baking places were found in Hunyuan Kiln, Shanxi Province and Qi Kiln, Sichuan Province and so on.

The excavated places of Tang San Cai are mainly centered in Xi'an(Jingshi in Tang Dynasty) and Luoyang(Dongdu in Tang Dynasty). Some were also excavated in the tombs before or after the Grand Tang Dynasty in regions of Shanxi, Gansu, Zhejiang, Hubei, and Hebei Province. In addition, quite a lot of Tang San Cai and San Cai pieces were found in Tang city site in Yangzhou, Jiangsu Province.

Models of Tang San Cai vary from one to another, and they cover almost all aspects of life. Common types include people figurines, animal figurines, daily vessels, and wares.

(1) people figurines can be classified into civil officials, warrior figures, king figures, lady figures, male and female servant figures, eunuch figures, kuregaku figures, Hu people figures(the northern barbarian tribes in ancient China), horse-leading figures, and camel-leading figures and so on.

(2) The animal figurines most commonly seen are horses and camels, and they also include ox, donkey, pig, goat, dog, cock, duck, monkey, lion, turtle, and guard beast with human or beast faces, etc.

(3) Utensils belonging to daily vessels take the biggest part, including bowl, plate, cup, spittoon, kettle, jar, wine vessel, furnace, bottle, mirror case, compact, candlestick, pillow, ink stone and so on. Each type has its own several sub-types, for example, cups have dragon-head-shaped cups, elephant-head-shaped cups, tiger-head shaped cups, duck-shaped cups, bird-shaped cups, and deep-belly cups; pots have carrying kettles, phoenix head-shaped kettles, mandarin duck-shaped kettles, and double fish-shaped kettles. Those utensils not only can be used as funerary objects, some delicately made and gorgeously decorated ones probably have had practical use.

(4) Wares include case, cupboard, bed, house, pavilion, pond, rockery and so on.

What's more, a few San Cai toys and construction components were also found in the kiln sites.

Tang San Cai is exquisite in workmanship, especially people and animal figurines. After the models are shaped, some decorative techniques are employed, such as kneading model, decorative cutting, printing, clay appliqué, and so on. The glaze colors are rich and varied, and the colorful glaze on the surface is like liquid flowing. Kaixiang technique(to paint the unglazed face after being burned) is used after the people figurines are burned, which makes the figurines more vivid and true to life. The proportion of parts of the body is accurate and coordinated, indicating craftsmen's superb skills.

Archaeological data indicate that, the official burning of Tang San Cai was no later than 670s. Most Tang San Cai found in Xi'an was burnt in the prosperous period of Tang Dynasty. The most important findings are the following three:

First, A galloping horse figurine and blue-glazed packing mule which were excavated from Tang tomb near Xi'an Pharmaceutical Factory, Lianhu District, Xi'an in 1966. The horse is large in size, with a 38cm height and a 52cm length. It consists of two parts, a rider and a flying bold horse. The rider sits on the horse back squarely. His hair is midsplit, and there is a topknot on each ear. His face is plump. His fist is in the posture of controlling the horse. He is wearing a round-neck blue gown; a leather belt with a bag bound, and pointed boots. The horse had a strong body. It looks just like flying into the sky, and its horsehair is up-right. Behind the saddle, there is a bag in white, green and yellow. Its body is in yellow glaze, and its front legs are light white. Its yellow glaze is flowing obviously. Pottery makers grasped the inner spirits of the horse and showed its valorousness and braveness by its strong and sturdy body. This piece of art which is vividly shaped and whose glaze is bright and gorgeous is a first-class work. Its looks and muscle-bound legs were exquisitely sculptured. The blue-glazed packing mule was 26.5cm high and 33cm long. The horse's short ears are upright. It lowers its head and moves ahead with heavy burden. It is placed on a rectangle pedal. On its back, there are a saddle and a saddle blanket with a heavy traveling bag which is glazed yellow, white and blue. The body of the mule was glazed blue alternated with brown streaks.

Second, 66 pieces of Tang San Cai were found in Guodu Campus of Shaanxi Normal University in 2002. It's the largest quantity and highest quality of Tang San Cai found in Tang tombs of Xi'an. The excavating results invited national and international attention. The funerary objects unearthed from the tomb are mainly San Cai utensils.

Figurines were large-scale, delicate, sparkling, and accurately made. Tomb-guard beast figurines, king figurines, maid figurines, camels, camel-riding music player, lotus-shaped utensils and so on are similar to those of Xianyu Tinghui Tomb, and Tang tomb in Zhongbu Village in the aspects of shaping skill and method. All of them belong to the most prosperous period of Tang Dynasty. Since M31 was robbed in the early years, there was only one San Cai horse head and small quantity of pieces left. No other funerary objects were found and its owner was not identified. However, from the delicate funerary objects of Tang San Cai, the owner was undoubtedly an aristocrat at that time.

The large San Cais excavated from M31 are all white pottery, whose nature is hard and fine with few impurities. Main colors of glaze are yellow, green and blue which are bright and sparkling, and the minor color is brown.

San Cai figurines excavated from M31 are rich in themes and have vivid shapes. Hu warrior figure has deep eyes, high nose, and beard. In his hand, there is a wat board, which reflects the Hu people were officials in Chang'an. The San Cai horse is colorful, large, and strong. The laying burdened camel and camel-riding music player are skillfully constructed, comparable to that unearthed from Zhongbu Village of the same kind. The horse-leading Hu figure has a handkerchief on his head, and earmuffs on his ears. He gestures to lead a camel, so he should have been a businessman who had traveled all the way from the western region. The maid figure has a well-round figure. She holds a flower-shaped fruit plate in a leisurely and quiet way. The boy pyramid acrobats performed highly difficult and comical movement. All San Cai vividly reflect every aspects of the daily life in Tang Dynasty. The findings of M31 offered rich and colorful material information to the study of plastic arts, artistic approaches, manufacturing skills and producing area of Tang San Cai utensils.

Third, the 14 pieces of Tang San Cai excavated in Kangwen Tomb outside the Yanxingmen Site of Tang Chang'an City in the now in Yanta District, Xi'an, June, 2002. From the inscription on the memorial tablet within the tomb, the owner died in his personal mansion in July, 696, and was buried in Wannian County, Jingzhao in October, 697. The most eye-catching funerary objects are exquisitely made San Cai figurines with gold outline and colored drawing. Among those figurines, the Heavenly King Figurines, Tomb-guard Beast Figurines, and Warrior Figurines are tall and strong. They are exquisitely made and distinctive from other former San Cai of the same kind in the region, especially the fully painted color on the glazes. The large people figurines were glazed all over, except the heads. On the glazes, engobe was painted in large-scale. When doing the colored painting, they first draw the outline of the emblazonry with a single line, then flat other colors. On the gold line of the Heavenly King Figurines, vermilion was used. On the noses and mouths of the horse and camel figurines, there are also some vermilion traces left. The colored painting found on these Tang San Cai combined gorgeous colored painting with magnificent tri-color glaze, adding its artistic expressions, and it's another leap in the making technique of San Cai.

The remarkable artistic achievements of "Tang San Cai" have far-reaching influence on the ceramics manufacturing industry of China and the world. The development of Nara San Cai in Japan, Silla San Cai in Korea, and Egypt San Cai in the 8th and 9th century was all influenced by the export San Cai utensils from China. Besides, white-glazed pottery in Persian was deeply influenced by Chinese pottery-making technique. The following Song San Cai, Liao San Cai and popular pottery-body fahua utensils in Shanxi and porcelain-body fahua utensils in Jingdezhen in Ming and Qing Dynasty could find a history and relationship from Tang San Cai. After Tang Dynasty, colorant of glazes and colors of China's ceramics were mainly copper, iron, cobalt, and manganese. Even as late as the flourishing age of Qing Dynasty, there began to be other additions to these four colors. The blue glaze and blue color on Tang San Cai proved that it was no later than Tang Dynasty when China used cobalt to decorate ceramics. The applying of cobalt has great significance to the development and change of decorative techniques of porcelain and making and burning of Blue-and-white porcelain.

Author

前書き

唐三彩は鉛釉の陶器である。釉陶は中国陶器の１つの品種であるが、多数が普通の粘土で磁土で胎をするのではない、焼成温度は約1,000℃。釉層は鉛の化合物で媒溶剤とする、着色剤は鉄、銅、マンガン、コバルトなどがある、焼成温度は大部分約700~900℃、だから磁器あるいは原始の磁器について言うと「低温釉陶」と称される。

我が国の釉陶は最初漢武帝時期(紀元前140~前87年)において 関中地区に現れた。後漢までには、釉陶の生産はすでに南北の各地に至る所にある、また成功に深緑、浅緑、粟黄、茶黄色などの多種の釉色を焼成した。これは職人達がそれぞれの着色金属の原料の特性の認識、化学技術の掌握及び運用に対しては全部わりに高いレベルに達されたことを証明する。両漢の釉陶はすべて明器として出現としたので、造型の種類は非常に豊富で、鼎、ボックス、鍾、耳杯、倉、井戸、かまど、家禽や家畜の小屋、便所、陂塘、フォートレス、高殿パビリオン、水碓(ミズウス)、作坊(ワークショップ)などがある、比較的に如実に漢代の荘園生活を反映しました。漢後で、中原地区の厚埋葬する風は少し拘束がある、鉛釉陶の生産も従って不景気になった。北魏時代、釉陶明器は再び流行を始めた。この時期の釉陶は、色彩比は適当に配合し、造型の風格は写実を重視し、美しく上品である。しかし釉色は全部単色釉であり、しかも施釉が比較的に厚く、移動性は小さい、器物の製作は略粗く、原料は普通の粘土であり、器物は一次焼成である。北朝の後期までには、釉陶の生産原料はカオリンを使用し始めたのであるが、白色あるいは黄緑色釉の中また着緑色、この時期の釉陶はすでに唐三彩のプロトタイプだったと言えるように。唐代の釉陶プロセスは大きな飛躍が現れた、同一の器物の上で、多種の釉色をスタッガード使用し、色とりどりで美しい唐三彩は職人達に創造された。唐三彩の出現はセラミック工業の独自発展の産物だったと分かる。

唐三彩の焼成方法は2種がある。1種は二次焼成、多く構造複雑、器型大きい器物に用いる、つまりまず1,050~1,100℃の窯内に締焼する、釉薬層付きの後で、800~900℃のストーブの中で更に焙焼する、唐三彩製品の主流である。また1種は素材加工完了後で直接に釉薬層付きを行ない、かつ約900℃の温度場合で焼成する。後者の器物の胎質は前者より堅固ではない、手の爪で痕跡づける。

1957年、唐三彩の焼成遺跡はまず河南鞏県で(今鞏義市)の小黄冶村で発見された。鞏県窯は隋代に創立し、隋代の製品はブルーイングの白磁碗、高脚盤を主とする。唐代の焼成セラミック製品の種類が豊かで、主要な製品は白磁、唐三彩といくつか単色の藍彩、緑彩などの品種を兼ねて焙焼する。窯址の調査と実物標本のテスト資料によって分析すると、鞏県窯の唐三彩は二次焼成されるべき、つまり先に白色粘土で陶器の生地を成形するには、窯入れ約1,100℃の場合で締焼を行い、焼成した後に彩釉をかける、更に約900℃の温度で2次焼成を行なう。窯址の上から採集した標本を見ると、三彩類の器物は2、3種類あるいはもっと多い釉色をかけ兼ねた器物を最も多いである、その次に黄釉、緑釉、白釉、藍釉、黒釉、薄青釉、赤釉など品種がある。主要な器型はストーブ、たらい、鉢、碗、皿、缶、燈、瓶、つぼ、杯、枕、瓦当と人俑、馬俑、駱駝俑などの俑種類および少量の人物、動物形のおもちゃなどである。鞏県の三彩窯は黄冶河の両岸に分布する、非常に便利に製品を伊洛河による洛陽に運送される、また黄河を通じて長安へさかのぼることができる。西安、洛陽、特に洛陽の周囲の唐墓中から出土された三彩器は少なからず全部鞏県窯の製品である。

1984年秋季、陝西省考古研究所の銅川ワークステーションは銅川黄色堡鎮に1組の唐代の三彩作坊と3基の窯ストーブを発見されたが、また窯址の中でまた少なからずすくなくからずの三彩器と三彩の残片を発見されたが、釉色はシュロ、黄、緑の3色を主として、さらにまたいくつかシュロ、黄、緑の単色の器物がある。鞏県窯と比べて、黄堡窯で生産された三彩器は胎質、装飾の上に少し見劣りがある、その胎質は磁土であり、完成品の胎質は薄ピンクである。釉色、模様および鞏県窯の多彩に及ばないで、だいたい藍彩に会わないが、それも鞏県窯が及ばない場所がある、つまり器物の造型は非常に豊富で、日用器具の種類が碗、たらい、缶、つぼ、瓶、枕、燈などがある。セラミック明器の種類等はライオン、ラクダ、馬、トラ、サイ、サル、及び俑頭などがある。その他また蛇口形、獣顔型の建物部材と板瓦、半円筒形瓦などがある、別に黄堡三彩の焼成時間がずっと唐朝末期まで続いたが、高宗~玄宗時期の栄えた1時の鞏県三彩は持続時間より長すぎる。西安地区のいくつか唐代のお墓の中で出土された三彩器は、造型の上で、装飾の上で鞏県窯の三彩とある程度区別がある、黄堡窯の製品である。

以上2か所の以外、河北内丘の唐代の邢窯遺跡の中でいくつかの三彩器物の残片を発見したこともある、ストーブ、鉢、缶などの造型がる、ここは周知の第3か所のかなり重要な唐三彩の産地である。

1998年に西安西郊外の旧空港の唐長安城の醴泉坊の遺跡に位置して1か所の三彩の窯の所在地を発見された、人物俑、動物俑、日用容器、仏教の用品、建築材料、および泥素地の成形に用いた鋳型と窯内の素地支え用のセラミックブラケット等が出土してある。これらの三彩の中で、副葬用の人物俑、動物俑で多数を占め、その規格は大きさが一様ではない、小さいのは3センチメートルのみ、大きいのは60~70センチメートル、赤陶胎のは多い、磁土胎は少なく、造型は活発で、ナイフ使用の彫金技法が流暢で、しかし製作は全部ぞんざいが現れているが、色は鮮やかで美しく、かつ含蓄が不足し、やさしくて限度がある。建築材料の中の三彩煉瓦にとって、青色が純粋で、釉は厚く、刺青は多く宝相花である。使用材料と芸術表現力から見ると、長安の醴泉坊から発見された三彩と長安一帯の唐墓の中から出土された逸品の三彩とわりに大きい開きが存在している、きっと東園職人はあるいは官営の作坊中の製品ではない、商業性質の三彩作坊だと思っている、その製品は販売に用いるのである。これは今まですでに発見された第4ヶ所の唐三彩窯の生産所在地である。その他、山西渾源窯、四川邛窯など地区で少量の唐三彩もある。

唐三彩の出土区域は主に西安、洛陽に集中している、つまり唐代の首都と東都の附近に集まるが、山西、甘粛、浙江、湖北、河北のなど省のいくつか地区にも発見してある、主に盛唐の前後のお墓中に出土される。その他、江蘇揚州の唐城遺跡の中でも多くの唐三彩と三彩屑を発見したことがある。

唐二彩の造型の種類は様々なものがある、何でもそろっている、かつよくある器型はだいたい人物俑、動物俑、日用容器、器具の模型の4つの類別に分ける。

(1) 人物俑は、文官俑、武士俑、天王俑、貴婦俑、男女侍俑、宦官俑、伎楽俑、胡人俑、牽馬俑、牽駝俑などが分ける。

(2) 動物俑は、最もよくあったのは馬とラクダである、その他また牛、ロバ、ブタ、羊、犬、ニワトリ、アヒル、サル、ライオン、カメと人顔、獣顔付きの鎮墓獣がある。

(3) 日用容器は、これらの用品に属する容器の種類が最も多く、碗、盤、杯、盂、つぼ、缶、樽、ストーブ、瓶、奩(レン）、粉箱、燭台、枕、硯がある。毎種の器型の中でまた若干の異なっている子器型を転化ていく、例えば杯が龍首杯、象首杯、トラ首杯、アヒル形杯、鳥形杯、深腹杯など。つぼは執つぼ、鳳頭つぼ、オシドリ形つぼ、双魚つぼなどがある、これらの器物の用途は明器だけではないかもしれなく、その中のいくつかは仕上げが精密、装飾華美者がまた実用的な価値を持つかもしれない。

(4) 容器用の模型は、箱、キャビネット、寝台、家屋、あずまや台、池と沼、ロッカリーなどがある。その他、窯の所在地の中でまた少量の三彩おもちゃと建築部材が発見している。唐三彩の仕上げは非常に華美で、特に人、獣俑類が模範を成形した後で、また、成形ドウ、模様彫刻、捺染、ヒープペースト等の装飾技法を使用した、豊かで多彩な釉色、釉の表面が流れ、いろどりが多彩。人俑が焼成した後の「開相」プロセスは、人俑のイメージを更に生き生きとして、本物に近い。人、獣俑の体の各部位の割合は正確で、全体は調和し、ずば抜けている技術のレベルを明らかに示す。考古の資料によって「唐三彩」の正式焼成は西暦紀元7世紀70年代に遅延しないはずである。西安地区の発見された唐三彩は多く盛唐時代に属し、最も重要な発見は以下の3か所がある。

一、1966年に西安蓮湖区西安製薬工場の唐墓から出土された三彩胡人騰空馬と藍彩駄馬。三彩の胡人騰空馬の体量は大きく、高さ38センチメートル、長さ52センチメートル、騎手と飛ぶように走る勇猛な馬の2部分から構成する。騎手が正しく馬背に座る、髪型の中分け、2耳の上でそれぞれ1つ髷をとかす、顔面はよく肥えている、双こぶしを馬を支配している姿、丸襟の青色長い中国服を着ているし、腰に革帯をしめるし、帯に袋を結ぶし、足が長靴を踏む。馬の体形は頑丈で、躍起や空中に舞い上がる姿、首の上でたてがみは直立し、馬鞍の後に白、緑、黄色の3色の交互の袋嚢がある。馬体に黄釉をつける、前足の上部分に釉色は浅白で、その上で黄釉が流れるように十分に明らかである。陶器職人達は馬の内在精神をつかんでいる、強くて肥えた外形で駿馬の猛々しくて勇猛な性格を体現している。この胡人騰空馬は、造型が生き生きと本物に近い、釉色は非常に美しくて華麗で、唐三彩の中のすぐれた作品、馬の表情と態度と筋肉の壮健な腿部は全部彫刻するのが細かく真に迫る。同時に出土された青彩駄馬、高さ26.5センチメートル、長さ33センチメートル、短耳は直立、頭を下げて重荷を背負い前行く姿、1長方形の踏板上に置く。背に鞍具がある、鞍上で重い旅行用袋を載せる。駄馬体に藍釉をつける、褐色ストライプが兼ねている。旅行用袋に黄、白、青の3色釉薬をつける。

二、2002年に陝西師範大学後勤集団郭杜校区M31から出土された66件の唐三彩。これは今まで西安地区で出土された唐三彩数が最大、品質が最高の唐墓である、発掘の成果は国内外の学術界の注目をもたらされた。お墓の中で主に出土された副葬器物が三彩器である、ただしその俑の形体はわりに大きく、製作は精巧で美しく、釉色にはつやと光沢があって美し、造型は正確である。鎮墓獣、天王俑、女俑、ラクダ、騎駝奏樂俑、蓮花形の器物等などは、人物イメージ描きやかたち作るの上で、鮮于庭晦墓、中堡村唐墓から出土された器物よりと少し同様、盛唐時期のお墓に同じく属する。このお墓が初年頃盜まれたため、棺床の上でただ1件の三彩馬頭と少量の三彩残片をわずかに残している、その他の埋葬品が発見されていない、お墓の主人の身分は不詳、しかし大量に精巧で美しい三彩の副葬された器物から見ると、お墓の主人は疑いのなくその時の貴族だったはずである。

M31から出土された大型三彩俑と器物は全部白胎である、胎質は硬くてきめ細かく、ほとんど不純物がない。三彩釉色は黄、緑、青が3色を主として、褐色釉ほとんどがない、色は華麗で、色合いはつやと光沢があって美しい。

このお墓から出土された三彩俑は、題材は豊かで、造型は生き生きとしている。胡人の武官俑、深目や高鼻、頬鬚、笏板を手で持っているが、これは胡人が長安で役人になった反映である。三彩馬は彩りが華やかで、体は大きく、剽悍である。載貨で横たわるラクダと騎駝奏樂俑に対する構想が巧妙で、造型は生き生きとして、中堡子村から出土された同類の器物と匹敵することができる。胡人牽駝俑、頭で頭巾をかぶっているが、また耳カバーをつける、ラクダを引いているような姿を制作する、千里の遠くの西域商人のイメージだったはずである。女俑の姿がふくよかだ、穏やかでのんびりながら 両手で花形盤をもっている。

ボーイピラミッド雑技俑の動きは非常に難しいものであるが滑稽で生き生きとしている。これらの三彩俑は実に唐代実生活の多くの方面を反映されました。この墓から発見によると、唐代の三彩器の造型芸術、表現手法、制作技術と産地の研究を検討するために多彩な実物資料を提供しました。

三、2002年6月に西安市雁塔区唐長安城延興門遺跡の外で発掘された康文通墓から出土された14件の唐三彩。墓誌銘によると、墓主の康文通が万歳通天元年元年（696年）7月に安邑里私第に死んだ、神功元年（697年）10月に京兆万年県竜首郷界に埋葬していることと分かっている。このお墓の副葬用の器物の中で最も人目を引いたのは制作精巧で美しい金描きの彩絵の三彩俑である、ただし天王俑、鎮墓獣と武官俑の体型が高大、仕上げ精密で、特に釉の上で彩絵の技術で採用した、当地の以前の同類の三彩俑と明らかな違いがある。大型の人物俑は頭部の以外、全体の釉薬をつける、釉の表面は広面積に色付の化粧土を吹付けること、彩絵の時にまず単線で刺青を描き出している、更にその他の色をレベルに塗ること。天王俑での金描きのところにまた辰砂で刺青を描き出する。同一墓で出土された馬、ラクダ俑では鼻、口部も辰砂の痕跡に残っている。この唐三彩の上で発見された釉の上で彩絵は、煌びやかで美しい彩絵と華美な三彩釉と互いに 結合しているが、芸術的表現度を強めた、三彩の制作技術の上ではまた一つ新しい飛躍を生むのである。

「唐三彩」はその優れた芸術業績で、中国ないしては世界のセラミック製造にきわめて深遠な影響を生みました。西暦紀元8、9世紀時の日本「奈良三彩」、韓国「新羅三彩」および東アフリカ「エジプト三彩」などはすべて直接に中国で輸出された彩器の影響を受けて発展してきたのでしょう、ペルシャ釉中の白胎釉陶も中国プロセスの影響を深く受けられた。その上、唐代の後「宋三彩」、「遼三彩」および明清時期に流行している山西地区の陶胎琺華器および景徳鎮で焼成された磁胎珐華器も「唐三彩」手元からもとの関係をも見つける。唐代後で、我が国の陶磁器の釉、色彩の着色剤主に依然として銅、鉄、コバルト、マンガンの4種類だった、清朝の盛んな時までにやっとある程度増えた。唐三彩上の藍釉、青色彩によって中国はコバルト元素を飾り陶磁器に用いていたことが唐代より遅れなかった、かつコバルト材の応用は磁器の装飾技法の発展変化と青と白の磁器の焼成については大きな意義があることが証明される。

编者

Contents

* 중국어 고유명사 우리말 한자 독음에 따라 표기

기물

器物

Utensils

당삼채(唐三彩) 기물(器物)은 종류가 다양한데 그중 그릇이 대부분이다. 생활용품은 수기(水器), 주기(酒器)로 나뉘는데 주로 호(壺), 준(尊), 병(瓶), 관(罐), 창[倉: 조(槽)], 분(盆), 충(盅) 등이 있다. 음식용구에는 주로 반(盤), 두(豆), 완(碗), 우(盂), 발(鉢), 합(盒), 배(杯) 등이 있다. 화장용품에는 분합(粉盒), 유합(油盒) 등이 있다. 취사도구에는 부(釜), 조(灶)가 있다. 문방구에는 수우(水盂), 수주(水注), 벼루[硯台], 세(洗) 등이 있다. 침실용구에는 타우(唾盂), 향로(香爐), 베개 등이 있다. 조명용구에는 등(燈)이 있다. 교통수단에는 마차(馬車), 우차(牛車)가 있다. 건축 재료에는 와당(瓦當), 둥근 기와[筒瓦], 평기와[板瓦]가 있다. 서안(西安, 長安)에서 출토된 당삼채 기물은 짙은 서아시아 풍격과 금은기(金銀器)를 모방한 조형적 특징을 지니고 있는데 이는 당대(唐代) 장안(長安)에서 국내외 문화교류가 빈번하였음을 보여준다.

The wares of Tang San cai were various, among them most were utensils. Life appliance includes water appliance and wine appliance: kettle, vessel, bottle, jar, groove, basin, and cup. Tableware includes plate, an ancient stemmed cup, bowl, jar, alms bowl, case, and cup. Making-up ware includes powder box and cream case and so on. Cookers are kettle and cooking stove. Studyware includes water pot, water-pourer, ink-slab and writing-brush washer. Devices in the bedroom are spittoon, censer and pillow. Lighting object is lantern. Transportation devices are coach and bullock-cart. Construction materials are eaves tile, semicircle-shaped tile and plate tile. The Tang San cai excavated in Xi'an featured with thick west Asian style and simulated gold and silver moulding reflected the social background of China and foreign culture blending in Chang'an of Tang Dynasty.

1. 주구(酒具)와 수기(水器)

001

삼채봉수호(三彩鳳首壺)

당(唐) | 높이 30㎝ 입구지름 3×4㎝
1964년 서안시 미앙구 삼교진 인가촌(西安市 未央區 三橋鎮 藺家村) 출토

A Phoenix-headed Bottle

Tang Dynasty(618AD~907AD) | H 30cm Mouth D 3×4cm
Excavated from Linjia Village in Sanqiao Town, Weiyang District, Xi'an in 1964

작은 입구, 가느다란 목, 타원형 배, 평평한 밑바닥, 나팔 모양의 고권족(高圈足)으로 되었다. 구연부(口沿部)는 우뚝 솟은 봉관(鳳冠)으로 되어 있다. 두 눈을 부릅뜨고 앞을 보고 있으며 깃은 구불구불하다. 앞으로 튀어나온 굽은 주둥이로 구슬을 힘주어 물고 있는데 구슬의 작은 구멍으로 물을 따른다. 주전자의 타원형 손잡이는 여의형(如意形)이다. 주전자의 배 부분은 거푸집에 부어 만들었고 앞뒤로 대칭되는 두 갈래의 볼록하게 도드라진 모서리에 의해 좌우로 나뉘었는데 각각 인동화(忍冬花)와 해석류(海石榴) 무늬를 돋을새김하였다. 앞면 정중앙에 봉황이 날개를 펴고 풀잎 위에 서 있는 모습은 돋을새김하였고, 새 주위는 화훼 도안을 배열하였다. 뒷면은 말을 타고 사냥하는 도안이 그려져 있다. 표면에 적갈색, 녹색, 남색, 흰색 유약(釉藥)을 입혔는데 색상이 산뜻하고 아름답다. 또한 무늬는 생동감이 있고 조형이 기묘하며 윤기가 흐른다. 삼채봉수호는 비록 오랜 시간 동안 땅속에 있었지만 색상은 여전하다.

삼채봉수호는 성당(盛唐) 시기 동일한 유형 가운데 우수한 작품으로 불린다. 권족(圈足)은 굵고 단단하며 손잡이의 윗부분은 입구와 이어졌다. 입구 부분에 길조[瑞禽, 봉황머리]를 장식한 손잡이가 달린 주전자는 짙은 이국적 분위기를 풍기는데 이러한 조형은 페르시아 사산(Sasan, 226~642년) 왕조 후기 및 중앙아시아 소그디아나(Sogdiana, 중앙아시아의 샤라프샨 하천과 카슈카 다리아 유역 지방의 옛 이름) 왕조 시기의 손잡이가 달린 은주전자의 조형과 비슷하다. 지금까지 알고 있는 사산호병[薩珊胡甁]의 권족은 대다수가 비교적 가늘고 높으며 볼록한 모양의 장식품이 달려 있지 않기 때문에 이 삼채봉수호는 조형과 스타일 면에서 모두 소그디아나의 은주전자와 비슷하며 그 형체가 우아하고 독특하다. 섬서(陝西) 서안(西安), 하남(河南) 낙양(洛陽) 관림(關林), 동쪽 외곽 탑만촌(塔灣村)에서도 이런 유형의 삼채봉수호가 출토되었다. 그러므로 이런 봉수호의 조형은 당나라 때의 동경(東京) 낙양(洛陽)과 서경(西京) 장안(長安)에서 모두 유행했던 새로운 조형임을 알 수 있다. 주전자 배 부위 장식은 부풀어 있는데 이는 금속 단조법(捶揲法)의 예술 효과와 유사하다. 배 부위에 있는 봉황무늬는 당나라 때 구리거울, 구리종에 주조된 무늬와 그 방법은 다르지만 비슷한 효과를 냈다.

002

삼채소병(三彩小甁)

당(唐) | 높이 10.5㎝ 입구지름 1.5㎝
1987년 서안시 신성구(西安市 新城區) 황하(黃河) 기계공장 출토

Little San Cai Bottle

Tang Dynasty(618AD~907AD) | H 10.5cm Mouth D 1.5cm
Excavated from Huanghe Machinery Factory in Xincheng District, Xi'an in 1987

둘레가 밖으로 젖혀진 형태의 널찍한 입구, 굵은 목, 아래로 내려오면서 점차 좁아지는 볼록한 배, 가권족(假圈足)을 가진 작은 병이다. 안팎의 벽(壁)에 유약(釉藥)을 입혔는데 유약을 입힌 표면에 빙렬(氷裂)이 있다. 외벽(外壁)에 입힌 유약이 밑부분까지 미치지 못하여 아랫배와 권족(圈足)은 바탕이 드러났으며 밑굽에는 모래알이 붙어 있다. 갈색, 황색, 녹색 유약이 서로 어우러지면서 흘러내려 색상이 짙고 화려하다.

드러난 바탕을 보면 병의 태색(胎色)은 붉은빛을 띠고 태면(胎面)에는 흰색 화장토(化妝土)를 칠했으며, 태질(胎質)은 느슨하면서도 거칠다. 권족 밑부분에 있는 화장토가 풍화된 것을 보아 태토(胎土)는 점토(粘土)로 만들었음을 알 수 있다. 어깨 부위의 흔적은 가마 안에 기물(器物)을 빼곡하게 배열했거나 여러 기물과 함께 구웠음을 알 수 있다.

003

삼채호로형소병(三彩葫蘆形小甁)

당(唐) | 높이 4㎝ 입구지름 0.6㎝
서안시(西安市) 수집

Little Gourd-shaped San Cai Bottle

Tang Dynasty(618AD~907AD) | H 4cm Mouth D 0.6cm
Collected by Xi'an

조롱박 모양이며 구연(口沿)이 안으로 말린 동그란 입구와 두꺼운 입술, 잘록한 목, 가권족(假圈足)이 있다. 미끈하게 잘 빠진 어깨에는 한 줄 현문(弦紋)이 둘러져 있고 볼록한 배는 아래로 내려오면서 점차 좁아진다. 몸통 전체에 유약(釉藥)을 입혔는데 흰색 위주에 노랑, 초록, 갈색으로 포인트를 주었다. 유색의 원활한 사용으로 인하여 형체가 작고 정교한 호로병(葫蘆甁)에 오색찬란한 예술적 효과가 생겼다. 이 호로병 역시 당대(唐代)에 유행했던 양식이다. 하남(河南) 공의시(鞏義市) 대소황야(大小黃冶)와 섬서(陝西) 동천(銅川) 황보(黃堡) 당삼채(唐三彩) 가마터에서 이런 유형의 당삼채호로병이 대량 출토되었다.

004

삼채첩화사계소관(三彩貼花四系小罐)

당(唐) | 높이 5㎝ 입구지름 1㎝
1977년 서안시 신성구(西安市 新城區) 진천(秦川) 기계공장 27호 공사현장 출토

San Cai Appliqué Jar with Four Handles

Tang Dynasty(618AD~907AD) | H 5cm Mouth D 1cm
Excavated from the construction site 27 of Qinchuan Machine Works in Xincheng District, Xi'an in 1977

동그란 입구, 짧고 곧은 목, 미끈하게 잘 빠진 어깨, 동그랗고 볼록한 배, 가권족(假圈足)에 지름은 비교적 크다. 단지 목 부위에 고리 네 개가 있는데 그 사이사이에 각각 보상화(寶相花) 모양으로 된 장식을 부착하여 빚었고 보상화 둘레를 연주문(聯珠紋)으로 장식하였다. 고리에 손상된 부분을 보면 태색(胎色)은 흰색에 약간 살굿빛이 감돌고 태질(胎質)은 균일하나 치밀하지는 않음을 볼 수 있다. 몸통 전체에 황색, 녹색, 갈색 등 유약(釉藥)을 입혔으며 흐름이 자연스럽다. 유면(釉面)은 균일하게 빙렬(氷裂)이 있다.

형체는 크지 않지만 조형이 풍만하고 유색이 화려하며 흐름이 뚜렷하다. 게다가 입체감이 강한 보상화 모양의 장식품까지 부착하여 당삼채(唐三彩)의 전형적인 시대적 특징을 살려주었다.

005

삼채사계소관(三彩四系小罐)

당(唐) | 높이 4.5㎝ 입구지름 1.9㎝
서안시(西安市) 수집

San Cai Jar with Four Handles

Tang Dynasty(618AD~907AD) | H 4.5cm Mouth D 1.9cm
Collected by Xi'an

동그란 입구, 평평한 구연(口沿), 짧고 곧은 목, 미끈하게 잘 빠진 어깨, 볼록한 배를 가지고 있다. 가권족(假圈足)은 밖으로 벌어졌으며 지름이 비교적 크다. 목과 어깨 사이에는 U 자 모양 고리가 네 개 있고 상반부는 유약(釉藥)을 입혔지만 아랫배와 권족(圈足)은 유약을 입히지 않아 바탕이 드러났다. 태색(胎色)은 불그스름한 빛을 띠고 태면(胎面)에는 흰색 화장토(化妝土)가 있다. 유색(釉色)은 녹색과 갈색이 주를 이루었는데 진한 색상과 연한 색상의 교차가 자연스럽다. 배에는 군데군데 동그란 반점이 그려져 있는데 이 반점들은 유약을 입힐 때 점납법(点蠟法)을 사용하여 만든 것임을 뜻한다. 점납법이란 먼저 바탕에 초로 다양한 크기의 점을 분산되게 찍거나 혹은 동그란 점을 정연하게 배열시킨 후 그 위에 유약을 입히는 방법을 말한다. 이런 백색 반점은 용기(用器)를 소성(燒成)할 때 초(硝)를 바른 부위의 유약이 어지럽게 분산되면서 형성된다. 이 방법은 하남성(河南省)에서 널리 사용되었지만 섬서성(陝西省)에서는 보기 드물다.

006

삼채첩화사계관(三彩貼花四系罐)

당(唐) | 높이 8.3㎝ 입구지름 3㎝
1979년 서안시(西安市) 종고루(鐘鼓樓) 보관소에서 넘겨받음

San Cai Appliqué Jar with Four Handles

Tang Dynasty(618AD~907AD) | H 8.3cm Mouth D 3cm
Transferred by Custody of the Bell and Drum Tower of Xi'an in 1979

입구는 곧고 구연(口沿)은 평평하며 목은 짧고 곧으며 어깨는 미끈하게 잘 빠졌다. 배 상반부는 동그라면서도 볼록하며 하반부는 내려오면서 서서히 좁아진다. 가권족(假圈足)은 밖으로 벌어졌으며 지름은 비교적 크다. 목과 어깨 사이에는 U 자 모양의 고리 네 개가 있는데 고리 사이마다 육판화형(六瓣花形) 장식품이 부착되어 있다. 태질(胎質)은 거칠고 태색(胎色)은 불그스름한 빛을 띤다. 전체에 유약(釉藥)을 입혔는데 표면이 조금 벗겨졌다. 유색(釉色)은 갈색, 녹색, 백색을 번갈아 칠하였는데 색상의 흐름이 강하다. 흰색이 주를 이루어 전체적인 유면(釉面)이 독특하고 다채로우면서도 산뜻하고 우아해 보인다. 유면에서 흔히 보이는 동그란 반점들은 점납법(点蠟法)을 사용하여 장식한 것이며 꽃송이는 주로 녹유(綠釉)로 찍었다.

007

녹유소관(綠釉小罐)

당(唐) | 높이 8㎝ 입구지름 4㎝
1989년 서안시(西安市) 수집

Green-glazed Jar

Tang Dynasty(618AD~907AD) | H 8cm Mouth D 4cm
Collected by Xi'an in 1989

널찍한 입구, 잘록한 목, 미끈하게 잘 빠진 어깨를 가지고 있다. 동그란 배는 내려오면서 점차 좁아지고 밑바닥은 평평하며 몸통 전체에 유약(釉藥)을 입혔다. 바탕은 고령토(高嶺土)로 만들었다. 이 단지는 조형이 작지만 제작이 정연하다. 유색(釉色)은 특별한 녹색이다. 유면(釉面)은 색조가 서로 다른 수박색이 나며 부분적으로 옅은 부분이 있는 것으로 보아 녹색 유약을 세로로 칠해 아름답게 어우러진 수박색 효과를 냈다. 색표준에서 볼 때 이 녹색은 두 가지 이상의 색상이 있으므로 여전히 전통적인 당삼채(唐三彩)에 속한다. 이 같은 유형은 하남(河南) 공의(鞏義) 당삼채 가마터와 형요(邢窯)에서도 발견되었으며, 그 예술적 가치는 학술계와 미술계에서 모두 높이 평가받고 있다. 인도네시아 해역에서 침몰한 선박인 흑석호(黑石號)에서도 이와 색상이 비슷한 당나라 녹유(綠釉) 기물(器物)이 여러 점 출토되었다.

008

녹유소관(綠釉小罐)

당(唐) | 높이 6.2㎝ 입구지름 3.5㎝
1989년 서안시(西安市) 수집

Green-glazed Jar

Tang Dynasty(618AD~907AD) | H 6.2cm Mouth D 3.5cm
Collected by Xi'an in 1989

입구는 동그랗고 입술은 밖으로 말린 형태이며 목은 거의 없다. 동그랗고 볼록한 배는 아래로 내려오면서 서서히 좁아지고 체구는 작으며 바닥은 크고 평평하다. 당대(唐代) 전형적인 스타일로 크고 우아하다. 용기(用器) 전체에 유약(釉藥)을 균일하게 입혔는데 비록 윤기는 나지만 빙렬(氷裂)이 있다. 수박색 유약을 대량으로 덧칠하는 방법을 취함으로써 비취색 속에 연녹색이 조금씩 비쳐 파르스름한 느낌을 준다.

009

황유관(黃釉罐)

당(唐) | 높이 20.5㎝ 입구지름 8㎝
1964년 서안시 연호구(西安市 蓮湖區) 신서북(新西北) 공장 출토

Glazed Yellow Jar

Tang Dynasty(618AD~907AD) | H 20.5㎝ Mouth D 8cm
Excavated from New Northwestern Factory in Lianhu District, Xi'an in 1964

입구는 동그랗고 입술은 밖으로 말린 형태이며 목은 짧고 잘록하다. 둥근 어깨에 볼록한 배는 아래로 내려오면서 점차 좁아지고 평평한 밑바닥은 밖으로 비스듬히 내려왔다. 전체적으로 황색 유약(釉藥)을 입혔는데 밑굽까지 미치지 못한 흔적으로 보아 손으로 밑굽을 들고 두 번에 거쳐 유약을 입힌 것 같으며 어깨 위쪽 유색(釉色)은 비교적 짙다.

손상된 부분에서 붉은색 태토(胎土)를 볼 수 있는데 이는 바탕을 고령토(高嶺土)로 만든 것이 아니라 점토(粘土)로 만들었으며 흰색 화장토(化妝土)를 한 층(層) 덧발라 바탕색을 가려주었기 때문이다. 이런 유형은 고령토가 부족한 시장 부근의 요장(窯場)에서 주로 보인다. 최근 당대(唐代) 장안(長安) 성 안 동서시(東西市) 인근 작방에서 당삼채(唐三彩)와 도자기를 만든 가마터 유적들이 발견되었다. 그중에서도 서시(西市) 북쪽의 예천방(醴泉坊) 유적에서 당삼채를 제작할 때 사용했던 거푸집과 도편(陶片)이 대량으로 발견되었다. 섬서성(陝西省)고고학연구소의 발굴 작업에서도 가마터 유적이 발견되었다. 예천방 가마터에는 당삼채 백태(白胎, 고령토로 만들어진 소태) 제품이 매우 적었으며 점토에 화장토(化妝土)를 발라 만든 홍태(紅胎) 당삼채가 주를 이루었다.

010

남유백채소관(藍釉白彩小罐)

당(唐) | 높이 8㎝ 입구지름 3㎝
1979년 서안시(西安市) 수집

Blue-glazed Jar with White Dots

Tang Dynasty(618AD~907AD) | H 8cm Mouth D 3cm
Collected by Xi'an in 1979

널찍한 입구, 동그랗고 얄팍한 입술은 밖으로 말린 형태이며 목은 짧고 잘록하다. 윗배는 둥글고 볼록하며 아랫배는 아래로 내려오면서 서서히 좁아지며 가권족(假圈足)이 있다. 용기(用器) 전체에 남유(藍釉)를 입혔으며 유면(釉面)은 점납법(点蠟法)을 이용해 산점법(散点法) 장식으로 백색 반점을 가득 그려 놓았는데 남색과 흰색이 자연스럽게 어우러졌으며 아래로 늘어진 흔적이 뚜렷하다. 태토(胎土)는 흰색이고 성기다. 코발트와 채색 유약(釉藥)을 섞어서 칠하였는데 당나라 때 이런 코발트는 모두 서아시아에서 유입된 것이기에 몸 전체가 남색인 당삼채(唐三彩)나 유도(釉陶)는 보기 드물어 매우 진귀하다고 할 수 있다.

011

삼채관(三彩罐)

당(唐) | 높이 24.5㎝ 입구지름 8.5㎝
1966년 서안시 연호구 시건삼(西安市 蓮湖區 市建三) 회사 201 공사현장 출토

San Cai-glazed Jar

Tang Dynasty(618AD~907AD) | H 24.5cm Mouth D 8.5cm
Excavated from the Construction Site 201 of the Third Construction Company in Lianhu District, Xi'an in 1966

동그란 입구의 구연(口沿)은 밖으로 말린 형태이고 목은 짧고 잘록하다. 윗배는 둥글면서도 볼록하고 아랫배는 아래로 내려오면서 점차 좁아지며 가권족(假圈足)이 있다. 유색(釉色)은 녹색과 황색이 서로 섞여 있다. 유면(釉面)에는 둥근 점이 가득 찍혀 있는 데다가 녹유(綠釉)와 황유(黃釉)까지 서로 어우러져 그야말로 오색찬란하다. 이는 당대(唐代) 비단의 예술 풍격과 비슷하다. 유약(釉藥)이 밑부분까지 미치지 못하여 아랫배와 권족(圈足)은 바탕이 드러났으며 태질(胎質)은 견고하다. 권족(圈足) 부근의 드러난 바탕을 보아 소태(素胎)는 붉은색 점토(粘土)로 만들었고 그 위에 두꺼운 백색 화장토(化妝土)를 한 층(層) 덧입혔음을 알 수 있다. 이는 당대 장안성(長安省) 서시(西市) 인근 작업장에서 만든 도자기의 특징이다.

012

삼채관(三彩罐)

당(唐) | 높이 18㎝ 입구지름 6.8㎝
1979년 서안시(西安市) 수집

San Cai Jar

Tang Dynasty(618AD~907AD) | H 18cm Mouth D 6.8cm
Collected by Xi'an in 1979

입구는 동그랗고 얄팍하고 동그란 입술은 밖으로 젖혀진 형태이며 목은 짧고 잘록하다. 둥근 어깨는 미끈하게 잘 빠졌으며 현문(弦紋) 한 줄이 둘러져 있다. 윗배는 동그랗고 볼록하며 아랫배는 아래로 내려오면서 서서히 좁아지고 밑바닥은 평평하다. 바탕은 붉은색 점토(粘土)이고 태면(胎面)에 흰색 화장토(化妝土)를 칠했다. 용기(用器) 전체에 황색, 녹색, 남색, 갈색 등 여러 가지 색상의 유약(釉藥)을 입히고 점납법(点蠟法)을 겸하여 사용함으로써 유면(釉面)에 다양한 길고 가는 반점이 대량으로 생겼다. 여러 가지 색조의 조화로운 융합은 눈부시게 아름다운 느낌을 준다.

013

삼채대개관(三彩帶蓋罐)

당(唐) | 높이 32㎝ 입구지름 9.5㎝
1983년 서안시 파교구(西安市 灞橋區) 서북(西北) 편물공장 출토

San Cai Jar with a Cap

Tang Dynasty(618AD~907AD) | H 32cm Mouth D 9.5cm
Excavated from Northwestern Knitting Factory in Baqiao District, Xi'an in 1983

동그란 입구의 가장자리는 입술 모양이고 목은 짧다. 윗배는 동그랗고 볼록하며 아랫배는 아래로 내려오면서 점차 좁아지고 가권족(假圈足)이 있다. 입구 위에는 뚜껑이 있고 뚜껑 위에는 동그란 꼭지가 달려 있다. 둥글고 웅장한 전형적인 당대(唐代) 풍격을 지니고 있다. 붉은색 점토(粘土)를 바탕으로 하고 그 위에 흰색 화장토(化妝土)를 칠했다. 유약(釉藥)이 밑부분까지 미치지 못하여 아랫배와 권족(圈足)은 바탕이 드러나 있다. 유색(釉色)은 녹색, 백색, 갈색이 주를 이루는데 그중 녹색이 가장 화려하다. 몸통과 뚜껑에 유약을 입힐 때 점납법(点蠟法)을 사용하였는데 여러 가지 색상의 반점들이 서로 침투되고 섞여 자연스럽게 흘러내림으로써 알록달록한 예술적 효과가 나타났다.

014

삼채절견소관(三彩折肩小罐)

당(唐) | 높이 13.5㎝ 입구지름 7㎝
1986년 서안시(西安市) 수집

San Cai Jar with Fold Shoulder

Tang Dynasty(618AD~907AD) | H 13.5㎝ Mouth D 7㎝
Collected by Xi'an in 1986

널찍한 입구, 동그랗고 얄팍한 입술, 짧고 잘록한 목, 각진 어깨, 곧은 복벽(腹壁)을 가졌다. 아랫배는 아래로 내려오면서 점차 좁아지고 가권족(假圈足)이 밖으로 벌어졌다. 유약(釉藥)이 밑부분까지 미치지 못하여 아랫배와 권족(圈足)은 바탕이 드러나 있다. 태색(胎色)은 흰빛을 띠고 태질(胎質)은 치밀하다. 몸체에 녹색, 갈색, 백색 유약을 짙게 입혔는데 다양한 유색(釉色)을 서로 융합시키는 방법과 점납법(点蠟法)을 결부시킴으로써 여러 가지 색상의 반점들이 나타났으며 유약이 흘러내린 흔적도 보이지 않는다.

절견관(折肩罐)은 당삼채(唐三彩) 가운데서 흔치 않은 조형이다. 황갈색 유약은 철의 함량이 높아 소성(燒成) 후 갈색 유약을 입힌 부분에 뚜렷한 적갈색 반점이 생기는데 이는 삼채 중에서는 극히 보기 드문 현상이다.

015

삼채다곡화구장배(三彩多曲花口長杯)

당(唐) | 높이 4㎝ 입구지름 10.5×9.8㎝
1979년 서안시(西安市) 문물상점에서 넘겨받음

Multi-curved Long Cup with a Flower-like Mouth

Tang Dynasty(618AD~907AD) | H 4cm Mouth D 10.5×9.8cm
Transferred by Xi'an Cultural and Historical Relics Shop in 1979

입구가 밖으로 벌어진 모양에 타원형의 12엽화형(12葉花形)과 비슷하고, 구연부(口沿部)의 겉면은 유층(釉層)이 벗겨졌다. 배는 참외 모양이고 벽(壁)은 호형(弧形)이고 허리 부분은 오목하게 들어가 있으며 바닥은 평평하다. 외벽(外壁)은 화초잎무늬가 찍혀 있고 내벽(內壁)은 유약(釉藥)만 입혔으며 바닥에는 사엽화문(四葉花紋)이 있다. 붉은색 점토(粘土)로 빚어 질(質)이 비교적 거칠고 성기다. 기물(器物) 전체에 유약을 입혔으며 황색, 남색, 녹색 3색 유약을 번갈아 입힌 내벽은 참외 모양의 복벽(腹壁)과 조화를 이루어 색상이 산뜻하고 대비가 선명하다. 녹색 유약만 입힌 외벽은 단순하고 질다.

장배(長杯)는 조형이 정교하고 작지만 전체적으로 볼 때 조화롭고 기품이 있으며 제작이 섬세하고 형태와 장식이 비교적 복잡하다. 장배의 성형에는 조합투모(組合套模)기법을 썼다. 먼저 반죽된 점토(粘土)를 잔 모양의 거푸집에 부어 손으로 눌러 소태(素胎)를 만든 후 잘 다듬고 건조시켜 가마에 넣어 굽는다. 가마에서 꺼낸 후 유약을 입혀 다시 한 번 가마에 넣고 구우면 완성되는데 이를 조합투모기법이라고 한다.

장배의 장식을 보면 주로 찍고 누르고 점을 찍어서 색상을 내는 등 여러 가지 기법을 사용하였다. 외벽에는 꽃잎무늬를 거푸집으로 찍어냈고 내벽에는 황색, 녹색, 백색 3색 유약으로 채색 점들을 찍음으로써 색상의 산뜻함과 화려함을 한층 돋보이게 하였다. 이런 다곡화구장배는 우상(羽觴)이라고 불리는데 당대(唐代) 금은기와 옥기들에서도 발견되는 것으로 보아 서아시아 다곡금은장배(多曲金銀長杯)의 모양을 본떠 만든 것으로 짐작된다.

016

삼채훼구집호(三彩喙口執壺)

당(唐) | 높이 9㎝ 배지름 6.3㎝ 밑지름 3㎝
1990년 서안시 연호구(西安市 蓮湖區) 화력발전소 63호 묘 출토

San Cai Kettle with Handle

Tang Dynasty(618AD~907AD) | H 9cm Belly D 6.3cm Bottom D 3cm
Excavated from the NO.63 Tomb in Thermal Plant in Lianhu District, Xi'an in 1990

새 부리 모양으로 된 입구, 가느다란 목, 귀때 맞은편에 한 쌍의 고리 모양 손잡이가 있으며 손잡이 양 끝에 각각 동그란 떡 모양의 장식품이 달려 있다. 배는 동그랗고 볼록하며 가권족(假圈足)은 밖으로 벌어졌고 밑바닥은 오목하게 들어갔으며 모서리는 경사지게 깎아놓은 듯하다. 입구와 목, 손잡이의 상반부는 황갈색 유약(釉藥)을 입혔다. 어깨와 배는 점납법(点蠟法)으로 시유(施釉, 유약 치기)하여 황갈색, 녹색, 남색 바탕 무늬 위에 둥근 흰색 반점이 띄엄띄엄 나타났다. 유약은 아랫배와 바닥까지는 미치지 못하였다. 태색(胎色)은 흰색에 붉은빛이 감돈다.

이 호(壺)는 소그디아나(Sogdiana, 중앙아시아의 샤라프샨 하천과 카슈카다리아 유역 지방의 옛 이름)와 페르시아 사산(Sasan, 226~642년) 왕조 '호병(胡甁)'의 조형 특징과 당삼채(唐三彩)의 공예가 서로 결합하여 유색(釉色)이 화려하고 조형이 우아하다.

2. 식기(食器)

017

남유완(藍釉碗)

당(唐) | 높이 4.4㎝ 입구지름 9.9㎝
1990년 6월 서안시 연호구(西安市 蓮湖區) 화력발전소 63호 묘 출토

Blue-glazed Bowl

Tang Dynasty(618AD~907AD) | H 4.4cm Mouth D 9.9cm
Excavated from the NO.63 Tomb of Thermal Plant in Lianhu District, Xi'an in 1990

크고 널찍한 입구, 동그랗고 얄팍한 입술, 얕은 배, 권족(圈足)을 가지고 있다. 태색(胎色)은 흰색에 붉은빛이 감돌며 질(質)은 부드럽다. 내벽(內壁)과 외벽(外壁)의 상반부는 남유(藍釉)를 입히고 외벽의 아랫부분과 권족은 유약(釉藥)을 입히지 않았다.

남유의 발색제는 코발트인데 검출 결과를 보면 당삼채(唐三彩)의 원료 성분은 코발트 외에도 철과 망간이 섞여 있다. 이 코발트는 서아시아에서 들어온 것으로서 구하기 어려워 당시 남색 유약만을 입힌 기물(器物)은 보기 드물다. 표면 색상은 균일하고 농후하면서도 안정적이다. 비록 전체에 시유(施釉, 유약 치기)하지는 않았지만 도공(陶工)이 코발트 원료에 대해 이해하고 있었음을 알 수 있다.

018

삼채소완(三彩小碗)

당(唐) | 높이 3.5㎝ 입구지름 6㎝
1979년 서안시(西安市) 수집

San Cai Little Bowl

Tang Dynasty(618AD~907AD) | H 3.5cm Mouth D 6cm
Collected by Xi'an in 1979

널찍한 입구에 구연(口沿)은 밖으로 젖혀진 형태이며 벽은 호(弧) 모양이고 배는 얕고 그릇 안쪽의 밑바닥은 평평하며 바깥쪽의 밑바닥은 옥벽형(玉璧形)이다. 태색(胎色)은 흰색에 붉은빛을 띠며 질(質)은 그다지 부드럽지 않다. 그릇 내벽(內壁)은 전체적으로 유약(釉藥)을 입혔지만 외벽(外壁)은 밑부분까지 미치지 못하였다. 유색(釉色)은 갈색, 황색, 녹색, 흰색이 주를 이루는데 짙은 색상과 연한 색상의 교체가 자연스러우며 전체적으로 색상이 주는 느낌이 산뜻하고 아름답다. 이런 유형의 소완[충(盅)]은 당대(唐代)에 흔히 사용되던 식기이며 때로는 당삼채(唐三彩) 탁반(托盤) 혹은 고족반(高足盤) 위에 놓여 칠성반(七星盤)으로 사용되었다.

019

삼채고족로(三彩高足爐)

당(唐) | 높이 7.8㎝ 입구지름 8.3㎝
1989년 서안시(西安市) 수집

San Cai High-disc Furnace

Tang Dynasty(618AD~907AD) | H 7.8cm Mouth D 8.3cm
Collected by Xi'an in 1989

이 삼채고족로는 널찍한 입구, 넓은 구연(口沿), 호(弧) 모양의 얕은 배를 가지고 있다. 나팔 모양의 고권족(高圈足)이 있는데 밑부분은 넓고 평평하다. 외벽(外壁)은 배 부위에만 유약(釉藥)을 입혔으며 기타 부위는 바탕이 드러났다. 태색(胎色)이 흰색이고 질(質)이 부드럽고 치밀한 것을 보아 바탕은 고령토(高嶺土)로 만들었음을 알 수 있다. 유색(釉色)은 남색이 주를 이루는데 사이사이에 흰색, 갈색, 녹색을 서로 번갈아 입혀 표면에 대(帶), 꽃송이, 둥근 점 등 가지각색의 문양이 형성되었으며 동시에 점납법(点蠟法)도 사용하였다. 비록 유색이 그리 화려하지는 않지만 기타 부위의 바탕이 넓게 드러났고 무늬의 배치도 색달라 다른 당삼채(唐三彩)와 비교할 때 독특한 예술적 효과가 있다. 흰색 고령토 바탕과 나팔 모양의 고권족은 하남(河南) 공의요(鞏義窯) 기물(器物)의 장식 특징에 가까우며 내벽(內壁)에 유약을 입히지 않은 점으로 보아 향로(香爐)로 짐작된다.

3. 화장용품(化粧用品)

020

삼채합(三彩盒)

당(唐) | 높이 3.5㎝ 입구지름 5.5㎝
서안시(西安市) 수집

San Cai Case

Tang Dynasty(618AD~907AD) | H 3.5cm Mouth D 5.5cm
Collected by Xi'an

삼채합의 몸통과 뚜껑이 만나는 곳은 자모구(子母口)를 이루며 배는 둥글고 납작하며 복벽(腹壁)은 곧고 아랫배는 아래로 내려오면서 점차 좁아지며 밑바닥은 평평하다. 뚜껑의 모양은 둥글고 납작하며 자모구와 몸통이 서로 마주 향하고 있다. 뚜껑의 둘레는 약간 볼록하고 중간 부분은 평평하며 뉴(鈕)는 없다. 전체적으로 유약(釉藥)을 입혔는데 주로 흰색, 갈색, 녹색 등 3색을 서로 번갈아 입혔다. 뚜껑의 평평한 부분에 흰색 반점이 배열되어 꽃 모양을 이루었다. 몸체와 뚜껑 사이 비좁은 부분에는 진한 갈색 반점이 있는데 그 흐름이 매우 자연스럽다. 작고 정교한 기물(器物)이 합리적 공간 이용과 무늬 배치로 알록달록한 장식 효과를 이루고 있다.

021

해당형인화삼채합
(海棠形印花三彩盒)

당(唐) | 높이 6㎝ 입구지름 11.5×8㎝
서안시(西安市) 수집

San Cai Case in Chinese Flowering Apple Printing

Tang Dynasty(618AD~907AD) | H 6cm Mouth D 11.5×8cm
Collected by Xi'an

몸체와 뚜껑이 모두 타원형 해당화(海棠花) 모양이고 얕은 배, 낮은 권족(圈足)을 가지고 있다. 몸통에 자구(子口)가 있어 뚜껑을 닫게 되어 있다. 뚜껑의 표면에서 약간 볼록하게 나온 부분에 화판문(花辦紋)이 있는데 바깥쪽은 연주문(聯珠紋)으로 장식하고 안쪽은 어자문(魚子紋)과 꽃잎무늬가 찍혀 있다. 태색(胎色)은 불그스름하며 질(質)은 거칠고 성기다. 전체적으로 유약(釉藥)을 입혔는데 녹유(綠釉)를 주로 입히면서 황갈유(黃褐釉)와 백유(白釉)를 사이사이 입혔다. 유색(釉色)은 농담의 차이가 있는데 색상배치가 운치 있다. 외벽(外壁)에 입힌 녹유 색상은 비교적 연하고 뚜껑의 표면 위에 그린 꽃무늬의 녹유 색상이 가장 진하다. 녹유를 입힌 표면 위의 사엽화(四葉花)에 황색 반점을 찍어 뚜껑 표면의 장식 효과를 한층 돋보이게 하였다.

개합(蓋盒)은 당대(唐代) 도자기 중 흔히 볼 수 있는 기물(器物)이다. 장사요(長沙窯)에서 만든 자합(瓷盒)의 뚜껑 위에는 "油盒(유합)"이라는 글자까지 새겨져 있는 것을 보아 주로 화장용품으로 사용되었으며 때로 약을 담는 도구로도 사용되었음을 알 수 있다. 이 삼채합은 조형과 장식기법에서 당대 금은기의 단조법(鍛造法)과 그 당시 금은기에서 흔히 보이는 연주문을 모방하였다. 바닥에 새긴 어자문은 매우 생동감이 있다. 이런 권족이 달린 은합은 9세기 작품에 속하기 때문에 삼채개합의 사용 연대는 성당(盛唐) 후기부터 중당(中唐) 시기로 추측된다.

4. 문방용품(文房用品)

022

삼채소수우(三彩小水盂)

당(唐) | 높이 2.8㎝ 입구지름 2.2㎝
1979년 종고루(鐘鼓樓) 보관소에서 넘겨받음

San Cai Little Water Bowl

Tang Dynasty(618AD~907AD) | H 2.8cm Mouth D 2.2cm
Transferred by Custody of the Bell and Drum Tower of Xi'an in 1979

안으로 휘어진 입구, 평평한 어깨, 둥글고 납작한 배, 작고 평평한 바닥을 가지고 있다. 구연(口沿)과 어깨 부위에는 갈색, 녹색, 황색 유약(釉藥)을 사이사이 번갈아 입혔는데 그 흐름이 매우 자연스럽다. 아랫배와 밑바닥은 바탕이 드러났으며 태색(胎色)은 흰색에 누른빛이 감돌고 질(質)은 그리 깨끗하지 않다. 이 기물(器物)의 조형은 소우(小盂) 중에서 흔히 볼 수 있는 것인데 형체가 깜찍하면서도 진중하다. 유약을 입힌 부위가 비교적 적어 간결한 느낌을 준다.

중국 전통의 문방구에는 붓, 먹, 종이, 벼루를 제외하고도 문진(文鎭), 필세(筆洗), 수주(水注), 인장(印章), 묵합(墨盒), 벼루상자, 묵상(墨床), 붓걸이 등 보조적인 용구도 적지 않다. 진한대(秦漢代)에 처음 나타난 수우(水盂)는 수승(水丞) 혹은 연적(硯滴)이라 부르며 고대 문인들이 먹을 갈면서 물을 담을 때 사용하던 것인데 입구가 있으면 '수주(水注)', 입구가 없으면 '수승(水丞)'이라 부른다. 수우의 조형은 대부분 동그란 입구에 배는 볼록하며 밑바닥은 평평하다. 일부는 굽이 있다.

023

삼채소수우(三彩小水盂)

당(唐) | 높이 3.2㎝ 입구지름 1.5㎝
서안시(西安市) 수집

San Cai Little Water Bowl

Tang Dynasty(618AD~907AD) | H 3.2cm Mouth D 1.5cm
Collected by Xi'an

작은 입구는 안으로 휘어지고 배는 둥글고 볼록하며 밑바닥은 평평하다. 태색(胎色)은 흰색에 붉은빛을 띤다. 외벽(外壁) 전체에 유약(釉藥)을 입히고 내벽(內壁)은 바탕이 드러나 있다. 흰색 유약을 입힌 표면 위에 녹색, 황색, 붉은색으로 줄무늬를 그리니 색상의 흐름이 자연스러우면서도 아름답다. 표면 전체에 세밀한 빙렬(氷裂)이 있다.

우(盂)의 형체는 작지만 조형이 세련되고 우아하며 각종 색상의 대비가 선명하므로 당삼채(唐三彩)의 전형적인 풍격을 엿볼 수 있다.

024

삼채수주(三彩水注)

당(唐) | 높이 4.7㎝ 입구지름 4㎝
1986년 서안시(西安市) 수집

San Cai Water-pourer

Tang Dynasty(618AD~907AD) | H 4.7cm Mouth D 4cm
Collected by Xi'an in 1986

입구는 동그랗고 입술은 밖으로 말린 형태이고 입구 지름은 비교적 큰 편이며 목은 거의 없다. 윗배는 둥글고 불룩하고 아랫배는 밑으로 내려오면서 점차 좁아지며 어깨 부위에는 물이 흘러 내려오는 단주(短柱)가 달려 있고 높이가 낮은 가권족(假圈足)이 있다. 태색(胎色)은 흰색에 붉은빛을 띠며 질(質)은 비교적 거칠다. 유약(釉藥)은 밑부분까지 미치지 못하였으며 권족(圈足)과 아랫배는 바탕이 드러났다. 유약의 색상은 황색, 녹색이 주를 이루는데 그 사이사이에 갈색을 조금씩 칠하였다. 유면(釉面)에 미세한 빙렬(氷裂)이 있지만 유층(釉層)의 흐름이 선명하다. 어깨 부위에는 원형(圓形)의 태운 자국이 있다.

025

점남채수주(点藍彩水注)

당(唐) | 높이 4.5㎝ 입구지름 4.7㎝
1990년 서안시 연호구(西安市 蓮湖區) 화력발전소 63호 묘 출토

Water Pourer with Blue Spots

Tang Dynasty(618AD~907AD) | H 4.5cm Mouth D 4.7cm
Excavated from the NO.63 Tomb of
Thermal Plant in Lianhu District, Xi'an in 1990

입구는 동그랗고 입술 둘레가 볼록하며 목이 없이 입구와 배가 직접 연결되었다. 배의 가운데 부분이 도드라져 나왔는데 그 부분의 지름이 가장 크다. 어깨 부위에 단류(短流)가 달려 있고 권족(圈足)은 동그란 떡 모양이며 그 밑부분에는 칼로 자른 듯한 경사진 모서리가 있다. 태색(胎色)은 흰색에 붉은빛을 띠며 태면(胎面)은 백색 화장토(化妝土)를 한 층 칠했다. 외벽(外壁)은 권족 가까이까지 유약(釉藥)을 입혔지만 내벽(內壁)은 유약을 입히지 않았다. 유색(釉色)은 흰색에 약간 푸른빛이 감도는데 흰색 유약을 입힌 표면 위에 세 개의 남색 반점을 한 조로 띄엄띄엄 그려 그 모양이 매화를 연상시킨다. 유면(釉面) 전체에 빙렬(氷裂)이 있는 것은 소조(燒造) 시 온도가 낮아 유층(釉層)이 떨어진 것으로 짐작된다. 색채가 다양한 삼채와 비교하면 이 수우(水盂)는 장식이 단순하며 흰색 유약을 입힌 표면 위에 찍은 남색 점들은 마치 드넓은 눈밭 속에 겨울 매화가 펼쳐져 있는 모습을 연상케 한다.

026

삼채사계첩화소수주(三彩四系貼花小水注)

당(唐) | 높이 8.5㎝ 입구지름 5.4㎝
서안시 신성구(西安市 新城區) 황하(黃河) 기계공장 출토

San Cai Appliquéd Little Water Pourer with Four Handles

Tang Dynasty(618AD~907AD) | H 8.5cm Mouth D 5.4cm
Excavated from Huanghe Machinery Factory in Xincheng District, Xi'an

입구는 접시 모양이고 얄팍한 입술은 밖으로 말린 형태이며 목은 짧고 잘록하다. 배는 동그랗고 볼록하며 아랫배는 아래로 내려오면서 점차 좁아지고 권족(圈足)이 있다. 어깨 부위에는 두 개씩 짝을 이룬 고리 네 개를 부착하였는데 그 사이에 기둥 모양의 단류(短流)와 세 송이의 꽃이 배열되어 있다. 유약(釉藥)은 용기(用器)의 밑부분까지 미치지 못하여 아랫배 밑부분과 권족은 바탕이 드러났으며 태색(胎色)은 흰색에 붉은빛을 띠며 질(質)은 비교적 단단하다. 녹색, 갈색, 황색, 흰색 유약을 번갈아 입혔는데 색상이 화려하고 유층(釉層)이 두꺼우며 동시에 점납법(点蠟法)도 사용하여 그 흐름이 매우 자연스럽다. 이 용기(用器)는 조형이 작지만 조그마한 빈틈도 없이 세심하게 제작되었으며, 문방구인 소수적(小水滴)으로도 사용 가능하다.

027

녹유점채수주(綠釉点彩水注)

당(唐) | 높이 15.5㎝ 입구지름 6.6㎝
1963년 서안시 비림구(西安市 碑林區) 사파(沙坡) 벽돌공장 출토

Stippling Green Glaze Water Pourer

Tang Dynasty(618AD~907AD) | H 15.5cm Mouth D 6.6cm
Excavated from the Shapo Brickyard in Beilin District, Xi'an in 1963

널찍한 입구에 구연(口沿)은 밖으로 말린 형태이며 목은 짧고 잘록하며 어깨는 둥글고 윗배는 조금 볼록하다. 어깨 위에는 육각형 단주(短注)가 달려 있고 어깨와 윗배에 각각 현문(弦紋) 두 줄이 그려져 있으며 밑바닥은 평평하다. 유약(釉藥)은 밑부분까지 미치지 못하여 아랫배와 밑부분은 바탕이 드러났으며 태색(胎色)은 불그스름한 색을 띠고 바탕은 점토(粘土)로 만들어 질(質)이 비교적 거칠다. 유색(釉色)은 녹색, 흰색이 주를 이루는데 서로 어울려 그 흐름이 매우 자연스럽다. 또한 점납법(点蠟法)을 사용하여 유약의 색상 변화도 자연스럽다. 표면에 군데군데 그려진 연녹색, 흰색 반점은 눈송이가 널려 있는 한 폭의 그림을 연상케 한다.

028

황유삼족소수우(黃釉三足小水盂)

당(唐) | 높이 5㎝ 입구지름 3㎝
1988년 서안시(西安市) 공안국에서 넘겨받음

Yellow-glazed Little Water Bowl with Three Feet

Tang Dynasty(618AD~907AD) | H 5cm Mouth D 3cm
Transferred by Xi'an Public Security Bureau in 1988

입구는 둥글고 얄팍한 입술은 밖으로 말린 형태이며 목은 짧고 잘록하다. 어깨는 미끈하게 잘 빠지고 배는 타원형이며 세 개의 짧은 다리가 있다. 용기(用器)의 몸통 전체에 황갈색 유약(釉藥)을 입혔는데 유약이 흘러내린 흔적이 선명하며 진한 색상과 연한 색상의 교체가 매우 자연스럽다. 구연부(口沿部)에 녹색 반점이 있고 유면(釉面)은 미세한 빙렬(氷裂)이 있으며 배와 구연부의 유층(釉層)이 벗겨졌다. 고령토(高嶺土)로 만든 소태(素胎)는 희고 치밀하다. 이 수우(水盂)는 비록 형체는 작지만 풍만함이 돋보이는 당대(唐代) 기물(器物)의 시대적 풍격을 충분히 살려주었다.

029

삼채삼족수우(三彩三足水盂)

당(唐) | 높이 16.5㎝ 입구지름 11㎝
1990년 서안시 파교구(西安市 灞橋區) 문화관에서 넘겨받음

San Cai Water Bowl

Tang Dynasty(618AD~907AD) | H 16.5cm Mouth D 11cm
Transferred by Cultural Center in Baqiao District, Xi'an in 1990

널찍한 입구에 구연부(口沿部)가 밖으로 젖혀진 형태로 목은 잘록하며 배는 둥글다. 밑바닥은 둥글고 배 아랫부분에는 짐승발굽 모양의 다리가 세 개 있고 어깨 부위에는 현문(弦紋) 두 줄이 그어져 있으며 배 부위에는 탄자국이 있다. 아랫배와 밑바닥은 유약(釉藥)을 입히지 않았고 태색(胎色)은 흰색에 붉은빛이 감돌고 태면(胎面)에 흰색 화장토(化妝土)가 있는데 바탕과 유약이 잘 결합되었다. 구연부와 다리는 황갈색 유약을 입히고 몸통에 녹색, 황색, 흰색을 번갈아 입힘과 동시에 점납법(点蠟法)도 시용하였기에 소성(燒成) 후 유색(釉色)의 흐름이 매우 자연스럽다. 이러한 웅장한 조형과 화려한 유색이 조화롭게 어울려 당삼채(唐三彩) 기물(器物) 중 수작으로 알려져 있다.

030

삼채삼족수우(三彩三足水盂)

당(唐) | 높이 9.7㎝ 입구지름 5㎝
1964년 서안시(西安市) 문물상점에서 넘겨받음

San Cai Water Bowl

Tang Dynasty(618AD~907AD) | H 9.7cm Mouth D 5cm
Transferred by Xi'an Cultural and Historical Relics Shop in 1964

널찍한 구연부(口沿部)는 밖으로 말린 형태이며 얄팍한 입술은 동그랗다. 목은 짧고 잘록하고 어깨는 미끈하게 잘 빠졌으며 배는 둥글며 밑바닥은 평평하다. 배 아래에는 밖으로 벌어진 발굽 모양의 다리가 세 개 있고 어깨 부위에는 현문(弦紋)이 한 줄 그어져 있다. 구연(口沿)과 용기(用器) 전체에 황색과 녹유(綠釉)를 입혔는데 유층(釉層)의 두께가 균일하지 않아 색상의 농도 차이가 나타난다. 구연부의 색상이 가장 짙은데 농갈색에 가깝다. 어깨와 배 부위의 황유(黃釉)는 색상이 산뜻하며 흐름이 자연스럽고 그 가운데 녹유가 군데군데 있는데 황색, 녹색의 대비가 간결하면서도 독특하다. 배 아래와 다리 세 개에는 모두 유약(釉藥)을 입히지 않아 붉은빛을 띤다.

031

황유삼족수우(黃釉三足水盂)

당(唐) | 높이 6.2㎝ 입구지름 3.7㎝
1990년 서안시 연호구(西安市 蓮湖區) 화력발전소 63호 묘 출토

Yellow-glazed Water Bowl with Three Feet

Tang Dynasty(618AD~907AD) | H 6.2cm Mouth D 3.7cm
Excavated from the NO.63 Tomb of Thermal Plant in Lianhu District, Xi'an in 1990

작고 벌어진 입구에 둥근 입술은 밖으로 젖혀졌으며 목은 짧고 잘록하다. 어깨는 넓고 배는 동그랗고 볼록하며 밑바닥은 둥글다. 배 아래에 말굽 모양의 다리 세 개가 있는데 매우 튼튼해 보인다. 다리 아랫부분의 바탕이 드러난 부분을 제외한 전체에 황유(黃釉)를 입혔는데 유색(釉色)은 진하고 유층(釉層)은 균일하고 두꺼우며 유면(釉面)은 미세한 빙렬(氷裂)이 있다. 단색유(單色釉)를 입힌 삼채는 당대(唐代) 초기에 많이 나타났지만 다채유(多彩釉)가 유행하던 성당(盛唐) 및 중당(中唐) 시기에도 여전히 존재하였다. 이 삼족수우(三足水盂)의 풍만하고 시원한 조형으로 볼 때 성당 혹은 중당 시기 작품으로 짐작된다.

032

삼채벽옹연(三彩辟雍硯)

당(唐) | 높이 2.7㎝ 입구바깥지름 5.3㎝ 밑지름 6.2㎝
2006년 서안시 장안구(西安市 長安區) 위곡(韋曲) 봉서원(鳳棲原) 당묘(唐墓) 출토

San Cai Ink Stone with a Circlet

Tang Dynasty(618AD~907AD) | H 2.7cm Mouth Duter D 5.3cm Bottom D 6.2cm
Excavated from Fengqi Original Tang Tombs in Weiqu, Chang'an District, Xi'an in 2006

용기(用器)는 원형(圓形)이고 중앙에는 평평한 연면(硯面)이 있으며 주위는 환형(環形) 연지(硯池)로 둘러싸였다. 용기의 밑부분에 꿇어 엎드린 자세를 취한 사람 형태의 짧은 다리가 아홉 개 있다. 인형의 오관(五官)으로 보아 호인(胡人)의 생김새이다. 얼굴에 미소를 띤 표정이 매우 생동감 있게 부각되었으며 목에는 띠를 맸다. 아홉 개의 짧은 다리와 그 밑에 있는 권족(圈足)은 누공(鏤空)하였다. 용기의 표면에 화려한 녹색 유약(釉藥)을 입혔는데 연면과 밑바닥 부분의 바탕이 드러나 있다. 하얀 태색(胎色)에는 약간 붉은빛이 돌며 질(質)은 그리 단단하지 않다.

벽옹(辟雍)은 서주(西周)의 천자(天子)가 설치한 학궁(學宮)으로 교외에 위치해 있는데 사면(四面)이 강으로 둘러져 있어 외부와 격리되었다. 벽옹연(辟雍硯)은 연면이 원형이고 중심이 볼록하게 튀어나오고 주변은 물로 둘러싸인 모양이 마치 벽옹(辟雍)과 흡사해 붙여진 이름이다. 당나라 때 양사도(楊師道)는「영연(咏硯)」이라는 시에서 "원지유벽수(圓池類璧水, 둥그런 벼루못은 벽수와 흡사한데), 경한염연화(輕翰染煙華, 가벼운 붓놀림에 검은빛 물들었네)"라고 하였는데 이 시구는 벽옹연의 형태를 읊은 것이다. 이런 벼루는 위진남북조(魏晉南北朝)시대부터 당송대(唐宋代)까지 유행하였으며 대부분 청자, 백자와 도기로 만들어졌는데 당대(唐代)에는 삼채 재질도 소량 제작되었다. 출토 상황을 보면 서진(西晉) 시기에 삼족(三足), 동진(東晉) 시기에 사족(四足), 남조(南朝) 시기에 육족(六足)이 나타났으며 수당대(隨唐代)에는 다리가 많은 벼루의 유행과 함께 다리가 원형인 벼루도 나타났다.

이 벼루는 무덤의 주인인 장손군(長孫君)의 처 유 부인(柳夫人)의 무덤 속에 구리거울, 은합(銀盒), 석합(石盒) 등 화장용품과 함께 시신의 머리맡에 놓여 있었다. 유 부인은 관료 가문 출신으로서 사리에 밝고 교양이 있었지만 18세 젊은 나이에 세상을 떠났다. 벼루가 출토되었을 때 벼루의 면이 깨끗하고 사용한 흔적이 없는 것으로 보아 이 벼루의 용도는 부장품일 것으로 추측된다. 이 무덤은 함형(咸亨) 5년(674)에 조성되었으며 벼루는 초기 당삼채(唐三彩)에 속한다. 신룡(神龍) 2년(706) 의덕태자묘(懿德太子墓)에서도 이와 비슷한 조형의 녹유(綠釉) 벼루가 출토되었는데 벼루의 표면 중앙에만 갈색 유약을 입힌 것이 차이점이다.

당대(唐代) 도자기 벽옹연은 고고학 발굴 조사 중 여러 차례 출토되었다. 1952년 하남성(河南省) 우현(禹縣) 백사(白沙) 172호 당묘(唐墓)에서 출토된 담황색 유약을 입힌 17족(足) 벽옹연과 영하(寧夏) 고원(固原)에서 출토된 당대 인덕(麟德) 연간 안낭(安娘) 무덤에서 출토된 녹유벽옹연이 있다. 연면은 모두 연지보다 훨씬 높다.

5. 침실용구(寢室用具)

033

녹유타우(綠油唾盂)

당(唐) | 높이 11.5㎝ 입구지름 8.5㎝
1989년 서안시(西安市) 수집

Green-glazed Spittoon

Tang Dynasty(618AD~907AD) | H 11.5cm Mouth D 8.5cm
Collected by Xi'an in 1989

입구는 나팔형 접시 모양이고 동그란 입술은 밖으로 말린 형태이며 구연부(口沿部)는 평평하고 널찍하며 목과 입구 사이에는 볼록하게 나온 모서리가 있다. 어깨는 미끈하게 잘 빠지고 배는 타원형이며 배의 중간 부분의 지름이 가장 크며 가권족(假圈足)이 있다. 유약(釉藥)은 밑부분까지 미치지 못하여 배의 아랫부분과 권족(圈足)은 바탕이 드러났으며 소태(素胎)는 붉은빛을 띤 점토(粘土)로 만들었는데 두껍다. 전체에 녹유(綠釉)를 입혔으며 목과 어깨 부위의 가늘고 뚜렷한 윤선(輪旋) 자국은 기물(器物) 성형 시 물레를 사용한 것으로 보인다.

034

삼채타우(三彩唾盂)

당(唐) | 높이 8.5㎝ 입구지름 1.5㎝
1986년 서안시(西安市) 수집

San Cai Spittoon

Tang Dynasty(618AD~907AD) | H 8.5cm Mouth D 1.5cm
Collected by Xi'an in 1986

나팔접시 모양의 입구, 얄팍한 입술은 밖으로 말린 형태이며 구연부(口沿部)는 평평하고 널찍하며 잘록한 목과 입구 사이에는 볼록하게 나온 모서리가 있다. 어깨는 미끈하게 잘 빠졌으며 배는 타원형이며 아랫배의 지름이 가장 크고 가권족(假圈足)이 있다. 유약(釉藥)은 밑부분까지 미치지 않아 배의 아랫부분과 권족(圈足)은 바탕이 드러났다. 바탕은 붉은색 점토(粘土)로 만들었으며 겉면에 흰색 화장토(化妆土)를 칠했다. 이 우(盂)는 당 장안성(長安省) 동서시(東西市)의 인근 작업장에서 만든 기물(器物)의 특징에 부합된다. 구연(口沿), 목과 어깨 부위에는 진한 녹색 유약을 입히고 배에는 녹유(綠釉)와 황유(黃釉)를 번갈아 입혔는데 유층(釉層)은 물듦과 흐름 현상이 뚜렷하며 유색(釉色)이 밝다. 배의 여러 군데에 남아 있는 흔적은 기물을 구울 때 여러 용기(用器)를 겹쳐 생긴 것이다.

삼채오수족원형향로(三彩五獸足圓形香爐)

당(唐) | 높이 6.5㎝ 입구지름 17㎝
1976년 서안시(西安市) 수집

San Cai Round Censer with Five Beast-shaped Feet

Tang Dynasty(618AD~907AD) | H 6.5cm Mouth D 17cm
Collected by Xi'an in 1976

널찍한 입구에 동그랗고 얄팍한 입술을 가지고 있으며 구연(口沿)은 밖으로 젖혀진 형태이며 대통 모양의 복벽(腹壁)은 수직을 이룬다. 평평한 밑바닥에 밖으로 벌어진 짐승 모양 다리가 다섯 개 달려 있고 기신(器身)에는 철현문(凸弦紋) 두 줄과 요현문(凹弦紋) 여러 줄이 새겨져 있다. 용기(用器)의 표면은 황색, 백색, 갈색 유약(釉藥)을 입혔으며 유층(釉層)은 얇고 색상은 비교적 옅다.

오족로(五足爐)의 조형은 단정하고 소박하며 솜씨가 정교하고 치밀하여 당시 실용기(實用器)로도 사용되었다. 이런 바탕, 유약, 조형은 하남성(河南省) 공의시(鞏義市) 황야(黄冶) 당삼채(唐三彩) 가마터에서 출토된 오족로의 특징과 비슷하다.

삼채수렵분록문맥침(三彩狩獵奔鹿紋脉枕)

당(唐) | 길이 10.8㎝ 너비 8.6㎝ 높이 6㎝
1984년 서안시 파교구(西安市 灞橋區) 건축자재공장 출토

San Cai Pillow with Deer-hunting Pattern

Tang Dynasty(618AD~907AD) | L 10.8cm W 8.6cm H 6cm
Excavated from the Construction Factory in Baqiao District, Xi'an in 1984

베개는 장방형(長方形)이고 침면(枕面)의 면적이 비교적 크다. 침면과 밑면에 먼저 갈색으로 매화를 한 줄에 네 송이씩 다섯 줄을 그린 후 백유(白釉)로 나머지 부분을 채워 금문(錦紋)을 이루었고 가장자리에는 녹유(綠釉)를 입혔다. 사면은 거푸집을 이용해 수렵무늬를 만들었는데 그 중 작은 면에는 질주하는 사슴, 넓은 면에는 풀밭을 배경으로 말을 타고 추격하는 사냥꾼을 각각 넣어 이어지는 두 면이 완벽한 수렵 장면을 그려내게 하였다. 구도가 새롭고 도안이 생동감이 있어 성당(盛唐) 시기 대표적인 기물(器物)로 손색이 없다. 이 베개는 형체가 작고 정교하여 의원이 맥을 짚을 때도 사용되었다.

6. 기타(其他)

037

황유풍로(黃釉風爐)·부(釜)

당(唐) | 높이 8㎝ 입구지름 5㎝
1979년 서안시(西安市) 문물상점에서 넘겨받음

Yellow-glazed Wind Furnace & Pot

Tang Dynasty(618AD~907AD) | H 8cm Mouth D 5cm
Transferred by Xi'an Cultural and Historical Relics Shops in 1979

풍로(風爐)의 몸체는 원형(圓形)이고 문은 사각형이며 몸체 윗부분은 통형(筒形)이다. 아래는 서서히 좁아져 받침으로 짐작되며 바닥은 평평하다. 난로 위에는 원형 솥이 있는데 입구는 둥글고 어깨는 평평하며 벽은 비스듬하고 배는 깊다. 난로와 솥의 표면에 갈유(褐釉)를 입혔는데 유층(釉層)이 두껍다. 난로의 밑부분은 유약(釉藥)을 입히지 않아 바탕이 드러나 있고 태색(胎色)은 흰빛이 감돌고 질(質)은 단단하다.

이 풍로는 조형이 독특한데 다구(茶具)로 사용된 당대(唐代) 도자기 재질의 팽다풍로(烹茶風爐)를 모방하여 만든 것으로 짐작되며 주로 부장품(副葬品)으로 사용되었다. 이런 소로(小爐)는 요묘(遼墓) 벽화 중 차를 끓이는 장면에서 흔히 찾아볼 수 있다. 당대 사람 육우(陸羽)의 『다경(茶經)』「다지기(茶之器)」의 기록에 의하면 당대 다구 중 풍로는 대부분 연철(鉛鐵) 또는 진흙으로 만들었다.

038

녹유고병촉대(綠釉高柄燭臺)

당(唐) | 높이 37.5㎝ 입구지름 14.5㎝
섬서성(陝西省) 제3 염색공장 출토

Green-glazed Candleholder

Tang Dynasty(618AD~907AD) | H 37.5cm Mouth D 14.5cm
Excavated from the Third Printing & Dyeing Factory in Shaanxi Province

촉대(燭臺)는 모두 네 부분으로 구성되었다. 밑부분에는 큰 접시가 하나 있는데, 동그란 입술은 밖으로 말린 형태이며 밑바닥은 평평하며 나팔형 권족(圈足)이 있다. 접시의 원기둥에 가까운 긴 자루에는 대[竹]의 마디 모양의 현문(弦紋)이 가득 새겨졌다. 자루의 머리에는 큰 접시의 조형과 동일한 작은 접시가 있다. 작은 접시 중앙에는 초를 꽂을 수 있는 원기둥이 있다. 용기(用器)의 표면은 녹유(綠釉)를 입혔는데 농담 변화가 자연스럽다. 유층(釉層)이 벗겨진 곳도 있으며 권족 밑부분은 유약(釉藥)을 입히지 않았고 태색(胎色)은 흰빛을 띤다. 이 촉대는 비록 색상이 단일하지만 조형이 단정하고 장중하며 구조가 복잡하고 몸체가 비교적 큰 것이 2001년 장안구(長安區) 축촌향(祝村鄉) 양촌(楊村) 부근 당묘(唐墓)에서 출토된 소형 구리 촉대와 거의 비슷한바 당대(唐代) 단색 유도(釉陶) 중 수작으로 불리기에 손색이 없다.

039

녹유인두훈(綠釉人頭塤)

당(唐) | 높이 4.5㎝ 너비 5㎝
서안시(西安市) 수집

Green-glazed & Human-head-shaped Oval Earthen Wind Instrument with Six Holes

Tang Dynasty(618AD~907AD) | H 4.5cm W 5cm
Collected by Xi'an

얼굴은 원형(圓形)이고 길고 가는 눈썹, 동그랗고 긴 눈, 높은 코, 넓은 입을 보아 호인(胡人) 형상을 본떠 만든 것으로 보인다. 양쪽 볼에는 구멍이 나 있는데 이는 불어서 소리를 내는 데 쓰인다. 얼굴 주변을 울퉁불퉁하게 만들어 호인의 빼곡한 수염을 묘사하였다. 인물의 얼굴에는 녹유(綠釉)를 입히고 뒷머리는 유약(釉藥)을 입히지 않았으며 정수리에는 악기를 연주할 때 쓰이는 동그란 구멍이 있다. 이런 호인훈(胡人塤)은 대부분 하남(河南) 공의(鞏義) 및 섬서(陝西) 동천(銅川) 황보(黃堡) 당삼채(唐三彩) 가마터에서 출토되었으며 일부는 양주(揚州) 당성(唐城) 유적지에서 출토되었다. 이는 당대(唐代)에 호인훈 장난감 악기가 전국적으로 유행하였음을 보여준다.

040

삼채후두훈(三彩猴頭塤)

당(唐) | 높이 4㎝ 너비 4.1㎝
1990년 서안시 연호구(西安市 蓮湖區) 화력발전소 63호 묘 출토

Monkey-head-shaped Oval Earthen Wind Instrument with Six Holes

Tang Dynasty(618AD~907AD) | H 4cm W 4.1cm
Excavated from the NO.63 Tomb in Thermal Plant in Lianhu District, Xi'an in 1990

후두훈(猴頭塤)은 원숭이 얼굴 모양인데 작은 두 볼, 익살스럽고 민첩해 보이는 눈망울, 높은 콧마루, 꼭 다문 뾰족한 입을 가지고 있다. 이마와 귀밑, 입술 위에 가는 털이 있으며 뒷머리는 안으로 오목하게 들어갔다. 정수리 중앙에 동그란 취공(吹孔)이 있고 두 볼에 소리를 낼 수 있는 동그란 구멍이 있는데 체강(體腔)은 텅 비어 있다. 정면은 녹색, 갈색, 남색, 황색, 백색 유약(釉藥)을 입히고 그 아래에 흰색 화장토(化妝土)를 한 층(層) 칠했으며 뒷머리는 유약을 입히지 않았다. 이마에 새긴 털, 두 눈, 입술 부위, 귀밑머리 일부는 녹유(綠釉)를 입히고 정수리 털, 콧마루, 아래턱, 귀밑머리 일부는 갈유(褐釉)를 입혔으며 이마의 양쪽 털은 남유(藍釉)를 입히고 그 사이사이를 흰색과 노란색으로 번갈아 입혔는데 색상의 조합이 자연스럽고도 생동감이 넘친다. 앞면과 뒷면의 이음매에는 볼록한 모서리가 있다. 태색(胎色)은 불그스름한 색을 띠고 실(質)은 무르다.

후두훈은 아동용 장난감 취주(吹奏) 악기로 실용성과 예술성을 모두 갖췄다. 이 후두훈의 태질(胎質), 유약, 조형은 모두 하남(河南) 공현(鞏縣) 황야요(黃冶窯)에서 출토된 기물(器物)과는 비슷하지만 동천(銅川) 황보요(黃堡窯)에서 출토된 것들과는 다소 차이가 있다.

삼채상수형첩식(三彩象首形貼飾)

당(唐) | 높이 6.5~7.4㎝ 너비 5.4~6.7㎝ 두께 1.8㎝
2002년 서안시 장안구 곽두진(西安市 長安區 郭杜鎭) 31호 당묘(唐墓) 출토

Elephant-head-shaped Paste Ornaments

Tang Dynasty(618AD~907AD) | H 6.5~7.4cm W 5.4~6.7cm T 1.8cm
Excavated from the NO.31 Tang Tomb, Guodu County, Chang'an District, Xi'an in 2002

장식 세 개의 크기는 기본상 동일하고 모두 결함이 있다. 코끼리 머리의 얼굴은 삼각형으로 눈은 가느다란 막대기 모양이다. 얼굴에는 혁대가 있으며 타원형의 큰 귀가 아래로 늘어졌다. 소태(素胎)는 고령토(高嶺土)로 만들어진 백태(白胎, 고령토로 만들어진 소태)이며 질(質)이 단단하다. 표면에 주로 백(白), 황(黃), 녹(綠)의 유약(釉藥)을 입혔는데 그중 백유(白釉)가 차지하는 면적이 넓고 황유와 녹유는 귀와 혁대에만 입혔다. 유약을 입힌 표면은 반질반질 윤기가 나며 유색(釉色)의 가짓수가 적어 간결하면서도 환한 느낌을 준다. 용도는 뒤에 나오는 용머리와 비슷하며 주로 삼채탑식관(三彩塔式罐) 등 기물(器物)의 장식품으로 쓰인다. 섬서(陝西)역사박물관에 소장된 서안시(西安市) 서쪽 외곽에서 출토된 홍도채회상좌탑식관(紅陶彩繪象座塔式罐)에 이 같은 상수형(象首形) 장식품이 달려 있다. 1959년 서안시 서쪽 외곽 중보촌(中堡村) 당묘(唐墓)에서도 이런 용머리 및 코끼리 머리가 달려 있는 삼채고족탑식관(三彩高足塔式罐)이 출토되었다.

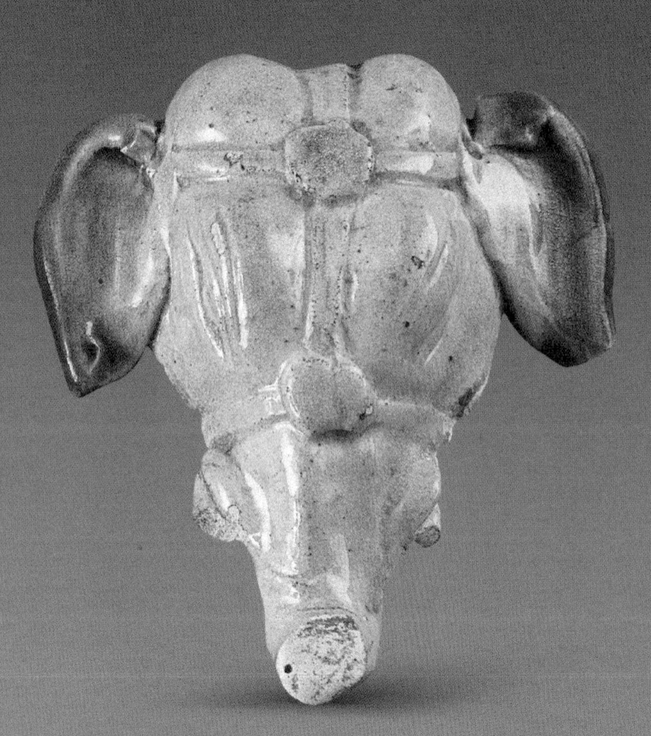

042

삼채용수형첩식(三彩龍首形貼飾)

당(唐) | 높이 10.8㎝ 너비 9.2㎝ 두께 3.4㎝
2002년 서안시 장안구 곽두진(西安市 長安區 郭杜鎭) 31호 당묘(唐墓) 출토

Dragon-head-shaped Paste Ornament

Tang Dynasty(618AD~907AD) | H 10.8cm W 9.2cm T 3.4cm
Excavated from the NO.31 Tang Tomb, Guodu County, Chang'an District, xi'an in 2002

용머리의 정면은 타원형에 가깝고 이마 양쪽에 사슴뿔이 좌우로 나뉘어 달려 있다. 미간을 찌푸리고 성이 나서 두 눈을 둥그렇게 뜨고 있는 형상인데 휘어 감겨진 코, 넓은 입, 밖으로 드러난 송곳니, 정교하게 잘 빗겨진 수염을 가지고 있다. 정면은 남유(藍釉), 녹유(綠釉), 백유(白釉), 황유(黃釉)를 입히고 뒷면은 유약(釉藥)을 입히지 않았으며 태색(胎色)은 흰빛이 감돈다.

용머리는 납작하고 평평한 감을 주지만 정면은 살짝 도드라졌으며 거푸집으로 찍어 만들었다. 용의 오관(五官)은 한데 모였지만 전설 속의 용의 모습을 생동감 있게 표현하였다. 유층(釉層)은 두껍고 윤기가 나며 색상은 알록달록하다. 이 용머리는 흔히 삼채탑식관(三彩塔式罐) 등 기물(器物)에 부착되어 장식품으로 사용된다. 1959년 서안시(西安市) 서쪽 외곽 중보촌(中堡村) 당묘(唐墓)에서 출토된 삼채고족탑식관(三彩高足塔式罐)에 이런 용머리와 코끼리 머리가 부착되어 있다.

043

삼채탑형기개(三彩塔形器蓋)

당(唐) | 높이 11.3~14㎝ 입구지름 7.4~9㎝
2002년 서안시 장안구 곽두진(西安市 長安區 郭杜鎭) 31호 당묘(唐墓) 출토

San Cai-glazed Turriform Caps

Tang Dynasty(618AD~907AD) | H 11.3~14cm Mouth D 7.4~9cm
Excavated from the NO.31 Tang Tomb, Guodu County, Chang'an District, Xi'an in 2002

뚜껑 세 개가 함께 출토되었는데 그중 두 개가 크기, 조형, 색상이 대부분 비슷하고 나머지 하나는 조금 차이가 있다. 뚜껑은 모두 둥근 모양인데 입술은 둥글고 네모지며 가장자리는 넓고 평평하며 뚜껑 면은 융기(隆起)되었다. 그중 서로 비슷한 두 개의 뚜껑 면에는 현문(弦紋)이 두 줄 또는 세 줄 있지만 나머지 하나에는 현문이 없다. 꼭지는 탑 모양인데 꼭대기는 구슬 모양이다. 그중 두 개의 뚜껑은 탑의 모양과 높이가 대부분 비슷하지만 나머지 하나는 전자에 비하여 비교적 크다. 모두 백태(白胎, 고령토로 만들어진 소태)로 뚜껑의 아랫부분에는 유약(釉藥)을 입히지 않았으며 오므라든 자구(子口)가 달려 있다. 용기(用器)의 표면에 대부분 유약을 입혔는데 유색(釉色)의 배치가 매우 규칙적이다. 모양이 비슷한 두 뚜껑의 꼭대기에는 연녹색 유약을 입히고 탑신(塔身)은 황갈색 유약을 입혔는데 위의 두 층은 유약을 입히지 않았다. 뚜껑 면에는 비취색 유약을 입히고 그 가장자리는 녹유(綠釉)를 입힘과 동시에 황색, 백색 반점도 찍어 놓았다. 나머지 하나의 꼭대기에는 황갈색 유약을 입히고 탑신에는 녹유와 황유(黃釉)를 입혔으며 뚜껑 면에는 남유(藍釉)를 입히고 가장자리에는 황갈유(黃褐釉)와 백유(白釉)를 번갈아 입혀 줄무늬를 형성하였다.

세 개의 뚜껑을 서로 비교하여보면 비슷한 두 뚜껑은 바탕과 유약의 질(質)이나 제작공예 면에서 모두 후자보다 우수하지만 용도는 같다. 즉, 모두 탑식개관(塔式蓋罐)의 뚜껑으로 사용된다.

044

삼채연판기좌(三彩蓮瓣器座)

당(唐) | 높이 28.4㎝ 연꽃입구지름 24.8㎝ 밑지름 24.8㎝
2002년 서안시 장안구 곽두진(西安市 長安區 郭杜鎭) 31호 당묘(唐墓) 출토

San Cai Lotus-petal Holder

Tang Dynasty(618AD~907AD) | H 28.4cm Lotus Mouth D 24.8cm Bottom D 24.8cm
Excavated from the NO.31 Tang Tomb, Guodu County, Chang'an District, Xi'an in 2002

두 점은 모양이 똑같은데 두 부분으로 구성되었으며 서로 분리 가능하다. 윗부분은 접시 모양인데 그 가장자리에 세 층으로 된 연꽃잎을 부착하였다. 아랫부분에는 나팔 모양의 받침대가 있고 중간에는 아래위를 이어주는 높은 기둥이 있으며 그 아래쪽에는 각진 모서리가 있고 밑바닥과 이어진 부분은 밖으로 말린 형태이다. 받침의 바닥 부분을 제외한 몸체에는 황(黃), 녹(綠), 백(白)의 유약(釉藥)을 입혔다. 윗부분 접시 내벽(內壁)에는 자유자재로 받침 부분에는 점납법(点蠟法)으로 유약을 입혔는데 받침 부분의 채색 점들은 마치 하늘 위에 수많은 별들이 반짝이는 장면을 연상케 한다. 당삼채(唐三彩) 중 연꽃잎무늬 받침대는 탑식개관(搭式蓋罐)과 짝을 이루어 선명한 불교적 함의(含意)를 지닌다.

045

황갈유기개(黃褐釉器蓋)

당(唐) | 높이 12㎝ 입구지름 14㎝
2002년 서안시 장안구 곽두진(西安市 長安區 郭杜鎭) 31호 당묘(唐墓) 출토

Yellowish Brown Glazed Cap

Tang Dynasty(618AD~907AD) | H 12cm Mouth D 14cm
Excavated from the NO.31 Tang Tomb, Guodu County, Chang'an District, Xi'an in 2002

뚜껑 네 개가 함께 출토되었는데 모양이나 색상이 대부분 비슷하다. 뚜껑 면은 동그랗고 그 가장자리는 넓고 평평하다. 그리고 동그랗고 네모난 입술과 보주형(寶珠形) 손잡이도 달려 있다. 뚜껑 면은 비교적 높게 융기된 복발형(覆鉢形)이며 윤선(輪旋) 자국이 남아 있다. 뚜껑의 아랫부분에는 오목하게 들어간 자구(子口)가 있다. 뚜껑의 내벽(內壁)은 유약(釉藥)을 입히지 않아 백태(白胎, 고령토로 만들어진 소태) 그대로이며 표면 전체에 황갈유(黃褐釉)를 입혔는데 색상이 균일하지 않으며 유약을 흘린 자국도 남아 있다.

046

삼채기좌(三彩器座)

당(唐) | 높이 24㎝ 아래 입구지름 9.4㎝ 밑지름 21.6㎝
2002년 서안시 장안구 곽두진(西安市 長安區 郭杜鎭) 31호 당묘(唐墓) 출토

San Cai Holder

Tang Dynasty(618AD~907AD) | H 24cm Upper Mouth D 9.4cm Bottom D 21.6cm
Excavated from the NO.31 Tang Tomb, Guodu County, Chang'an District, Xi'an in 2002

기좌(器座) 두 개가 함께 출토되었는데 조형과 색상이 모두 동일하다. 나팔 모양으로 중간은 텅 비었고 위쪽에 있는 입구는 평평하여 그 위에 물건을 놓을 수 있고 밑바닥의 가장자리는 넓고 평평하여 안정감이 있다. 내벽(內壁)은 유약(釉藥)을 입히지 않아 붉은색 점토(粘土)가 그대로 보인다. 외벽(外壁)은 전체에 황유(黃釉)를 입혔는데 유층(釉層)에는 가느다란 물줄기 흔적이 보인다. 또한 황유 위에 자유자재로 남색 반점을 찍었으며 그 주위는 녹색을 띤다.

047

황갈유합장기(黃褐釉盒狀器)

당(唐) | 높이 4.2㎝ 입구지름 6.6㎝ 배지름 14.3㎝ 밑지름 4.2㎝
2002년 서안시 장안구(곽두진) 西安市 長安區(郭杜鎭) 31호 당묘(唐墓) 출토

Yellowish Brown Caselike Objects

Tang Dynasty(618AD~907AD) | H 4.2cm Mouth D 6.6cm Belly D 14.3cm Bottom D 4.2cm
Excavated from the NO.31 Tang Tomb, Guodu County, Chang'an District, Xi'an in 2002

모양이 동일한 기물(器物) 두 개가 함께 출토되었다. 네모난 입술, 오목하게 들어간 작은 입구, 각진 어깨를 가지고 있다. 배의 중간 부분 지름이 가장 크며 배의 아랫부분은 밑으로 내려가면서 서서히 좁아진다. 밑바닥에는 구멍이 있는데 그 지름이 입구 지름보다 비교적 좁다. 용기(用器)의 어깨 부위, 어깨와 배 사이, 배의 중간 부분 등에 모두 각진 모서리가 있다. 기물의 내벽(內壁)은 바탕이 드러났는데 태색(胎色)은 흰빛을 띤다. 외벽(外壁)은 황갈색 유약(釉藥)을 입혔는데 유층(釉層)이 균일하며 표면이 반질반질 윤기가 난다. 두 기물의 유약 색상은 농도 차이가 있다.

Figures

인물용

人物俑

당대(唐代) 지배계급의 사치스러운 생활은 삼채(三彩)의 출현, 특히 후장(厚葬)에 사용된 삼채에서 잘 드러난다. 일부 고관(高官), 황제(皇帝)의 가솔(家率)과 친척의 장례에 사용하는 삼채는 수량이 많을 뿐만 아니라 기법이 복잡하고 제작이 정교한 작품이었다. 『구당서(舊唐書)』 권 45에 기록된 "근자왕공백관, 경위후장, 우인상마, 조식여생……(近者王公百官, 競爲厚葬, 偶人象馬, 雕飾如生……, 왕의 친척이나 관료들이 장례를 후하게 치르려고 우인상마(偶人象馬)를 만들었는데 조각이 생동하며……)"에서 '우인(偶人)'은 삼채 중 인물용(人物俑)을 가리키는데 인물용에는 문관용(文官俑), 무사용(武士俑), 천왕용(天王俑), 남입용(男立俑), 여입용(女立俑), 기마여용(騎馬女俑), 기마남용(騎馬男俑), 희롱용(戱弄俑) 등이 있다. 이 같은 용(俑)은 성당(盛唐) 시기에 대량으로 나타났는데 그중 섬서(陝西)와 하남(河南)에서 가장 많이 제작되었다. 인물의 조형은 초당(初唐) 시기의 '조의출수(曹衣出水, 수척하고 여윈 모습)'에서 성당(盛唐) 시기의 '오대당풍(吳帶當風, 풍만한 모습)'으로 전환되었다. 유약(釉藥)의 색상도 초당 시기에 유행하던 간결하고도 산뜻한 색상으로부터 화려하고 짙은 색상으로 전환되었다. 그중 문관용, 무사용, 천왕용은 형체가 비교적 큰 대형 작품이고 남입용, 여입용, 기마여용, 기마남용, 희롱용은 대부분 중소형 작품이다. 이런 용(俑)들은 팔다리와 몸동작, 얼굴 표정이 모두 다양하다. 이를테면 문관용의 공손함, 무사용의 용맹함, 기마용의 대범함, 시녀용(侍女俑)의 기품 있는 모습이 그러하다. 따라서 이런 인물용들은 당대 조각예술과 삼채 기법의 대표작으로 간주된다.

The appearance of San Cai is a reflection of the life style of the ruling class in Tang Dynasty that they sought luxuries and went in for ostentation and extravagance. Such kind of life style was expressed in a focalized way that San Cai played an important role in the general mood of an elaborate funeral. In the funerary objects of some high officials and noble lords, members of the imperial family, not only San Cai are in large quantity, but also they are big items which are complexly processed and delicately made. According to Old Book of Tang · Volume 45, "imperial members and officials those who have a close relationship with the emperor would have a competition on an elaborate funeral. Figurines are lifelike……." The word "figurines" means people figures in Tang San Cai. It can be classified into official figurines, warrior figurines, guard figurines, male figurines, female figurines, horse riding female figurines, horse riding male figurines and playing figurines and so on. There is a large quantity of these figurines in Tang Dynasty, especially in Shaanxi and Henan Province, where most were made and burned. The modeling has changed from being slim in the early Tang Dynasty to being plump in the prosperous period of Tang Dynasty. The glaze colors have also changed from being neat and fresh in the early Tang Dynasty to being brilliant and strong. Among these figurines, officials, warriors and guards are bigger, while male, female, horse riding female, horse riding male and playing figurines are in medium and small size. Those figurines pose different gestures, and they have rich facial expression, for example, official figurines are modest, warrior figurines are brave and fierce, horse riding figurines are elegant and unconventional, and maid figurines are graceful and poised and so on. All the figurines are fully and vividly expressed, and they are the representatives of the sculptural arts and the technique of making and burning San Cai in Tang Dynasty.

048

황유고계여입용(黃釉高髻女立俑)

수(隋) | 높이 35.5㎝
1975년 서안시 장안구 가리촌(西安市 長安區 賈里村) 출토

Yellow-glazed Standing Female with High Bun

Sui Dynasty(581AD~618AD) | H 35.5cm
Excavated from Jiali Village in Chang'an District, Xi'an in 1975

여용(女俑)은 칼 모양의 고계(高髻)를 하고 있다. 안에는 원령착수(圓領窄袖)의 단삼(單衫)을 입고 겉에는 땅에 끌리는 긴 치마를 입어 두 발을 가렸으며, 어깨에 피백(披帛)을 걸쳤다. 왼손은 손수건을 든 채 가슴 앞에 대고 오른손은 아래로 내려 치맛자락을 추켜 잡고 있는 모양인데 시립(侍立)하는 자세를 취하였다. 형체는 가늘고 길며 둥근 얼굴에 미소를 띠고 있는데 그 조형이 우아하고 곡선이 자연스러우며 마치 살아 숨 쉬는 듯하다. 전체적으로 황유(黃釉)를 입혔는데 유층(釉層)이 두꺼우며 일부 표면의 유약(釉藥)이 벗겨진 것도 볼 수 있다. 태색(胎色)은 붉은빛을 띠고 태질(胎質)은 거칠고 성기다.

049

황유공수남립용(黃釉拱手男立俑)

수(隋) | 높이 29.5㎝
1975년 서안시 장안구 가리촌(西安市 長安區 賈里村) 출토

Yellow-glazed Male Figurine

Sui Dynasty(581AD~618AD) | H 29.5cm
Excavated from Jiali Village in Chang'an District, Xi'an in 1975

머리에 복두(幞頭)를 쓴 용(俑)은 왼쪽을 향하여 서 있는데 얼굴의 근육이나 오관(五官)이 생동감 있게 묘사되었고 입은 약간 벌어져 얼굴에 미소를 띤 듯하다. 원령착수(圓領窄袖)의 장포(長袍)를 입고 허리에 혁대를 맸다. 종아리와 목이 긴 신을 신은 발 부분은 드러냈으며 두 손을 맞잡고 네모난 받침대 위에 서 있다. 전체에 황유(黃釉)를 입혔는데 유약(釉藥)이 뭉친 부분은 약간 초록빛이 감돌고 유층(釉層)은 두꺼우며 받침과 발 부분은 유약을 입히지 않았다. 태색(胎色)은 불그스름하며 태질(胎質)은 치밀하다.

050

황유기마악용(黃釉騎馬樂俑)

수(隋) | 높이 32㎝ 길이 24㎝
1975년 서안시 장안구 가리촌(西安市 長安區 賈里村) 출토

Yellow-glazed Horsing Riding Musician

Sui Dynasty(581AD~618AD) | H 32cm L 24cm
Excavated from Jiali Village in Chang'an District, Xi'an in 1975

용(俑)은 투구를 쓰고 좁은 착수장포(窄袖長袍)에 장화를 신었으며 말 잔등에 앉아 머리 숙여 양손에 든 배소(排簫)를 불고 있다. 네모난 받침대 위에 서 있는 말은 목에 갈기가 있으며 눈을 뜬 채 머리를 숙이고 있다. 사람과 말의 전체에 담황색 유약(釉藥)을 입혔는데 유층(釉層)은 그리 균일하지 않으며 표면 일부분의 유약이 조금씩 벗겨진 것도 볼 수 있다. 태색(胎色)은 희고 태질(胎質)이 단단한 것을 보아 이는 자태(瓷胎)로 만든 듯하다.

051

황유악무여용(黃釉樂舞女俑)

수(隋) | 높이 18~25㎝
1975년 서안시 장안구 가리촌(西安市 長安區 賈里村) 출토

Yellow-glazed Female Dancer and Musician

Sui Dynasty(581AD~618AD) | H 18~25cm
Excavated from Jiali Village in Chang'an District, Xi'an in 1975

무용(舞俑) 한 점, 악용(樂俑) 두 점이다. 가느다란 몸매의 무용은 짝을 진 고계(高髻)를 하였다. 원령장수(圓領長袖)의 상의를 입고 땅에 끌리는 주름 잡힌 치마를 입고 오른쪽 어깨에서 왼쪽 엉덩이까지 피백(披帛)을 사선으로 걸쳤는데 그 몸짓이 세련되고 우아하다. 오른팔을 귓가에까지 살짝 올려 소맷부리를 자연스럽게 드리우고 왼팔은 몸 왼편으로 내려뜨렸는데 그 모습이 마치 음악에 맞춰 춤을 추는 듯하다. 유색(釉色)은 담황색을 띠고 유층(釉層)은 균일하다.

악용은 모두 높은 고계를 하고 무릎 꿇은 자세로 직사각형 받침대 위에 앉아 있다. 원령착수의 상의를 입고, 무릎을 덮는 긴 치마를 입었는데 치맛자락이 땅에 드리워졌다. 하나는 생황(笙簧)을 불고 다른 하나는 배소(排簫)를 부는데 그 자태가 자연스럽다. 몸통 전체에 노란색 유약(釉藥)을 입혔는데 농담의 미세한 차이를 엿볼 수 있다.

수대(隋代)와 당대(唐代)의 인물용(人物俑)은 다음과 같은 차이가 있다. 조형을 보면 수대 인물용은 형체가 훌쭉한 반면 당대 인물용은 상대적으로 풍만하다. 또한 수대 인물용은 단일한 색상이 대부분이지만 당대 인물용은 색상이 비교적 풍부하며 수대 인물용은 자질(瓷質)이 대부분이고 당대 인물용은 도질[陶質, 삼채와 채회(彩繪)]이 주를 이룬다. 위의 여용(女俑)들은 조형, 색채, 질(質) 등이 모두 수대 용(俑)의 특징을 띤다.

052

황유기마용(黄釉騎馬俑)

수(隋) | 높이 32㎝ 길이 23㎝
1975년 서안시 장안구 가리촌(西安市 長安區 賈里村) 출토

Yellow-glazed Horsing Riding Figurine

Sui Dynasty(581AD~618AD) | H 32cm L 23cm
Excavated from Jiali Village in Chang'an District, Xi'an in 1975

사람은 끝이 뾰족한 투구를 쓰고 갑옷을 입었다. 머리를 숙이고 등을 약간 구부린 채 몸은 왼편으로 기울어지고, 왼손은 앞으로, 오른손은 뒤로 향한 자세인데 두 손에 원래 긴 무기를 들었을 것으로 추측된다. 머리를 숙인 말도 갑옷을 입었으며 발굽 네 개가 모두 드러나 있다. 사람과 말 몸통 전체에 담황색 유약(釉藥)을 입혔는데 유질(釉質)이 균일하지 않으며 말의 가슴 앞에 입힌 유층(釉層)이 벗겨졌다. 유약을 입힌 표면은 황색, 백색, 흑색 등 3색으로 물들였는데 시간이 오래 지나 퇴색되었다. 태색(胎色)은 흰빛을 띠며 질(質)은 치밀하다.

053

황유기마환응용(黄釉騎馬喚鷹俑)

수(隋) | 높이 32cm 길이 25cm
1975년 서안시 장안구 가리촌(西安市 長安區 賈里村) 출토

Yellow-glazed Horse Riding and Falcon Calling Figurine

Sui Dynasty(581AD~618AD) | H 32cm L 25cm
Excavated from Jiali Village in Chang'an District, Xi'an in 1975

사람은 머리에 투구를 쓰고 착수장포(窄袖長袍)를 입고 목이 긴 신을 신고 말 위에 앉아 있다. 한 손은 입에 대고 휘파람을 불고 다른 한 손은 하늘을 향해 높이 쳐든 모습이 마치 사냥매를 부르는 듯하다. 말은 네모난 받침 위에 서 있다. 굽은 목에는 갈기가 있다. 눈을 뜨고 머리를 숙이고 있으며 귀는 곧게 치켜세웠다. 사람과 말 몸통 전체에 빛이 나는 황유(黄釉)를 입혔는데 유층(釉層)이 비교적 두껍고 윤기가 난다. 받침은 바탕이 드러났으며 태색(胎色)이 흰빛을 띠고 태질(胎質)이 단단하다.

054

황유무사용(黃釉武士俑)

수(隋) | 높이 56㎝
1975년 서안시 장안구 가리촌(西安市 長安區 賈里村) 출토

Yellow-glazed Warrior Figurine

Sui Dynasty(581AD~618AD) | H 56cm
Excavated from Jiali Village in Chang'an District, Xi'an in 1975

무사용(武士俑)은 투구를 쓰고 두 눈을 둥그렇게 뜨고 있다. 양당갑(兩襠甲)과 명광개(明光鎧)를 입고, 허리에 혁대를 매고, 두 팔에는 동물 머리 모양의 장식품을 달고, 무릎에는 짐승 얼굴 모양의 보호대를 끼고, 전화(戰靴)를 신고 네모난 받침 위에 서 있다. 한 손은 주먹을 쥔 채 위로 올렸는데 주먹의 가운데 있는 구멍으로 보아 손에 무기를 들었던 것으로 보이며 다른 한 손은 허리를 잡았는데 그 모습이 강하고 힘 있어 보인다. 전체적인 느낌은 전신무장한 용맹한 전사로 보인다. 받침대를 제외한 몸 전체에 노란색 유약(釉藥)을 입혔는데 유층(釉層)이 두꺼우며 유색(釉色)이 밝다. 배의 아랫부분은 붉은색, 검은색으로 물들었는데 이는 매장 환경으로 인해 생긴 것으로 보인다.

055

황갈유남입용(黃褐釉男立俑)

당(唐) | 높이 25.5㎝
2002년 서안시 장안구 곽두진(西安市 長安區 郭杜鎮) 31호 당묘(唐墓) 출토

Pottery of Tawny-glazed Upright Male

Tang Dynasty(618AD~907AD) | H 25.5cm
Excavated from the No.31 Tang Tomb, Guodu County, Chang'an District, Xi'an in 2002

머리에 복두(幞頭)를 쓰고 눈은 약간 뜨고 있다. 원령장포(圓領長袍)를 입었는데 발은 드러냈으며 원형(圓形) 받침대 위에 서 있다. 처진 어깨에 맞잡은 양손은 가슴 앞에 모으고 있으며 허리에는 가는 띠를 맸다. 두 손을 모은 동작과 공손한 표정에서 남자 시종(侍從)의 형상임을 알 수 있다. 얼굴형과 몸매는 모두 호리호리한데 특히 허리 아랫부분이 날씬해 보인다. 몸통 전체에 황갈유(黃褐釉)를 입혔는데 유층(釉層)이 두껍고 머리와 목 부분은 분채(粉彩)를 칠하였다. 백태(白胎, 고령토로 만들어진 소태)이며 질(質)은 그리 치밀하지 않다.

황갈유풍모용(黃褐釉風帽俑)

당(唐) | 높이 24㎝
2002년 서안시 장안구 곽두진(西安市 長安區 郭杜鎭) 31호 당묘(唐墓) 출토

Yellow and Brown-glazed Potteries of Hood-wearing Figurine

Tang Dynasty(618AD~907AD) | H 24cm
Excavated from the No.31 Tang Tomb, Guodu County, Chang'an District, Xi'an in 2002

백태(白胎, 고령토로 만들어진 소태)로 만든 용(俑) 다섯 점이 동시에 출토되었다. 황갈유(黃褐釉)를 입힌 표면에는 검은색 철반(鐵斑)이 가득하다. 유층(釉層)은 두꺼우며 윤기가 난다. 다섯 점은 모양과 크기가 거의 비슷하다. 주황색 분채(粉彩) 풍모를 쓴 용(俑)들은 얼굴이 통통하고 눈은 전방을 주시하며 공손한 표정을 짓고 있는데 한 세트인 듯하다. 이마 앞에 드리운 앞머리, 눈썹, 입술은 모두 채색으로 그려졌다. 교령(交領)의 넓은 소매 두루마기를 입었으며 두 손을 가슴 앞에서 모으고 곧게 서 있는 자세를 취하였다. 맞잡은 두 손 사이에 있는 작은 구멍을 보아 원래 손에 무엇인가를 들었던 것으로 추측된다.

057

삼채봉반여입용(三彩捧盤女立俑)

당(唐) | 높이 42.6㎝
2002년 서안시 장안구 곽두진(西安市 長安區 郭杜鎭) 31호 당묘(唐墓) 출토

San Cai Maiden

Tang Dynasty(618AD~907AD) | H 42.6cm
Excavated from the NO.31 Tang Tomb, Guodu County, Chang'an District, Xi'an in 2002

형체가 크고 타원형 받침대 위에 서 있다. 상투를 정수리에 틀어 이마 앞에 드리웠는데 머리 모양이 널찍하고 시원해 보인다. 얼굴은 풍만하고 두 눈은 전방을 주시하며 붉은 입술은 살짝 벌어져 미소를 띤 듯한 느낌을 준다. 녹색 상의(上衣)에 땅에 끌리는 노란색 치마를 입고 어깨에 걸친 남색 긴 피백(披帛)은 가슴을 지나 뒤로 드리웠다. 가슴 앞에 모아진 두 손 위에 비단 손수건이 걸쳐져 있고 그 위에는 음식물이 담긴 꽃모양 접시가 놓여 있다. 발에는 앞 코가 들린 녹색 신을 신었다. 이는 시중드는 여인의 모양인 듯싶다. 백태(白胎, 고령토로 만들어진 소태)이고 머리, 목, 가슴 부분은 유약(釉藥)을 입히지 않았으며 옷 부분은 황색, 녹색, 남색, 백색 등의 유약을 입혔다. 유층(釉層)이 두껍고 투명하고 빛나는 것을 보아 유약을 입히는 기교가 매우 능숙했음을 알 수 있다.

동그랗고 포동포동한 얼굴, 우아하고 세련된 자태, 화려한 차림새를 한 이 여용(女俑)은 당대(唐代) 삼채 여용의 대표적인 작품으로 당시 궁궐에서 생활하던 부녀들의 생활상을 엿볼 수 있다. 이 용(俑)은 인물형상에 대한 표현이나 시유(施釉, 유약 치기)의 기교가 모두 수준이 높아 당삼채(唐三彩)의 인물 조형과 소조(燒造) 수준을 드러낸다. 이 작품 역시 당대 사람들의 미학적 취미와 심미관을 충분히 반영하였다. 우선 살찐 얼굴과 윤이 나는 피부는 강한 질감과 미감을 나타내고 자태 또한 매우 적절하게 표현되었다. 음식을 손에 들고 정신을 집중하여 멀리 바라보는 모습에서 당시 온화하고 단정하며 완곡하고 교양 있는 궁중 여인의 모습이 엿보인다.

058

삼채여입용(三彩女立俑)

당(唐) | 높이 21.8㎝
2002년 서안시 장안구 곽두진(西安市 長安區 郭杜鎭) 31호 당묘(唐墓) 출토

Potteries of Two Upright Female

Tang Dynasty(618AD~907AD) | H 21.8cm
Excavated from the No.31 Tang Tomb, Guodu county, Chang'an District, Xi'an in 2002

여용(女俑) 두 점은 형체가 모두 작고 조형이 거의 비슷하다. 귀밑머리를 빗어 내려 귀를 가렸고 상투를 앞이마에 드리운 포가계(抛家髻)를 하고 있다. 얼굴은 통통하고 몸매는 날씬하다. 소매가 좁은 홑옷을 입고 허리선이 높은 땅에 끌리는 긴 치마를 입었으며 발끝이 조금 보이며 어깨에 걸친 피백(披帛)을 뒤로 드리웠다. 두 손을 가지런히 앞에 모아 시립(侍立) 자세로 원형(圓形) 받침대 위에 서 있다. 그중 단계용(單髻俑)은 옆을 바라보고 있으며 쌍계용(雙髻俑)은 앞을 바라보고 있다. 두 용(俑)의 유색(釉色)은 뚜렷한 차이가 난다. 단계용은 청회색 홑옷에 갈색 긴 치마, 청회색 피백(披帛)을 걸친 차림새이고 쌍계용은 흰색 홑옷에 황갈색, 남색, 백색이 한데 어우러진 긴 치마에 황갈색 피백(披帛)을 걸친 차림새이다. 목의 윗부분은 유약(釉藥)을 입히지 않아 백태(白胎, 고령토로 만들어진 소태) 그대로이다.

장안(長安)에서 당대(唐代) 삼채 여용이 다수 출토되었다. 그중에는 여유롭게 앉아 사색에 잠긴 고아한 여인상이 있는가 하면 날씬한 몸매에 치맛자락을 날리는 여인상도 있고 소맷자락을 날리는 단아한 여인상이 있는가 하면 상투를 높이 틀어 올린 얌전하고 어여쁜 여인상도 있다. 여용의 자태는 아름답고 매혹적이며 영리하고도 발랄한 느낌을 준다. 당대 삼채 장인은 여용을 만들 때 심혈을 기울여 생동감이 넘치는 다양한 조형을 만들어냈다.

059

삼채여입용(三彩女立俑)

당(唐) | 높이 34.5㎝
1985년 서안시 파교구 홍경향(西安市 灞橋區 洪慶鄕) 위사겸묘(韋思謙墓) 출토

San Cai-glazed Female Upright Pottery

Tang Dynasty(618AD~907AD) | H 34.5cm
Excavated from Tang Wei Siqian Tomb, Hongqing County, Baqiao District, Xi'an in 1985

이 두 점의 여용(女俑)은 조형이 거의 비슷하다. 모두 두 쪽으로 틀어 올린 상투머리를 하고 원령착수(圓領窄袖) 홑옷을 입었으며 허리선이 가슴까지 오고 땅에 끌리는 긴 치마를 입어 두 발을 가려주었다. 흰색 피백(披帛)을 오른쪽 어깨에 둘러 무릎 아래까지 드리우고, 두 손을 소매 안으로 한데 모으고 시립(侍立)하는 자세를 취하였다. 여용은 몸매는 늘씬하지만 포동포동한 얼굴에 가는 눈썹, 아름다운 눈매, 약간 올라간 입꼬리로 묘사되었는데 그 자태가 아름답기 그지없으며 윤곽과 선이 매우 자연스럽다. 머리, 얼굴, 목 및 가슴 일부분에 유약(釉藥)을 입히지 않았고 옷은 갈색, 녹색, 백색 등 유약을 입혀 색상의 화려함을 한층 부각시켜 주었다. 유질(釉質)은 일반적인 당삼채(唐三彩)의 흐르는 느낌은 없지만 색상의 배치가 매우 규칙적이다. 구체적으로 보면 하나는 갈색 상의에 녹색의 긴 치마를 입고 있고 다른 하나는 녹색 상의에 갈색 긴 치마를 입었다. 피백은 모두 흰색이다.

060

삼채천왕용(三彩天王俑)

당(唐) | 높이 63㎝
1980년 서안시 미앙구(西安市 未央區) 양계장 출토

San Cai-glazed Pottery of Heavenly King Figurine

Tang Dynasty(618AD~907AD) | H 63cm
Excavated from poultry farm, Wei Yang District, Xi'an in 1980

머리에 공작새 모양의 투구를 쓴 천왕(天王)은 명광개(明光鎧)를 입었는데 옷깃은 녹색 반점이 있고 어깨에는 피박(披膊)이 달려 있다. 아래에는 전포(戰袍)를 입고 전화(戰靴)를 신었다. 입은 꾹 다물고 두 눈은 둥그렇게 뜨고 있으며 오른손은 허리를 잡고 주먹을 쥔 왼손은 가슴 앞으로 올렸다. 오른쪽 다리는 타원형 받침 위에 올려놓고 왼쪽 다리는 굽힌 채 야차(夜叉)를 딛고 서 있다. 타원형 받침 위에는 왼손으로 땅을 짚고 입을 크게 벌린 채 근육이 팽창할 정도로 발악하는 전라(全裸)의 야차가 놓여 있다. 천왕의 용맹스러운 기세와 야차의 흉악한 생김새를 생동감 있게 묘사했다. 바탕의 색상은 흰빛을 띠고 천황의 머리와 야차를 제외한 나머지는 모두 유약(釉藥)을 입혔는데 황색, 녹색이 주를 이루고 흰색도 조금씩 보이는데 색상이 맑고 투명하다.

061

삼채천왕용(三彩天王俑)

당(唐) | 높이 57.6㎝
2002년 서안시 장안구 곽두진(西安市 長安區 郭杜鎭) 31호 당묘(唐墓) 출토

San Cai-glazed Pottery of Heavenly King Figurine

Tang Dynasty(618AD~907AD) | H 57.6cm
Excavated from the No.31 Tang Tomb, Guodu County, Chang'an District, Xi'an in 2002

정수리에 머리를 동그란 모양으로 묶어 주었다. 커다란 귀, 도드라진 눈썹뼈, 역팔자 모양의 눈썹, 앞을 매섭게 쏘아보고 있는 커다란 눈, 이빨을 드러낸 벌어진 입을 가지고 있다. 목에 보호장구를 착용하고 몸에는 둥근 가슴막이가 양측으로 달린 명광개(明光鎧)를 입었다. 복부에도 둥근 보호장구가 있고 허리띠 아래 좌우 양측에는 슬군(膝裙)이 드리워졌으며 전화(轉靴)를 신었다. 오른손은 허리를 잡고, 주먹을 쥔 왼손은 높이 들었으며, 오른쪽 다리는 타원형 받침대를, 왼쪽 다리는 힘 있게 야차를 딛고 서 있다. 천왕(天王)의 머리 부위와 받침대를 제외한 나머지는 모두 유약(釉藥)을 입혔는데 갈색, 남색, 흰색 등 3색이 주를 이룬다.

삼채천왕용(三彩天王俑)

당(唐) | 높이 61.8㎝
2002년 서안시 장안구 곽두진(西安市 長安區 郭杜鎭) 31호 당묘(唐墓) 출토

San Cai-glazed Pottery of Heavenly King Figurine

Tang Dynasty(618AD~907AD) | H 61.8cm
Excavated from the No.31 Tang Tomb, Guodu County, Chang'an District, Xi'an in 2002

천왕(天王)은 복숭아 모양의 장식품이 달린 투구를 썼으며 좌우 양측의 귀마개는 위로 향했다. 머리를 오른편 아래로 약간 기울이고 툭 불거진 두 눈을 부릅뜨며 미간을 찡그렸고 높은 코에, 입가는 미소를 띤 듯하다. 어깨에는 용머리 장식품을 달고 있는데 용머리는 입이 뾰족하고 높이 쳐들렸다. 목에는 보호장구를 착용하고 몸에는 둥근 가슴막이가 달린 갑옷을 입었다. 목 보호장구 아래에서 시작하여 두 개 가슴막이 사이 세로 방향으로 갑옷 띠가 있는데 가슴에서 등 뒤로 가로로 동여맸다. 복부에도 보호장구가 있고 허리띠 아래 양측에는 슬군(膝裙)이 드리워졌는데 그 가장자리에 술을 달았다. 오른손은 허리를 잡고 주먹을 쥔 왼손은 어깨 위로 높이 들고 서 있는 자세인데 손에 무언가를 들었던 것 같다. 왼쪽 다리는 살짝 들어 도깨비의 얼굴을 밟고 있고 오른쪽 다리는 곧게 펴 도깨비의 엉덩이를 디디고 섰다. 도깨비는 입을 벌려 이빨을 드러냈으며 그 아래에는 타원형 받침대가 있다. 천왕의 머리와 받침은 바탕이 드러났는데 약간 불그스름한 색을 띠고 나머지 부위에는 모두 남색과 갈색에 흰색을 겸하여 유약(釉藥)을 입혔는데 유층(釉層)이 두껍고 색상의 흐름이 자연스럽다.

063

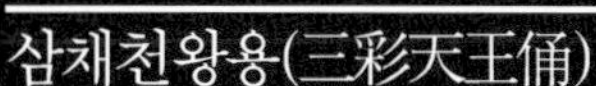

삼채천왕용(三彩天王俑)

당(唐) | 높이 59.7㎝
2002년 서안시 장안구 곽두진(西安市 長安區 郭杜鎭) 31호 당묘(唐墓) 출토

San Cai-glazed Pottery of Heavenly King Figurine

Tang Dynasty(618AD~907AD) | H 59.7cm
Excavated from the No.31 Tang Tomb, Guodu County, Chang'an District, Xi'an in 2002

천왕(天王)은 양측 모서리가 모두 위로 들리고 정수리에 공작새 모양의 장식품이 달린 투구를 쓰고 있다. 머리는 왼쪽으로 돌리고 성이 나서 눈을 둥그렇게 뜨고 있으며 큰 입은 꾹 다물고 있다. 몸에는 갑옷을 입고 어깨에는 용머리 피박(披膊)을 달았는데 용머리 정수리에는 각각 동그란 구슬이 달려 있다. 허리에는 가죽 띠를 매고 아래에는 두루마기를 두르고 화(靴)를 신었다. 왼쪽 다리는 구부린 채 도깨비 어깨를 디뎠고 오른쪽 다리는 도깨비의 다리를 밟고 곧게 서 있다. 오른손은 허리를 잡고 주먹을 쥔 왼손은 어깨 아래로 굽혔는데 손에 무언가를 들었던 것 같다. 천왕의 머리와 도깨비는 유약(釉藥)을 입히지 않고 분채(粉彩)를 하였기에 흰색에 붉은빛이 감돌며 나머지 부위는 녹색, 남색, 백색, 갈색, 흑색 등 5색 유약을 입혔는데 색상의 변화가 다양하며 무늬가 풍부하다.

삼채무사용(三彩武士俑)

당(唐) | 높이 86.7㎝
1985년 서안시 파교구 홍경향(西安市 灞橋區 洪慶鄉) 위사겸묘(韋思謙墓) 출토

San Cai-glazed Pottery of Warrior

Tang Dynasty(618AD~907AD) | H 86.7cm
Excavated from Wei Siqian Tomb, Hongqing County, Baqiao District, Xi'an in 1985

두 점이 함께 출토되었는데 크기, 조형, 유색(釉色)이 비슷하다. 모두 한 손은 허리를 잡고 주먹을 쥔 다른 한 손은 높이 들고 있다. 입술은 붉은색을 띠고 갑옷을 입었으며 목이 긴 신을 신고 사각형 받침대 위에 우뚝 서 있다. 어깨에는 피박(披膊)을 걸치고 몸에는 갑옷과 길고 둥근 가슴막이를 하고 안쪽에는 좁은 소매의 홑옷을 입었다. 표면은 모두 녹, 갈, 백의 유약(釉藥)을 입혔는데 산뜻하고 아름다우며 색상의 대비가 강렬하다. 머리 부위에는 분채(粉彩)를 하였는데 흰색에 약간 붉은빛이 감돈다. 차이점이라면 하나는 머리에 귀를 보호하는 투구를 쓰고 볼록한 눈에 입을 벌리고 있으며 다른 하나는 머리에 호랑이 머리 모양으로 된 모자를 썼는데 모자에 달린 끈을 목 앞에 매었으며 눈은 뜨고 입은 꾹 다물었다.

인물용(人物俑)은 당삼채(唐三彩) 부장품(副葬品) 중 수량이 가장 많고 예술성이 가장 강하다. 명쾌하고 세련된 사실적인 기법을 사용하여 인물의 순간적인 자태 변화를 포착함으로써 내면을 섬세하고 생동감 있게 재현하였다. 그러므로 삼채용(三彩俑)의 자태, 복식, 표정 등을 통하여 당대(唐代) 각 계층, 분야, 연령층의 다양한 사상과 감정을 알 수 있다. 이 무사용(武士俑)들은 몸매가 늘씬하고 웅건하고 힘 있어 보인다. 또한 유색의 흐름이 자연스럽고 각 부위마다 윤곽이 정확하다. 특히 얼굴 표정을 생동감 있고 지극히 사실적으로 묘사함으로써 인물의 심리를 생생하게 보여주었으며 강렬한 예술적 감화력으로 당대 무사들의 웅장하고 위풍당당한 정신 풍모를 재현하였다.

065

삼채문관용(三彩文官俑)

당(唐) | 높이 91.5㎝
1987년 서안시 파교구(西安市 灞橋區) 반파반점(半坡飯店) 공사현장 출토

San Cai-glazed Pottery of Civilian

Tang Dynasty(618AD~907AD) | H 91.5cm
Excavated from the Construction Site of Banpo Hotel, Baqiao District, Xi'an in 1987

검은색 높은 관을 쓴 몸집이 큰 문관용(文官俑)은 두 눈을 둥그렇게 뜨고 입을 벌리고 있다. 넓은 소매의 황갈색 원령장포(圓領長袍)를 입었는데 안쪽에는 녹색 장삼을 입었으며 허리에 띠를 매고 목이 긴 신을 신었다. 소매 안에 넣은 오른손은 가슴 앞에 놓여 있고 주먹 쥔 왼손은 허리를 잡고 녹색, 황색, 백색 등 3색의 높은 받침 위에 다리를 곧게 펴고 서 있다. 머리는 유약(釉藥)을 입히지 않았고 입술은 붉은색을 띠며 얼굴에는 분을 발랐으며 용(俑)의 몸과 받침의 유색(釉色)은 갈색을 주로 입히면서 황색과 녹색을 겸하여 입혔다. 유층(釉層)은 두꺼우며 색상은 진하면서도 화려하고 윤기가 나 분(粉)을 바른 얼굴과 선명한 대비를 이룬다.

066

삼채문관용(三彩文官俑)

당(唐) | 높이 86.5㎝
1985년 서안시 파교구 홍경향(西安市 灞橋區 洪慶鄕) 위사겸묘(韋思謙墓) 출토

San Cai-glazed Pottery of Civil Officer

Tang Dynasty(618AD~907AD) | H 86.5cm
Excavated from Wei Siqian Tomb, Hongqing County, Baqiao District, Xi'an in 1985

머리에 관을 쓴 문관용(文官俑)이다. 오관(五官)이 단정하고 장엄해 보이며 얼굴에 미소를 띠었다. 갈색에 녹색을 두른 교령단포(交領短袍)를 입었는데 소매는 넓고 크며 맞잡은 양손을 가슴 앞에 놓고 긴 치마를 입고 직사각형 받침 위에 서 있는 모양이다. 발끝이 치마 밖으로 드러났다. 몸매는 늘씬하며 기품이 서리고 위엄이 넘쳐 보인다. 머리와 목은 유약(釉藥)을 입히지 않아 흰색을 띠고 몸체와 받침은 갈색, 녹색, 담황색, 백색 유약을 입혔는데 색상이 간결하면서도 산뜻하다. 이런 용(俑)은 현실 인물을 본떠 만든 것인데 직무에 충실한 문관의 모습을 정확하고도 생동감 있게 묘사하였다.

067

삼채첩금무사용(三彩貼金武士俑)

당(唐) | 높이 104.8㎝
2002년 서안시 안탑구 연흥문촌(西安市 雁塔區 延興門村) 당(唐) 강문통묘(康文通墓) 출토

San Cai-glazed Pottery of Warrior

Tang Dynasty(618AD~907AD) | H 104.8cm
Excavated from Tang Kang Wentong Tomb, Yanxingmen Village, Yanta District, Xi'an in 2002

머리에 투구를 쓴 무사용(武士俑)인데 투구 꼭대기에는 금박무늬가 있다. 코는 높고 입은 넓으며 미간을 잔뜩 찌푸리고 커다란 두 눈을 치켜뜨고 갑옷을 입었는데 목에는 보호장구를 착용하고 어깨에는 용머리를 달았다. 가슴 앞에는 짐승 눈 모양의 노란색 가슴막이가 달려 있으며 허리에는 띠를 매고 아래에는 전포(戰袍)를 입고 목이 긴 신을 신었다. 왼손은 허리를 잡고 주먹을 쥔 오른손은 들고 두 발을 벌린 채 타원형 받침 위에 서 있다. 소태(素胎)는 질(質)이 단단하다. 머리 부위만 유약을 입히지 않았으며 나머지는 주로 갈색, 녹색, 백색 등 3색 유약을 입혔고 옷에는 유약 반점들이 찍혀 있으며 금박 무늬를 입혔다.

삼채첩금무사용(三彩貼金武士俑)

당(唐) | 높이 120㎝
2002년 서안시 안탑구 연흥문촌(西安市 雁塔區 延興門村) 당(唐) 강문통묘(康文通墓) 출토

San Cai-glazed Pottery of Warrior

Tang Dynasty(618AD~907AD) | H 120cm
Excavated from Tang Kang Wentong Tomb, Yanxingmen Village, Yanta District, Xi'an in 2002

무사용(武士俑)은 곱슬머리를 정수리에 묶었는데 그 모양이 부채 모양이다. 눈썹 뼈는 볼록하게 도드라졌으며 성이 나서 눈을 둥그렇게 뜨고 있으며 눈알이 튀어나왔다. 입술은 붉은색을 띠고 입은 벌어져 이빨이 드러났으며 커다란 귀를 가지고 있다. 머리는 유약(釉藥)을 입히지 않아 붉은빛을 띠고 몸과 받침은 갈색, 녹색, 백색 등 3색 유약을 입혔다. 옷에 입힌 유색(釉色)은 짙고 전화(戰靴)는 연한 색상을 띠며 표면에 금박을 입혔다. 형태는 전자(前者)와 거의 비슷하지만 머리 모양, 얼굴 표정 및 가슴 앞에 달린 가슴막이의 색상이 서로 다르다.

무사용은 당(唐)나라 군사력의 축소판이며 대다수가 말쑥하고 품위 있는 청년 전사들을 형상화한 것이다. 곧게 서 있는 자세를 취한 용(俑)이 있는가 하면 말을 탄 용(俑)도 있고 활을 당겨 화살을 쏘는 자세를 취한 용(俑)도 있다. 모두 체력과 정신이 건장해 보이고 윤곽이 뚜렷하다. 이런 무사용은 시신의 안녕을 위해 제작되었기 때문에 장인들은 근육이 발달하고 성이 나서 눈을 동그랗게 뜨고 있으며 칼을 뽑고 활을 당기는 자세를 모방하여 만들었는데 흉악하고 위세가 당당한 느낌을 잘 살려주었다.

이 두 점의 무사용 색상은 일반적인 삼채용(三彩俑)에 비하여 산뜻하고 화려하지 않지만 능숙하고 평온한 색상의 배합으로 무사들의 노련하고 장중한 자태를 잘 부각시켜주었다. 또한 표면에 금박을 입힌 것은 삼채 중에서도 극히 보기 드물다.

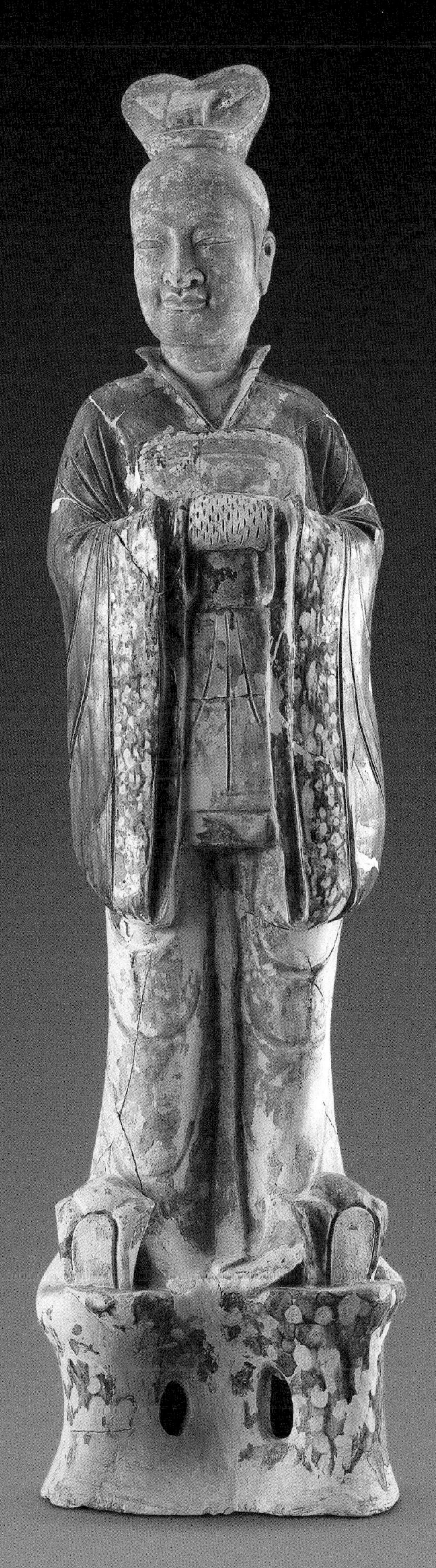

069

삼채첩금문관용(三彩貼金文官俑)

당(唐) | 높이 100㎝
2002년 서안시 안탑구 연흥문촌(西安市 雁塔區 延興門村) 당(唐) 강문통묘(康文通墓) 출토

San Cai-glazed Pottery of Civil Officer

Tang Dynasty(618AD~907AD) | H 100cm
Excavated from Tang Kang Wentong Tomb, Yanxingmen Village, Yanta District, Xi'an in 2002

금채(金彩)를 가한 관을 쓴 문관용(文官俑)은 윤곽이 선명한 코와 입을 가지고 있으며 얼굴에 웃음을 머금어 용모가 수려해 보인다. 넓은 소매의 황갈색 관수단포(寬袖短袍)를 입었으며 소맷부리에는 갈색, 녹색, 백색 등 다양한 색상들로 점을 찍었다. 허리에는 띠를 매고 가슴에 포백(布帛)을 두르고 코가 구름 모양인 신을 신었다. 맞잡은 양손을 가슴 앞에 놓고 타원형 누공(鏤空) 받침 위에 곧게 서 있다. 얼굴은 유약(釉藥)을 입히지 않았고 입술은 붉은색을 띠며 나머지는 모두 갈색, 녹색, 황색 등 유약을 입혔으며 표면은 금박을 입힌 흔적이 있다.

070

삼채무관용(三彩武官俑)

당(唐) | 높이 86.5㎝
1985년 서안시 파교구 홍경향(西安市 灞橋區 洪慶鄉) 위사겸묘(韋思謙墓) 출토

San Cai-glazed Pottery of Military Officer

Tang Dynasty(618AD~907AD) | H 86.5cm
Excavated from Wei Siqian Tomb, Hongqing County, Baqiao District, Xi'an in 1985

무관용(武官俑)의 몸집은 크고 머리에는 갈관(鶡冠)을 썼는데 그 용모가 매우 수려하다. 교령(交領)에 관수단포(寬袖短袍)를 입었으며 허리에는 띠를 맸다. 두 손은 속옷의 좁은 소매 안에 감춰지고 가슴 앞에 놓여 있다. 또한 가슴 앞에는 채색(彩色) 포백(布帛)을 둘렀는데 예전에는 '가량(假兩)'이라고 불렀다. 아래에는 긴 치마를 입었는데 두 발은 드러났으며 신을 신고 받침 위에 서 있다. 용(俑)의 얼굴 표정은 딱딱하여 경직돼 보이는데 이는 봉건사회에서 절대적으로 복종하는 하급 관리의 형상을 잘 부각시켰다. 바탕이 드러난 머리와 목은 분(粉)을 바른 것으로 보이며 단포에는 적갈색 유약(釉藥)을 입히고 소맷부리는 녹색, 백색 유약을 입혔다. 또한 가량은 황색, 녹색, 백색 등 3색 반점을 찍었으며 치마는 주로 흰색 유약을 입혔는데 녹색, 갈색 유약이 흐른 흔적도 있다. 받침은 진녹색, 갈색, 황색 반점이 가득하다. 유약의 색상은 산뜻하면서도 색상 대비가 강렬하며 유채(釉彩) 장식은 간결함과 미세함이 매우 합당하게 잘 배합되었다. 백태(白胎, 고령토로 만들어진 소태)이며 질(質)은 단단하다.

071

삼채단량관봉홀문관용(三彩單梁冠捧笏文官俑)

당(唐) | 높이 49.8㎝
2002년 서안시 장안구 곽두진(西安市 長安區 郭杜鎭) 31호 당묘(唐墓) 출토

San Cai-glazed Pottery of Civil Officer with Single-bar Hat

Tang Dynasty(618AD~907AD) | H 49.8cm
Excavated from the No.31 Tang Tomb, Guodu County, Chang'an District, Xi'an in 2002

단량관(單梁冠)을 쓴 문관용(文官俑)은 약간 왼쪽을 향하여 서 있다. 오관(五官)을 정교하게 묘사하였는데 두 눈은 앞을 바라보고 있으며 몸은 앞으로 약간 기울이고 있다. 흰색 넓은 소매의 장포(長袍)를 입었는데 아래에는 술이 달려 있으며 가슴에 두른 띠는 등 뒤에서 땅까지 드리웠고 아래는 녹색 긴 치마를 입었으며 발끝이 드러났다. 홀판(笏板, 벼슬아치들이 들고 다니는 길쭉한 판)을 든 두 손은 가슴 앞에 놓여 있다. 몸통 전체에 황색, 남색, 백색, 녹색의 유약(釉藥)을 입혔다. 색상 대비가 강렬한데 이를테면 흰색 장포의 소맷부리와 옷깃에 남색 유약을 입혔다. 용(俑)은 바위 모양 받침 위에 곧게 서 있다. 소태(素胎)는 질(質)이 단단하다.

072

삼채호인봉홀무관용(三彩胡人捧笏武官俑)

당(唐) | 높이 49.2㎝
2002년 서안시 장안구 곽두진(西安市 長安區 郭杜鎭) 31호 당묘(唐墓) 출토

San Cai-glazed Pottery of Hu Military Officer

Tang Dynasty(618AD~907AD) | H 49.2cm
Excauated from the No.31 Tang Tomb, Guodu County, Chang'an District, Xi'an in 2002

갈관(鶡冠)을 쓴 무관용(武官俑)은 두 눈을 동그랗게 뜨고 있다. 높은 코에 우묵하게 들어간 눈, 커다란 귀, 볼에는 구레나룻이 있다. 교령(交領)에 녹색 관수장포(寬袖長袍)를 입었는데 밑부분에 술이 달려 있으며 옷깃과 소맷부리는 흰색으로 되어 있다. 노란색 긴 치마를 입고 발끝이 드러났으며 두 발은 약간 벌린 자세로 타원형 받침 위에 곧게 서 있다. 몸은 앞으로 약간 기울이고 흰색 홀판(笏板)을 가슴 앞에 들고 있는 자세를 취하였는데 그 자태가 매우 용맹스러워 보인다. 머리 부분은 바탕이 드러났고 몸과 받침은 녹유(綠釉), 백유(白釉), 황유(黃釉), 갈유(褐釉)를 입혔는데 그중 녹유가 주를 이룬다. 유층(釉層)이 두꺼우며 윤기가 난다. 백태(白胎, 고령토로 만들어진 소태)이며 질(質)이 단단하다.

이 무관용은 호인(胡人)의 형상을 생동감 있게 묘사한 것인데 이는 당나라 때 호인이 관리직을 담당할 정도로 당대(唐代) 정치 상황이 개방적이었음을 말해준다.

삼채첩금롱관무관용(三彩貼金籠冠武官俑)

당(唐) | 높이 99.6㎝
2002년 서안시 안탑구 연흥문촌(西安市 雁塔區 延興門村) 당(唐) 강문통묘(康文通墓) 출토

Pottery of Military Officer with Long Hat

Tang Dynasty(618AD~907AD) | H 99.6cm
Excavated from Tang Kang Wentong Tomb, Yanxingmen Village, Yanta District, Xi'an in 2002

금박 입힌 농관(籠冠)을 쓴 무관용(武官俑)은 얼굴이 둥글넓적하며 고개를 끄덕이며 미소를 짓고 있는 모양이다. 교령(交領)에 녹색 관수단포(寬袖短袍)를 입고 맞잡은 양손은 가슴 앞에 두었다. 소맷부리에는 갈색, 녹색, 백색 등 3색 유약(釉藥)으로 점을 찍었다. 허리에는 띠를 매고 가슴 앞에 포백(布帛)을 둘렀으며 다리는 동여매고 끝이 뾰족한 신을 신고 다리를 벌리고 타원형 누공(鏤空) 받침 위에 곧게 서 있다. 얼굴 표면의 바탕이 드러난 부위는 분(粉)을 바른 것처럼 보이고 입술은 붉은색을 띠며 태색(胎色)은 흰빛을 띤다. 몸통 전체 및 받침은 녹색, 갈색, 황색 등 3색 유약을 입혔으며 표면은 금박을 입힌 흔적이 남아 있다.

074

삼채호인견마용(三彩胡人牽馬俑)

당(唐) | 높이 30.8㎝
2002년 서안시 장안구 곽두진(西安市 長安區 郭杜鎭) 31호 당묘(唐墓) 출토

Pottery of Hu People Leading Horse

Tang Dynasty(618AD~907AD) | H 30.8cm
Excauated from the No.31 Tang Tomb, Guodu County, Chang'an District, Xi'an in 2002

두 점은 옷깃의 색상이 다른 점 외에 크기, 스타일, 자태는 거의 비슷하다. 머리에 복두(幞頭)를 썼고 동그란 얼굴에 높은 코, 볼록하게 튀어져 나온 두 눈을 가지고 있으며 얼굴 전체에 검고 빽빽한 구레나룻이 있고 머리는 약간 오른편으로 돌리고 있다. 번령(飜領)에 좁은 소매의 호복(胡服)을 입었는데 길이가 무릎 아래까지 내려오며 허리에는 띠를 매고 목이 긴 신을 신었다. 오른손은 왼손보다 조금 높게 들고 있는 자세인데 말고삐를 잡은 모양을 연상케 한다. 두 발은 양쪽으로 벌리고 직사각형 받침대 위에 곧게 서 있다. 머리 부분은 바탕이 드러나 흰색을 띠며 질(質)이 단단하다. 그중 하나는 오른쪽 옷깃과 왼쪽 옷깃에 각각 남색과 흰색 유약(釉藥)을 입혔으며 다른 하나는 오른쪽 옷깃에는 흰색 유약을 입히고 그 표면 위에 연한 남색 반점을 찍었으며 왼쪽 옷깃에는 녹색 유약을 입혔다. 장포(長袍)는 모두 황갈색 유약을 입혔다. 유약 색상의 배합은 간결하고도 뚜렷하며 윤기가 반질반질 난다.

075

삼채견마용(三彩牽馬俑)

당(唐) | 높이 27.2㎝
2002년 서안시 장안구 곽두진(西安市 長安區 郭杜鎭) 31호 당묘(唐墓) 출토

Pottery with Horse

Tang Dynasty(618AD~907AD) | H 27.2cm
Excavated from the No.31 Tang Tomb, Guodu County, Chang'an District, Xi'an in 2002

세 점은 크기, 스타일, 자태가 거의 비슷하다. 머리에 복두(幞頭)를 쓰고 두 눈은 오른편을 향하여 올려다보고 있다. 번령(飜領)에 좁은 소매의 호복(胡服)을 입고 허리에는 띠를 매고 신을 신었다. 양손은 말고삐를 당기는 자세를 취하고 두 발을 벌린 채 직사각형 받침대 위에 서 있다. 모두 백태(白胎, 고령토로 만들어진 소태)인데 질(質)이 단단해 보이며 머리를 제외한 나머지 부분과 호복은 모두 황갈색 유약(釉藥)을 입혔는데 일부만 남색으로 아름답게 꾸며놓았다. 세 점의 옷깃 유색(釉色)이 조금씩 차이가 있는데 각각 남색에 흰색 반점, 흰색, 남색으로 나뉜다.

성당(盛唐) 시기의 삼채 및 채색의 말이나 낙타를 모는 호인용(胡人俑)은 생동감이 있는데 M31조형과 유사한 말을 모는 호인용이 당대(唐代) 장안(長安)과 낙양(洛陽)에서 다수 출토되었다. 체격이 건장하거나 고개를 숙인 모습, 머리를 쳐들고 하늘을 바라보며 울부짖는 모습, 구부정한 다리를 곧게 펴고 서 있는 근육이 건장한 모습 등이 있는데 화려한 안구(鞍具)와도 잘 조화되었다. 함께 출토된 말을 끄는 호인용과 낙타를 끄는 호인용은 대부분 복두를 썼으며 번령의 교금장포(交襟長袍)와 몸에 붙는 바지를 입었고 앞 끝이 뾰족한 목이 긴 신을 신었다. 오목하게 들어간 눈, 높은 코, 빽빽한 수염과 머리카락에 득의양양하고 자신만만해하는 형상으로 활력이 넘치는 전형적인 호인(胡人)의 모습을 만들어냈다.

삼채단비호인용(三彩斷臂胡人俑)

당(唐) | 높이 42.6㎝
2002년 서안시 장안구 곽두진(西安市 長安區 郭杜鎭) 31호 당묘(唐墓) 출토

San Cai-glazed Pottery of Armless Hu People

Tang Dynasty(618AD~907AD) | H 42.6cm
Excavated from the No.31 Tang Tomb, Guodu County, Chang'an District, Xi'an in 2002

형체는 크며 머리에는 검은색 복두(幞頭)를 썼다. 높은 코, 오목한 눈, 볼록하게 튀어나온 눈썹을 가지고 있으며 귀마개를 쓰고 머리는 약간 들고 있다. 좁은 소매의 노란색 원령장포(圓領長袍)를 입었으며 허리에는 띠를 맸다. 손목이 떨어져 나간 오른쪽 팔은 가슴 앞에 구부정하게 놓여 있고 왼팔은 아래로 드리워져 있다. 앞 끝이 둥근 신을 신고 직사각형 받침 위에 서 있다. 머리는 소태(素胎)에 분(粉)을 발랐으며 입술은 붉은색을 띠고 몸통은 노란색 유약(釉藥)을 입히고 일부에 남색과 녹색을 물들인 흔적이 남아 있다. 백태(白胎, 고령토로 만들어진 소태)이며 질(質)이 단단하다.

서역(西域)과 중 · 서아시아의 인물 형상으로 묘사된 당대(唐代) 호인용(胡人俑)이 다수 출토되었다. 높은 코, 오목한 눈을 가진 호인용들은 다양한 형태로 만들어졌다. 머리에 뾰족한 두건을 쓰고 V라인 옷깃의 옷을 입은 용(俑)이 있는가 하면 손에 호병(胡瓶)을 든 용(俑)도 있고 어깨에 짐을 지고 있는 완강한 모습의 용(俑)도 있는데 이런 용(俑)들은 비단길에서 온갖 고생을 겪는 중 · 서아시아 지역 페르시아, 소그디아나(Sogdiana, 중앙아시아의 샤라프샨 하천과 카슈카 다리아 유역 지방의 옛 이름) 상인들의 모습을 부각시킨 것이다. 이로부터 동서양 경제, 문화의 원활한 교류와 당대 경제 번영에 호인(胡人)들이 매우 중요한 역할을 하였음을 알 수 있다.

077

삼채견마호용(三彩牽馬胡俑)

당(唐) | 높이 56㎝
1974년 서안시 파교구 홍경향(西安市 灞橋區 洪慶鄕) 출토

San Cai-glazed Pottery of Hu People Leading Horse

Tang Dynasty(618AD~907AD) | H 56cm
Excavated from Hongqing County, Baqiao District, Xi'an in 1974

복두(幞頭)를 쓴 용(俑)은 우묵한 눈, 높은 코에 구레나룻이 나 있으며 정색한 표정을 한 서역인(西域人)의 모습이다. 번령(飜領)에 착수장포(窄袖長袍)를 입고 허리에 띠를 매었으며 띠에는 주머니가 달려 있다. 오른쪽 어깨와 팔에는 속옷만 보이며 두 팔뚝에 근육이 드러나 힘 있어 보인다. 두 손은 말고삐를 잡은 자세를 취하였으며 목이 긴 신을 신고 두 발을 조금 벌린 채 직사각형 받침대 위에 우뚝 서 있다. 용(俑)의 머리와 목, 드러난 팔뚝은 유약(釉藥)을 입히지 않고 장포는 반짝이는 적갈색 유약을, 번령은 진녹색 유약을, 다리는 연황색 유약을 입혔다. 태색(胎色)은 흰색이고 바탕의 질(質)이 단단하다.

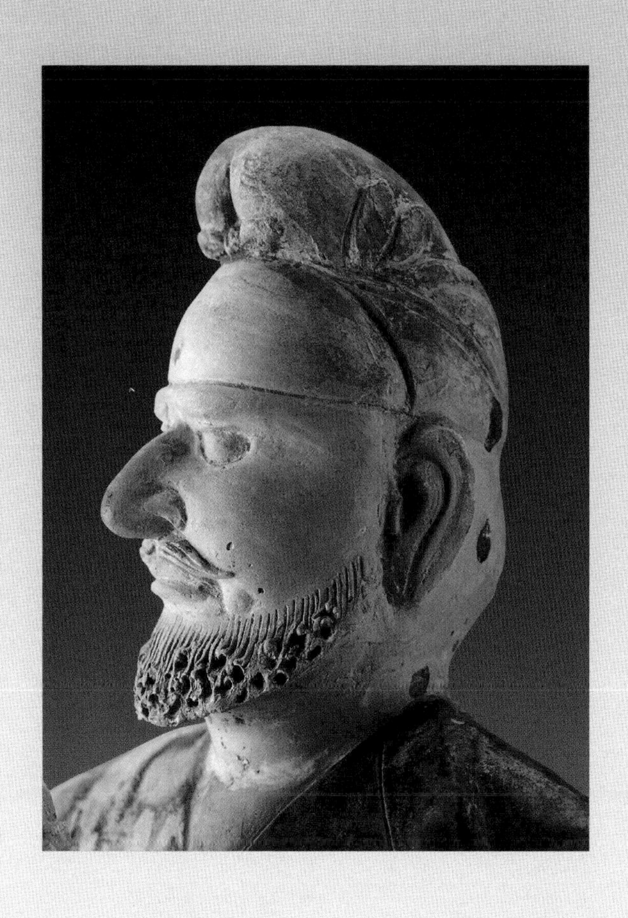

078

삼채견마용(三彩牽馬俑)

당(唐) | 높이 56㎝
1974년 서안시 파교구 홍경향(西安市 灞橋區 洪慶鄕) 출토

San Cai-glazed Pottery of Han People Leading Horse

Tang Dynasty(618AD~907AD) | H 56cm
Excavated from Hongqing County, Baqiao District, Xi'an in 1974

흑갈색 복두(幞頭)를 쓴 용(俑)은 분(粉)을 바른 얼굴에 붉은빛이 감도는 입술을 가졌는데 그 용모가 수려하며 머리를 오른쪽으로 약간 기울였다. 녹색 번령(飜領)의 갈색 착수장포(窄袖長袍)를 입었는데 길이가 무릎까지 오며 허리에는 주머니가 달린 띠를 맸다. 양손은 말고삐를 잡은 자세를 취하고 목이 긴 신을 신고 두 발을 벌리고 직사각형 받침대 위에 서 있다. 앞에서 묘사한 말을 끄는 호인용(胡人俑)과 비교하면 이 한인용(漢人俑)의 오관(五官)은 수려하고 연약해 보이며 유색(釉色)은 연하고 광택이 부족하다.

079

호복견마용(胡服牽馬俑)

당(唐) | 높이 44.4㎝
2002년 서안시 안탑구 연흥문촌(西安市 雁塔區 延興門村) 당(唐) 강문통묘(康文通墓) 출토

Pottery of Hu People Leading Horse

Tang Dynasty(618AD~907AD) | H 44.4cm
Excavated from Tang Kang Wentong Tomb, Yanxingmen Village, Yanta District, Xi'an in 2002

머리에 검은색 복두(幞頭)를 쓴 용(俑)은 얼굴이 둥글며 진지한 표정을 짓고 있다. 두 손은 주먹을 쥐고 왼손은 낮게, 오른손은 높게 들고 있는데 말고삐를 잡는 자세를 취한 듯싶다. 몸에 붙는 착수번령(窄袖飜領)의 호복(胡服)을 입고 Y형의 받침 위에 서 있다. 머리와 다리는 바탕이 드러나 흰빛을 띠며 옷은 황유(黃釉)와 갈유(褐釉)를, 번령(飜領)은 녹유(綠釉)를 입혔다.

080

삼채견타여용(三彩牽駝女俑)

당(唐) | 높이 32㎝
서안시 연호구(西安市 蓮湖區) 544 공장 당묘(唐墓) 출토

San Cai-glazed Pottery of Female Figurine Leading Camel

Tang Dynasty(618AD~907AD) | H 32cm
Excavated from Tang Tomb, the 544 Factory, Lianhu District, Xi'an

곧게 서 있는 용(俑)인데 머리카락은 앞가르마를 타서 양측으로 상투머리를 하고 오목하고 큰 눈, 높은 코, 포동포동한 볼을 보아서는 여성 호인(胡人)의 형상이다. 번령(飜領)에 착수장포(窄袖長袍)를 입고 허리에 띠를 매고 몸에 붙는 바지를 입고 사다리꼴 받침 위에 서 있다. 머리는 위쪽을 바라보고 있으며 두 손은 주먹을 쥐었는데 왼손은 낮게, 오른손은 높게 들었다. 이는 낙타를 끌고 가는 정경을 묘사한 것이다.

081

삼채호인등공마(三彩胡人騰空馬)

당(唐) | 높이 38㎝ 길이 52㎝
1966년 서안시 연호구(西安市 蓮湖區) 제약공장 당묘(唐墓) 출토

San Cai-glazed Pottery of Hu People Riding Flying Horse

Tang Dynasty(618AD~907AD) | H 38cm L 52cm
Excavated from Tang Tomb, the Pharmaceutical Factory, Lianhu District, Xi'an in 1966

이 조형은 말을 탄 호인(胡人)과 하늘 위를 날아오를 듯한 말로 구성되었다. 말을 탄 용(俑)은 앞가르마를 타서 양측으로 상투머리를 하고 얼굴은 살쪘다. 몸은 앞으로 기울어지고 두 손은 주먹을 쥐었는데 말고삐를 잡는 자세를 취한 듯싶다. 남색 원령장포(圓領長袍)를 입고 허리에 주머니가 달린 가죽 띠를 맸으며 민무늬 신발을 신었다. 용맹스럽게 하늘을 나는 말의 형상이며 목덜미에는 곧은 갈기가 있고 말안장 뒤에는 백유(白釉), 녹유(綠釉), 황유(黃釉)를 번갈아 입힌 자루가 있다. 말의 몸통 전체는 황유를 입혔는데 유약(釉藥)의 흐름이 매우 뚜렷하며 앞다리 윗부분의 유색(釉色)은 흰빛을 띤다.

말은 당삼채(唐三彩) 동물용(動物俑) 가운데 가장 사실적으로 묘사된 동물 중 하나이다. 당인(唐人)은 준마(駿馬)를 아껴 석각(石刻), 도자기(陶瓷器), 회화(繪畵) 등에서도 준마의 모습을 찾아볼 수 있다. 도공(陶工)들은 말의 내면을 포착하여 묵직하고 강력한 외형으로 말의 용맹스러운 기세를 한층 부각시켰다. 생동감이 있고 지극히 사실적으로 묘사된 조형과 화려한 유색(釉色)으로 이 호인등공마(胡人騰空馬)는 당삼채(唐三彩) 중 극히 보기 드문 정품으로 남아 있다.

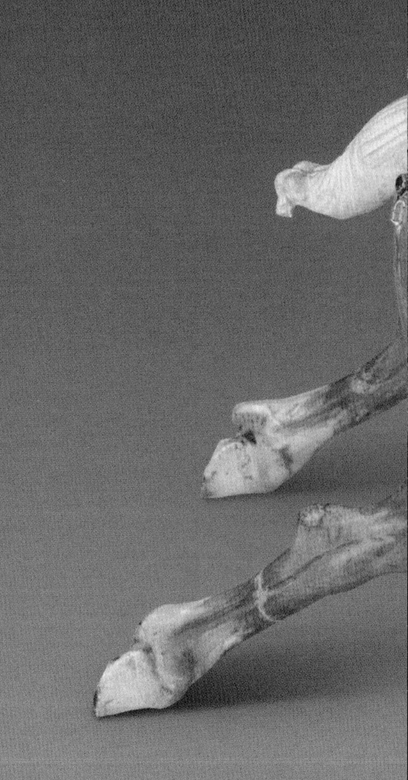

082

삼채기타주악용(三彩騎駝奏樂俑)

당(唐) | 높이 50.1㎝ 길이 40.5㎝
2002년 서안시 장안구 곽두진(西安市 長安區 郭杜鎮) 31호 당묘(唐墓) 출토

San Cai-glazed Pottery of Camel Riding Figurine Playing the Instrument

Tang Dynasty(618AD~907AD) | H 50.1cm L 40.5cm
Excavated from the No.31 Tang Tomb, Guodu County, Chang'an District, Xi'an in 2002

낙타는 형체가 크고 두 눈을 둥그렇게 뜨고 있으며 머리를 쳐들고 울부짖고 있다. 꼬리는 위로 감겼으며 네 다리로 직시각형 받침 위에 서 있다. 등에는 타원형 담요가 있는데 담요의 가장자리에는 주름 무늬가 있다. 호인(胡人)은 왼쪽 다리를 오른쪽 다리 위에 올려놓고 쌍봉(雙峰) 사이에 앉아 앞을 바라보고 있다. 호인은 눈이 오목하고 코가 높으며 구레나룻이 있다. 머리에 복두(幞頭)를 쓰고 번령(翻領)에 착수장포(窄袖長袍)를 입고 허리에 띠를 매고 있다. 오른손은 들고 왼손은 주먹을 쥐고 있는데 손에 무언가를 든 것 같으며 가슴 앞에 고(鼓)를 달고 있다. 낙타는 몸통 전체에 우윳빛 유약(釉藥)을 주로 입혔는데 사이사이에 황유(黃釉)와 녹유(綠釉)도 겸하여 입혔다. 백태(白胎, 고령토로 만들어진 소태)이며 질(質)이 단단하다.

갈고(羯鼓)는 고대 중국 소수민족 악기 중의 하나인데 허리는 가늘고 양면은 숫양가죽으로 만들었다. 이 악기가 주로 내는 소리는 12율(律) 중 양율(陽律) 제2율 1도(度)이며 고대에 주로 구자(龜茲), 고창(高昌), 소륵(疏勒), 천축(天竺) 등지의 사람들이 즐겨 사용하였다.

당대(唐代) 두우(杜佑)가 쓴 『통전(通典)』에서는 갈고가 '갈중(羯中)'에서 유래했다는 기록이 있다. 또한 당(唐)나라 사람인 갈고명수(羯鼓名手) 남탁(南卓)이 쓴 『갈고록(羯鼓錄)』에서는 '갈고'가 오랑캐의 악기, '융갈지고(戎羯之鼓)'라는 기록이 있다. 여기서 '갈(羯)'은 사서에서 말하는 '갈호(羯胡)'이다. 갈족(羯族)은 고대 중국 북방소수민족인데 기련산(祁連山) 소월지(小月氏)에서 거주하였으며 흉노족에 속하였다. 갈족은 유목생활을 하다 위진대(魏晉代) 갈실[羯室, 오늘날 산서(山西) 좌권(左權), 노성(潞城) 일대]에서 한인(漢人)들과 섞여 살면서 농사를 짓기 시작하였다. 동진(東晉) 16국 가운데 후조(后趙, 319~351)를 세운 석륵(石勒)이 바로 갈족이다. 그렇다면 갈고는 과연 갈족이 만들어낸 것인가? 고대 문헌 중 갈고에 대한 기록을 보면 갈고와 갈인의 관계를 찾을 수 없으며 갈고 또한 갈인의 거주지인 북방지역에서 널리 유행한 흔적이 없다. 오히려 갈고는 주로 서역(西域)의 호악(胡樂)에서 사용되었는데 예를 들면 구자, 천축, 고창에서 널리 사용되었다. 이로부터 갈고는 서역의 악기로 갈인이 중원(中原)으로 이동하면서 가지고 왔음을 알 수 있다. 이로써 악기에 '갈고'라는 이름이 붙여지게 되었다. 갈고는 남북조(南北朝) 또는 석륵(石勒) 시기에 중원에 전해졌지만 궁중음악에 사용된 것은 구자악(龜茲樂)이 중원에 전해진 이후였다. 구자악은 당시 서역 음악을 대표하는 음악으로 동으로 전해지면서 『수서(隋書)』 「음악지(音樂志)」에 "'구자'자, 기자려광멸구자(금신강고차), 인득기성['龜茲'者, 起自呂光滅龜茲(今新疆庫車), 因得其聲, 구자(龜茲)는 여광(呂光)이 오늘날 신강(新疆) 고차(庫車)를 멸하면서 얻어진 이름이다]"이라는 기록이 나온다.

083

삼채동자첩치기용(三彩童子疊置技俑)

당(唐) | 높이 40.8㎝
2002년 서안시 장안구 곽두진(西安市 長安區 郭杜鎭) 31호 당묘(唐墓) 출토

Pottery of Acrobatic Kids Making Human Pyramid

Tang Dynasty(618AD~907AD) | H 40.8cm
Excavated from the No.31 Tang Tomb, Guodu County, Chang'an District, Xi'an in 2002

장사(壯士)의 머리 위에 세 명씩 두 조로 이루어진 동자(童子)가 서 있다. 맨 위에 개구멍바지를 입고 오줌을 누는 자세를 취한 동자는 두 다리를 곧게 펴고 아래 두 동자의 어깨 위에 서 있다. 동자들은 서로 다른 동작을 취하고 있다. 아래에 있는 장사는 팔을 벌려 균형을 잡고 다리를 벌리고 받침대 위에 서 있다. 조형이 우아하고 제작이 정교하다. 백색, 녹색, 황색, 남색 등 유약(釉藥)을 입혔으며 백태(白胎, 고령토로 만들어진 소태)이다. 이 용(俑)은 동자의 형상을 매우 생동감 있게 표현하였는데 장사의 부릅뜬 두 눈을 동그랗게, 배는 볼록하게 묘사하였으며 머리 위 동자들의 동작도 매우 아슬아슬하게 묘사하였다. 특히 맨 위에 서 있는 동자가 고공에서 오줌을 누는 자세는 사람들로 하여금 웃음을 금할 수 없게 할 뿐만 아니라 강렬한 예술성 또한 드러낸다. 이런 유형의 제재로 만들어진 당삼채(唐三彩)는 유일무이하다.

돈황(敦煌) 막고굴(莫高窟)에는 텀블링을 표현한 벽화가 여러 폭 있는데 성당(盛唐) 시기 제217 동굴의 북쪽 벽에는 두 손으로 땅을 짚고 상체를 앞으로 구부린 자세를 취한 동자와 그 동자 위에 올라서 금계독립(金鷄獨立) 자세를 취한 동자의 모습을 그린 그림이 있다. 중당(中唐) 시기 제220 동굴의 남쪽 벽의 「아미타경변(阿彌陀經變)」 그림 속에는 빨간색 상의에 짧은 녹색바지를 입은 동자가 다른 동자의 어깨 위에 서 있는 모습이 그려졌다. 중당(中唐) 시기의 제361 동굴의 남쪽 벽 「아미타경변」 속 단체 텀블링 그림에도 여섯 명의 동자가 잡기(雜技) 공연을 하고 있는 모습을 담았는데 두 손으로 물구나무선 자세를 취한 동자가 있는가 하면 한 손으로 물구나무선 동자가 있으며 아치형 모양으로 허리를 굽히고 있는 동자 위에 한 발로 서 있는 동자도 있다. 만당 시기 제85 동굴의 남쪽 벽 「보은경변(報恩經變)」 속에는 연화(軟靴)를 신고 상투머리를 한 동자가 모두 네 명 있는데 허리를 굽힌 자세를 취한 동자가 있는가 하면 그 허리 위에 올라서서 금계독립을 하고 있는 동자도 있으며 피리를 연주하는 동자가 있는가 하면 분위기를 띄워 주며 손뼉을 치는 동자도 있다. 그림 속에 담은 동자들의 갖가지 동작들은 매우 생동감이 있고 활발하다.

2008년 장안구(長安區) 방류촌(龐留村) 서쪽에 자리한 당현종(唐玄宗) 정순(貞順) 황후 무씨(武氏)의 경릉(敬陵)을 발굴하던 중 갖가지 잡기를 표현한 벽화들이 발견되었다. 그중 동자 세 명이 높은 곳에 아슬아슬하게 올라서 있는 모습을 담은 벽화도 있는데 이 또한 매우 보기 드문 것으로 모두 당대(唐代) 잡기의 탁월한 수준을 매우 생동감 있게 표현하였다.

084

삼채상박소아(三彩相撲小兒)

당(唐) | 높이 6.8㎝ 밑지름 3.3㎝
1990년 서안시 연호구(西安市 蓮湖區) 화력발전소 63호 묘 출토

Pottery of Sumo Kids

Tang Dynasty(618AD~907AD) | H 6.8cm Bottom D 3.3cm
Excavated from the No.63 Tomb, the Power Plant, Lianhu District, Xi'an in 1990

쪽머리를 한 앳된 얼굴의 어린이 두 명이 서로 부둥켜안고 씨름하는 모형이다. 그중 한 명은 한 손으로 상대방의 허리를 감고 다른 한 손은 상대방의 다리를 붙든 자세이며 다른 한 명은 한 손으로 상대방의 목을 감아쥐고 다른 한 손으로 상대방의 다리를 붙든 자세이다. 동자의 체형은 둥글며 상반신을 드러내고 아래에 삼각형 짧은 바지만 입었다. 아래에는 원형(圓形) 받침대가 있다. 유색(釉色)은 주로 녹색, 황갈색, 남색, 흰색이고 얼굴에는 백유(白釉)를 입혔다. 태질(胎質)은 연하고 바탕은 흰색인데 살짝 노란빛과 붉은빛을 띤다. 좌우를 별도로 만들어 부착한 것이다.

씨름은 각저(角抵) 혹은 각력(角力)이라고도 칭한다. 이는 기예를 겨루거나 오락성이 있는 당대(唐代)에 유행한 잡기 중 하나이며 어린이들도 참가할 수 있었다. 씨름하는 아이의 자태를 생동감 있게 표현함으로써 당대에 씨름이 매우 유행하였음을 알려준다.

085

삼채박요고악기(三彩拍腰鼓樂伎)

당(唐) | 높이 7.5㎝
1990년 서안시 연호구(西安市 蓮湖區) 화력발전소 63호 묘 출토

Pottery of Musician Striking Waist Drum

Tang Dynasty(618AD~907AD) | H 7.5cm
Excavated from the No.63 Tomb, the Power Plant, Lianhu District, Xi'an in 1990

머리에 복두(幞頭)를 썼는데 복두의 끝이 앞으로 기울어지면서 두 갈래로 나누어졌으며 복두의 날개는 뒤로 길게 드리워졌다. 교령(交領)의 상의에 반비(半臂)를 걸쳤다. 잘록한 요고(腰鼓)를 가슴 앞에 걸고 두 손으로 두드리는 자세를 취하고 한쪽 무릎을 꿇고 다른 한쪽 무릎을 세운 채 직사각형 받침 위에 앉아 있다. 앞부분과 뒷부분을 부착하여 만든 것인데 중간 부분이 텅 비어 있다. 황갈유(黃褐釉), 녹유(綠釉), 남유(藍釉), 백유(白釉)가 주를 이루고 받침은 유약(釉藥)을 입히지 않았지만 윗부분에 유약이 흐른 자국이 조금 남아 있다. 태골(胎骨)은 흰색에 약간 누른 빛을 띤다.

하남(河南) 공현(鞏縣) 황야(黃冶) 가마터에서도 비슷한 기물(器物)이 출토되었다. 이 기물은 유약, 태질(胎質), 조형 면에서 공현 황야 당삼채(唐三彩)와 유사하므로 황야요(黃冶窯)의 기물로 추정된다.

요고는 위진대(魏晉代) 구자(龜玆)에서 중원(中原)으로 전해진 것으로 막대기로 두드리는 정고(正鼓)와 손으로 두드리는 화고(和鼓)로 나뉘는데 이 악공이 연주하는 것은 화고이다. 당대(唐代)에는 호악(胡樂), 호무(胡舞)가 장안(長安)에서 유행하였는데 요고는 주로 호악 중의 서량(西凉), 구자(龜玆), 고려(高麗), 소륵(疏勒), 고창(高昌) 등 악부에서 널리 사용하였다. 당나라 남탁(南卓)이 저술한 『갈고록(羯鼓錄)』에는 "불시청주석말, 즉시로산화자[不是青州石末, 即是魯山花瓷, 청주(青州)의 석말(石末)이 아니면 노산(魯山)의 화자(花瓷)이다]"라는 기록이 있는데 이는 당대에 이미 노산에서 만든 화자요고(花瓷腰鼓)가 있었음을 말해준다. 노산에서 만들어진 화자요고는 북경 고궁에 소장되어 있는데 복원 가능한 것도 여러 점 함께 출토되었다. 섬서(陝西) 황보요[黃堡窯, 요주요(耀州窯) 전신(前身)]에서 만든 당대 화자요고가 서안(西安)에서도 출토된 바 있다.

086

삼채기마남용(三彩騎馬男俑)

당(唐) | 높이 7.5㎝ 길이 7.3㎝
1990년 서안시 연호구(西安市 蓮湖區) 화력발전소 63호 묘 출토

Pottery of Horse Riding Male Figurine

Tang Dynasty(618AD~907AD) | H 7.5cm L 7.3cm
Excavated from the No.63 Tomb, the Power Plant, Lianhu District, Xi'an in 1990

말의 정수리에 있는 갈기는 뾰족하고 곧으며 목에 있는 갈기는 정교하게 잘 정리되어 있다. 가슴걸이와 밀치[鞦, 마소의 꼬리에 거는 나무 막대기]에 은행잎 모양의 장식품을 달고 있으며 말 안장도 잘 구비되었다. 짧은 꼬리에 머리를 숙이고 직사각형 얇은 받침 위에 서 있다. 복두(幞頭)를 쓴 남자는 양손을 가슴 앞에 놓고 좌측으로 몸을 틀어 말 잔등 위에 앉아 있다. 윗부분에 황갈유(黃褐釉), 녹유(綠釉), 남유(藍釉), 백유(白釉)를 입히고 유하(釉下)에는 흰색 화장토(化妝土)를 칠했으며 말 다리 밑부분에는 유약(釉藥)을 입히지 않았다. 바탕은 섬세하며 분홍빛을 띤다. 좌우를 별도로 만들어 부착한 것이다.

말을 타고 외출하는 것은 당인(唐人)들의 생활 속에서 흔히 찾아볼 수 있는 습속(習俗)으로 궁중의 여자도 예외가 아니었다. 이 장난감을 보면 말을 타는 것은 당시 아이들이 즐기던 활동 중 하나였음을 알 수 있다.

087

삼채기우취주목동(三彩騎牛吹奏牧童)

당(唐) | 높이 6.8㎝ 길이 7.6㎝
1990년 서안시 연호구(西安市 蓮湖區) 화력발전소 63호 묘 출토

Pottery of Bi Li-playing Corydon Riding Buffalo

Tang Dynasty(618AD~907AD) | H 6.8cm L 7.6cm
Excavated from the No.63 Tomb, the Power Plant, Lianhu District, Xi'an in 1990

물소는 머리를 들고 있으며 긴 두 뿔은 뒤로 감겼으며 직사각형 얇은 받침 위에 서 있다. 목동이 몸을 옆으로 하고 소 등 위에 앉아 있는데 체구가 작고 두 손에 피리를 쥐고 부는 자세를 취하고 있다. 비록 얼굴이 뚜렷하지 않지만 모습은 매우 귀엽다. 황갈유(黃褐釉), 녹유(綠釉), 남유(藍釉), 백유(白釉)가 주를 이루고 바탕은 분홍색을 띤다. 좌우를 별도로 만들어서 부착한 것이다.

이는 고대 전원생활 속의 한 장면을 담은 것인데 목동이 소등 위에 앉아서 피리를 불며 귀가(歸家)하는 장면을 묘사한 것이다. 또한 유석도(儒釋道)사상이 융합되어 오랫동안 문인(文人), 아사(雅士)의 찬미 대상이 되었다. 이 삼채용(三彩俑)이 부는 피리는 흔히 보이는 횡적(橫笛)이 아닌 종적(縱笛)으로 수당대(隋唐代)에 구자(龜玆)에서 중원(中原)으로 전해졌다. 이 장난감은 민간 장인(匠人)이 만든 작품으로서 독창성이 엿보이며 목동이 소등에 앉아 피리를 연주하는 그림의 초기 작품으로 보인다.

동물용

動物俑

Pottery of Animals

서안(西安, 長安)에서 출토된 당삼채(唐三彩) 동물용(動物俑)은 품종이 다양한데 진묘수(鎮墓獸), 가축, 가금(家禽), 동물 형태로 만든 장난감 등이 포함된다. 그중 동물의 모양을 본떠 만든 웅크리고 앉은 진묘수, 비단길을 통한 호인(胡人)과 한인(漢人)의 교류를 반영하는 갖가지 낙타용(駱駝俑)과 당대(唐代) 마정(馬政)을 반영하는 마용(馬俑) 등을 흔히 볼 수 있으며 성당(盛唐) 시기 제작량과 매장량이 가장 많다. 이 밖에 동물용을 통해 당나라 장안(長安)의 사회 문화와 상례, 장례 풍속도 엿볼 수 있다. 당삼채 동물용은 장안지역의 특색을 지녔을 뿐만 아니라 유색(釉色), 첩화(貼花) 장식, 퇴소(堆塑) 등은 하남(河南) 낙양(洛陽)의 동일한 품종에 비해 훨씬 화려하다. 최근에 새로 발굴된 장안구(長安區) 곽두진(郭杜鎮) 31호 당묘(唐墓)에서 크기가 큰 갖가지 종류의 당삼채 낙타용, 마용이 출토되었다. 그중에 짐을 싣고 엎드린 모양을 한 낙타용에 실린 상아, 명주실묶음, 마등호(馬鐙壺), 화구반(花口盤), 봉수호(鳳首壺) 등은 조각이 매우 섬세하다. 이 밖에 1966년 연호구(蓮湖區) 서안제약공장에서 출토된 남유(藍釉) 노새, 1978년 파교구(灞橋區) 52공장의 시공현장에서 출토된 당대 포당사(抱幢獅) 등 동물용들은 대부분 특이한 형태의 작품들이다. 서안 교외의 한삼채(韓森寨), 연호구(蓮湖區) 화력발전소 등지의 소형 당묘에서 출토된 작은 당삼채 동물조각상들은 대다수가 당나라 장안의 동서시(東西市) 인근 요장(窯場)에서 만든 것으로 당대 민간문화와 지역 특색을 지니고 있다.

The tri-color glazed pottery of animals unearthed in Xi'an is various in kinds, including tomb-protecting animals, critters, fowls and animal-shaped utensils. Among them, the squatting tomb-protecting animals, various camels revealing the Hu-Han communication of the Silk Road, and horses revealing the Tang politics are commonly found. They are made and buried in a large amount in the heyday of Tang Dynasty, which indicates the social and funeral cultures in Chang'an. These tri-color glazed potteries of animals are characteristic with Chang'an feature, with brighter glaze, better decoration and paste-on-paste decoration, than that of Luoyang, Henan. In a recent excavation of the No.31 Tang Tomb, Guodu, Chang'an, a set of large-sized tri-color glazed potteries of camel and horse were unearthed. On the transporting prone camel, there are delicately carved goods like ivories, silk bundles, stirrup pots, fancy-edged plates etc. Together with blue-glazed mule unearthed from the Pharmaceutical Factory, Lianhu, Xi'an in 1966 and Tang column-hugging lion unearthed from the construction site of No.52 Factory, Baqiao in 1978, they are all rare treasures. In the small Tang tombs in Hansenzhai, Lianhu's Pharmaceutical Factory, the rural districts of Xi'an, most of the unearthed small-sized animal potteries were burned in the commercial kilns near the Eastern and Western Fairs of Tang Chang'an, with a strong sense of folk culture and regional feature of Tang Dynasty.

088

황유채회진묘수(黃釉彩繪鎭墓獸)

당(唐) | 높이 39㎝
1975년 서안시 장안구 가리촌(西安市 長安區 賈里村) 출토

Yellow-glazed Tomb-protecting Animal

Tang Dynasty(618AD~907AD) | H 39cm
Excavated from Jiali Village, Chang'an District, Xi'an in 1975

짐승 얼굴의 진묘수(鎭墓獸)가 직사각형 받침 위에 웅크리고 앉은 모양이다. 정수리에 달린 큰 외뿔은 뒤로 말렸으며 둥그렇게 뜨고 있는 두 눈, 볼록하게 튀어나온 눈망울, 여의형(如意形) 큰 코를 가지고 있으며 입을 벌려 이빨을 드러내고 있는데 그 모양새가 매우 흉악하고 무서워 보인다. 작은 두 귀는 곧게 세우고 있다. 목과 배 부위에는 톱날 모양 등골뼈가 세로 방향으로 조각되었으며 어깨에는 날개가 있으며 앞가슴은 볼록하게 나왔다. 앞다리는 곧게 펴고 뒷다리는 웅크리고 앉았으며 꼬리는 위로 말렸다. 앞가슴, 앞다리, 앞발은 튼실하고 힘 있어 보인다. 몸통 전체에 황유(黃釉)를 입혔는데 표면이 비교적 많이 벗겨졌으며 일부에는 적색, 흑색 채회(彩繪) 흔적이 남아 있다. 이는 수대(隋代)부터 초당(初唐) 시기까지 공예 특징을 모두 지니고 있음을 설명한다.

진묘수는 당묘(唐墓)에서 흔히 볼 수 있는 용(俑)이다. 일반적으로 묘문(墓門)의 양쪽에 배치되어 귀신을 쫓는 기능을 한다. 사람 얼굴에 짐승 몸뚱이를 가진 것과 짐승 얼굴에 짐승 몸뚱이를 가진 것이 있다. 신비하고 흉악한 특징으로서 당시 사람들 상상 속에서 괴수 형상으로 자리매김하게 되었다.

089

삼채첩금인면진묘수(三彩貼金人面鎭墓獸)

당(唐) | 높이 100㎝
2002년 서안시 안탑구 연흥문촌(西安市 雁塔區 延興門村) 당(唐) 강문통묘(康文通墓) 출토

Pottery of Human-faced Tomb-protecting Animal

Tang Dynasty(618AD~907AD) | H 100cm
Excavated from Kang Wentong Tomb, Yanxingmen Village, Yanta District, Xi'an in 2002

사람 얼굴을 한 진묘수(鎭墓獸)다. 정수리의 모발은 나선형이고 큰 귀는 밖으로 크게 벌어졌다. 성이 난 듯 눈을 부릅뜨고 입을 벌려 송곳니를 드러냈으며 턱에는 수염이 나 있다. 처진 어깨에 날개가 있으며 날개 끝에 깃털이 나 있다. 짐승 발굽 모양에 앞다리는 곧게 펴고 뒷다리는 받침 위에 웅크리고 앉아 있다. 머리는 유약(釉藥)을 입히지 않았고 몸에는 황갈유(黃褐釉), 녹유(綠釉), 백유(白釉)를 입히고 그 위에 채색 및 금박을 입혔다.

고분의 연대는 무주(武周) 시기 신공(神功) 원년(697)으로 그 당시 당삼채(唐三彩) 진묘수의 풍격을 보여준다.

삼채수면진묘수(三彩獸面鎭墓獸)

당(唐) | 높이 48㎝
2002년 서안시 장안구 곽두진(西安市 長安區 郭杜鎭) 31호 당묘(唐墓) 출토

Pottery of Beast-faced Tomb-protecting Animal

Tang Dynasty(618AD~907AD) | H 48cm
Excavated from the No.31 Tang Tomb, Guodu County, Chang'an District, Xi'an in 2002

짐승 얼굴을 한 삼채 진묘수(鎭墓獸)이다. 입을 벌려 이빨을 드러내고 면상이 흉악하며 정수리의 모발은 삼각형이고 턱에는 수염이 덥수룩하게 나 있으며 양쪽 어깨에 있는 갈기가 파손되어 끊어졌다. 발톱이 있는 앞다리를 세우고 타원형 받침 위에 웅크리고 앉아 있다. 얼굴과 받침을 제외하고 나머지 부분에 모두 남유(藍釉), 녹유(綠釉), 황유(黃釉), 백유(白釉)를 입혔는데 그중 남유가 주를 이룬다.

중국 고대 진묘수는 동주(東周) 시기에 이미 있었으며 최초의 칠목(漆木)과 구리 진묘수는 전국시대(戰國時代) 초(楚)나라 고분에서 처음 발견되었다. 진한대(秦漢代) 고분에 매장된 진묘수 수량은 매우 적다. 호북(湖北) 악주(鄂州)의 동오(東吳) 무덤에서 녹유를 입힌 진묘수도 출토되었다.

남북조시대(南北朝時代)에 진묘수를 매장한 고분이 점차 늘어나기 시작하였다. 북위(北魏), 북제(北齊) 시기부터 웅크리고 앉아 있는 한 쌍의 진묘수가 나타나기 시작하였으며 북주(北周) 시기에 이르러 갑옷을 입은 진묘무사용(鎭墓武士俑)이 함께 나타났다. 북조 시기에는 인면진묘수(人面鎭墓獸)와 수면진묘수(獸面鎭墓獸)가 짝을 이루었다. 수대(隋代)에도 도자기(陶瓷器)와 유도(釉陶)로 만든 진묘수가 여전히 사용되었고 진묘수의 맨 앞쪽에 배치되었다.

대량 출토된 당대(唐代) 진묘수 및 용(俑)은 『대당육전(大唐六典)』에서 언급된 '당광(當壙)', '당야(當野)', '조명(祖明)', '지축(地軸)' 등인데 그중 '조명', '지축'은 짝을 이룬 수면진묘수와 인면진묘수로 고증되었다. 1986년 하남(河南) 공의(鞏義) 태점진(泰店鎭) 벽돌공장 당묘(唐墓)에서 진묘수 한 쌍이 출토되었는데 수면진묘수 등 뒤에는 '祖明(조명)'이라는 두 글자가 묵서(墨書)되어 있었다. 이는 『대당육전(大唐六典)』에 기록된 '조명(祖明)'에 해당된다.

091

삼채수면진묘수(三彩獸面鎭墓獸)

당(唐) | 높이 52.2㎝
2002년 서안시 장안구 곽두진(西安市 長安區 郭杜鎭) 31호 당묘(唐墓) 출토

Pottery of Beast-faced Tomb-protecting Animal

Tang Dynasty(618AD~907AD) | H 52.2cm
Excavated from the No.31 Tang Tomb, Guodu County, Chang'an District, Xi'an in 2002

사자 얼굴이며 머리카락은 위로 곧게 섰다. 둥근 눈망울은 볼록하게 튀어나왔으며 입을 벌려 이빨을 드러냈다. 작은 두 귀는 위로 곧게 세우고 있으며 머리에는 뿔이 있고 뿔 사이에는 구(球) 모양의 장식품이 달려 있으며 어깨에는 갈기가 있다. 온몸의 털이 방사형으로 뻗어 있다. 발에는 발톱이 달렸고 앞다리를 세우고 몸을 웅크리고 타원형 받침 위에 앉아 있으며 꼬리는 위로 말렸다. 머리 부분은 유약(釉藥)을 입히지 않았고 나머지 부분은 녹유(綠釉), 남유(藍釉), 황유(黃釉), 백유(白釉)를 입혔는데 녹유가 주를 이루고 백태(白胎, 고령토로 만들어진 소태)이다.

이 진묘수(鎭墓獸)는 당대(唐代) 장안(長安), 낙양(洛陽) 지역에서 제작된 당삼채(唐三彩) 부장품(副葬品)과 장안에서 출토된 당삼채 대형 용(俑)에 비하여 유색(釉色)이 더욱 화려하고 진묘수의 머리에 달린 한 쌍의 뿔, 수염과 머리카락, 어깨에 달린 화염형(火焰形) 날개 또한 복잡하고 화려하다.

삼채우익진묘수(三彩羽翼鎭墓獸)

당(唐) | 높이 48㎝
2002년 서안시 장안구 곽두진(西安市 長安區 郭杜鎭) 31호 당묘(唐墓) 출토

Potteries of Tomb-protecting Beast with Wings

Tang Dynasty(618AD~907AD) | H 48cm
Excavated from the No.31 Tang Tomb, Guodu County, Chang'an District, Xi'an in 2002

진묘수(鎭墓獸) 두 점이 기본적으로 유사한 형태인데 어깨에 달린 날개가 다소 차이점이 있다. 두 눈은 성이 나서 둥그렇게 뜨고 있고 큰 귀는 밖으로 말렸으며 정수리에 있는 머리카락은 두 가닥으로 나누어 높게 타래머리를 하였다. 이마 앞에 외뿔이 위로 뻗어 나 있고 어깨에는 갈기가 펼친 날개처럼 높게 솟아 있으며 짧은 꼬리가 위쪽으로 뻗어 있고 짐승 발굽을 하고 있다. 고개를 들고 가슴을 쭉 폈으며 앞다리를 곧게 펴고 타원형 산 모양의 받침 위에 웅크리고 앉아 있다. 머리에 분채(粉彩)를 하고 나머지 부분에는 녹유(綠釉), 황유(黃釉), 남유(藍釉), 백유(白釉)를 입혔는데 대부분 남유를 입히고 일부분은 여러 가지 유약(釉藥)을 혼합하여 입혔다. 백태(白胎, 고령토로 만들어진 소태)이며 질(質)이 단단하다.

이런 유형의 삼채, 채색 진묘수는 일정한 규율을 따라 발전하였다. 정주시(鄭州市)문물고고학연구소에서 펴낸『중국고대진묘신물(中國古代鎭墓神物)』에는 이런 유형의 진묘수가 당대 섬서(陝西)와 하남(河南) 지역에서 출토된 신수진묘수(神獸鎭墓獸)와 다소 차이가 있다는 기록이 있다. 섬서(陝西) 지역의 진묘수는 더욱 편안하고 화려하고 웅장하며 얼굴 표정이 과장되고 다양하다. 개원(開元) 시기에는 높은 받침 위에 웅크리고 앉아 있는 조형이 대량 제작되었는데 그중 일부는 앞다리를 세우고 있다. 개원 말기부터 시작하여 더욱 흉악하고 무서운 형태가 나왔는데 주로 발톱을 드러내고 앞다리를 앞으로 곧게 내밀고 갈기를 활짝 펴고 몸을 곧게 세우고 서 있으며 한쪽 앞발을 높이 들고 다른 한쪽 앞발로 허리를 잡고 뒷발로 도깨비를 밟고 있는 모양새이다. 그 후로 이런 형태의 진묘수가 점차 웅크리고 앉은 진묘수를 대체하였다. 천보(天寶) 시기부터 곧게 서 있는 자세를 취한 진묘수가 주류를 차지하게 되는데 인면(人面)과 수면(獸面) 모두 험상궂은 표정을 짓고 있어 상호 구분하기조차 어려워졌다. 천보 말기에 진묘수의 갈기는 점차 줄어들었으며 심지어 나신으로 묘사되기도 하였다. 어떤 것은 상반신을 곧게 펴고 하반신은 웅크리고 앉아 있는데 앞발 중 하나를 높이 쳐들고 다른 하나를 내려 뱀을 누르고 있거나 하나를 높이 들고 다른 하나로 뱀을 휘감았으며 뒷발 중 하나를 굽혀 도깨비 혹은 '야차(夜叉)'를 밟고 다른 하나는 곧게 펴 높은 받침 위에 서 있다. 밟힌 도깨비나 '야차'는 모두 발악하는 모습이다.

만당(晩唐) 시기 국력이 쇠퇴하면서 사회적으로도 장례 풍속에 커다란 변화가 생겼다. 무덤을 지키는 진묘수와 천왕용(天王俑)이 점차적으로 줄어들어 부장품(副葬品)은 주로 철우(鐵牛)와 철저(鐵猪)로 대체되었고 풍수를 고려한 신형 진묘용품(鎭墓俑品)이 등장하였다.

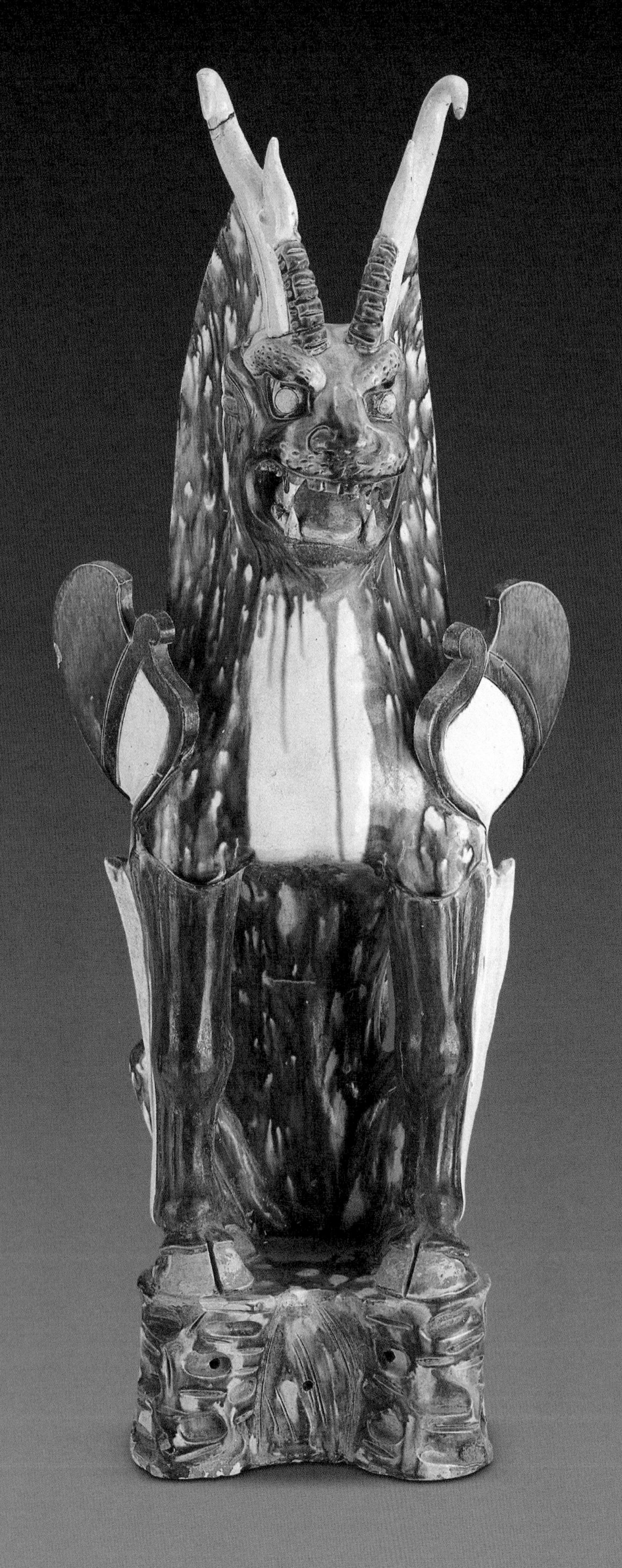

삼채수면진묘수(三彩獸面鎭墓獸)

당(唐) | 높이 84㎝
1985년 서안시 파교구 홍경향(西安市 灞橋區 洪慶鄕) 당(唐) 위사겸묘(韋思謙墓) 출토

Pottery of Beast-faced Tomb-protecting Animal

Tang Dynasty(618AD~907AD) | H 84cm
Excavated from Wei Siqian Tomb, Hongqing County, Baqiao District, Xi'an in 1985

직사각형 받침 위에 웅크리고 앉아 있는 진묘수(鎭墓獸)이다. 머리에 끝이 휘어지고 곧게 뻗은 긴 뿔이 있으며 얼굴의 근육이 튀어나왔다. 두 눈을 크게 뜨고 입을 벌려 이빨을 드러내고 있다. 등과 어깨에는 한 쌍의 날개가 있으며 뒷다리를 굽히고 앞다리를 곧게 펴고 발굽으로 받침 위를 디디고 서 있는 모습인데 마치 천하를 삼킬 듯한 드센 기세를 느낄 수 있다. 태색(胎色)은 흰색이고 표면은 황유(黃釉), 갈유(褐釉), 녹유(綠釉)의 어울림으로 색상이 산뜻하고 아름다우며 표면의 일부분은 흰빛을 띤다. 이는 염직공예의 점납법(点蠟法)을 모방한 것으로 당삼채(唐三彩)의 유색(釉色)을 더욱 화려하게 해주는 효과가 있다.

이 진묘수는 형체가 높고 크며 머리와 날개를 두드러지게 하여 신기하면서도 사실적인 느낌을 주는 것이 동일한 종류의 용(俑)들 가운데서도 극히 보기 드물다.

094

삼채인면수신진묘수(三彩人面獸身鎭墓獸)

당(唐) | 높이 29.5㎝
1966년 서안시 안탑구 곡강 춘림촌(西安市 雁塔區 曲江 春臨村) 출토

Pottery of Tomb-protecting Beast with Human Face and Beast Body

Tang Dynasty(618AD~907AD) | H 29.5cm
Excavated from Chunlin Village, Qujiang, Yanta District, Xi'an in 1966

사람 얼굴에 짐승 몸뚱이를 가진 진묘수(鎭墓獸)로 호인(胡人)의 생김새를 본떠 만든 것 같다. 머리는 송곳 모양이고 밖으로 펼쳐진 큰 귀, 동그란 두 눈에 볼록한 눈썹, 큰 코에 넓은 입을 가지고 있으며 입술 위에는 팔자수염이 있고 입술 아래에는 적은 양의 수염이 있다. 뺨에는 곱슬곱슬한 구레나룻가 나 있으며 얼굴의 근육은 울퉁불퉁하게 튀어나왔다. 어깨에는 작은 날개가 달려 있으며 앞다리를 곧게 펴고 뒷다리를 굽히고 모서리가 둥근 정사각형 받침 위에 웅크리고 앉아 있다. 전체적으로 형체가 작고 뚱뚱하며 튼실해 보인다. 태색(胎色)은 회백색이고 머리와 받침은 유약(釉藥)을 입히지 않았으며 몸뚱이에는 황색, 녹색, 백색 등 3색 유약을 입혔는데 색상이 선명한 대비를 이룬다.

이 진묘수는 하남(河南) 공의(鞏義) 노장(魯莊) 소가장(蘇家莊) 당묘(唐墓)에서 출토된 호인 용모의 진묘수와 풍격이 비슷하다.

095

삼채탄마(三彩誕馬)

당(唐) | 높이 59㎝ 길이 62.4㎝
2002년 서안시 안탑구 연흥문촌(西安市 雁塔區 延興門村) 당(唐) 강문통묘(康文通墓) 출토

San Cai-glazed Pottery of Saddleless Horse

Tang Dynasty(618AD~907AD) | H 59cm L 62.4cm
Excavated from Kang Wentong Tomb, Yanxingmen Village, Yanta District, Xi'an in 2002

머리를 숙이고 목을 굽혔으며 주둥이를 벌린 상태로 직사각형 받침 위에 곧게 서 있다. 백태(白胎, 고령토로 만들어진 소태)이며 몸통 전체에 백색, 황색 유약(釉藥)을 입혔다. 이 삼채 말의 색상과 조각(갈기, 장식 등)은 모두 간단하지만 당대(唐代) 말의 건장한 특징을 튼실한 등과 힘있는 다리로 묘사하였다.

당삼채(唐三彩) 중에도 안장이 없는 마용(馬俑)이 적지 않게 발견되었다. 자유롭게 방목된 이런 말들은 비대하고 튼실하게 묘사되었는데 이는 당대(唐代)의 자유로운 사회풍조를 반영한다. 이 용(俑)은 당시 말[馬]을 살아 숨 쉬는 듯 생동감 있게 묘사하여 예술적 가치가 높다. 이러한 안장과 고삐가 없는 말을 당송대(唐宋代)에는 '탄마(誕馬)'라고도 불렀는데 의장식(儀裝式) 때 사용되었다.

096

황유탄마(黃釉誕馬)

당(唐) | 높이 28㎝ 길이 29㎝
1978년 서안시 신성구 한삼채(西安市 新城區 韓森寨) 출토

Yellow-glazed Pottery of Saddleless Horse

Tang Dynasty(618AD~907AD) | H 28cm L 29cm
Excavated from Hansenzhai, Xincheng District, Xi'an in 1978

긴 목을 가진 말은 머리를 약간 숙이고 있다. 짧은 꼬리가 있으며 네 다리로 받침 위를 딛고 서 있다. 몸통 전체에 황유(黃釉)를 입혔는데 특히 말 등에 입힌 황유의 색상이 반질반질 윤이 나 털의 색상이 순수하고 깨끗해 보이며 비대하고 튼실한 느낌을 준다. 이 마용(馬俑)은 자유롭게 뛰노는 말의 형상을 묘사한 것인데 안장이 없어 구속받지 않는 가벼운 자태와 준일한 기색을 모두 보여준다.

097

삼채안마(三彩鞍馬)

당(唐) | 높이 27㎝ 길이 30㎝
1976년 서안시(西安市) 수집

San Cai-glazed Pottery Horse with Saddle

Tang Dynasty(618AD~907AD) | H 27cm L 30cm
Collected by Xi'an in 1976

머리를 왼편으로 돌린 말은 길게 내리 드리운 갈기, 굽은 목, 쫑긋 세운 귀, 벌어진 주둥이를 가지고 있다. 앞다리는 곧게 세우고 뒷다리를 약간 구부린 채 받침 위에 서 있으며 꼬리는 뒤로 뻗어 있다. 이러한 모습은 힘차게 포효하는 말의 모습을 연상케 한다. 말의 몸과 네 다리에 황유(黃釉)를 입혔는데 색상이 산뜻하고 아름답다. 등에는 녹색의 말안장과 피담(披毯)이 걸쳐져 있고 갈기는 황백색이다. 유색(釉色)이 맑고 깨끗하며 윤기가 나고 기법 또한 매우 정밀해 예술적, 경제적 가치가 높다.

098

삼채피종안마(三彩披鬃鞍馬)

당(唐) | 높이 56.5㎝ 길이 58㎝
1990년 서안시 파교구 반파촌(西安市 灞橋區 半坡村) 출토

San Cai-glazed Pottery Horse with Saddle

Tang Dynasty(618AD~907AD) | H 56.5cm L 58cm
Excavated from Banpo Village, Baqiao District, Xi'an in 1990

머리는 왼편을 향하고 귀를 쫑긋 세우고 목은 활 모양이며 좌측에 갈기가 있는 마용(馬俑)인데 직사각형 받침 위에 곧게 서 있다. 말의 몸통 전체에 흰색 유약(釉藥)을 입히고 갈기에 백유(白釉), 녹유(綠釉), 갈유(褐釉)를 번갈아 입혔으며 말안장 및 양측의 배 아래까지 드리운 모직물에는 녹유를 입혔다. 이마에 있는 당로(當盧), 귀와 코에 씌운 고삐, 앞가슴 및 꽁무니의 혁대 및 은행잎 모양의 장식품은 모두 황색, 녹색, 갈색 3색 유약을 입혔으며 말꼬리에는 갈유를 입혔다. 이 말의 유색(釉色)은 기타 일반적인 삼채 말과 비하면 색다른 분위기를 가지고 있다. 이를테면 화려한 홍색, 황색, 갈색이 부족한 대신 소박하고도 우아한 흰색, 녹색을 주로 사용함으로써 신선한 느낌을 준다. 형태는 준수하고 균형 잡힌 것이 당삼채(唐三彩) 중 극히 보기 드문 수작으로 손색이 없다. 이와 유사한 풍격의 당삼채 말은 일본 도쿄 토구리(戶粟)미술관에서도 볼 수 있다.

당대(唐代) 삼채 말의 조형은 웅대한 기백을 자랑하고 있으며 대당(大唐) 시기의 역동적인 번영을 반영하였다. 또한 당시 사람들이 풍만함을 아름다움으로 여기는 심미적 정취를 읽어낼 수도 있다. 형태상 독특한 특색 외에도 공통된 특징도 있는데 머리는 작고 목은 굵으며 궁둥이는 둥글고 등이 두껍다. 사지가 튼실하고 살찐 정도가 알맞으며 선이 자연스러워 완벽한 조형에서 내재적 기품을 드러내었다. 일부 삼채 말의 경우 변식(緐飾), 말안장, 피전(披氈), 혁대 등 장식품이 달려 있다. 틀에 찍거나 손으로 빚어 만든 장식품을 몸에 부착하고 그 위에 유약을 입혔다. 당삼채 말의 조형에는 단필마용(單匹馬俑), 기마수렵용(騎馬狩獵俑), 기마무사용(騎馬武士俑), 타마구용(打馬球俑) 및 부녀기마용(婦女騎馬俑) 등이 있다. 조형은 진한대(秦漢代) 사실주의 풍격을 유지하면서 당시 풍속의 영향도 받았다. 조형과 유색(釉色)의 변화를 통해 화려하면서도 낭만적인 정서를 만들어내 태평성세의 기세를 힘 있게 보여주었다.

099

삼채전종안마(三彩翦鬃鞍馬)

당(唐) | 높이 45㎝ 길이 45㎝
2002년 서안시 장안구 곽두진(西安市 長安區 郭杜鎭) 31호 당묘(唐墓) 출토

San Cai-glazed Pottery Horse with Saddle

Tang Dynasty(618AD~907AD) | H 45cm L 45cm
Excavated from the No.31 Tang Tomb, Guodu County, Chang'an District, Xi'an in 2002

고개를 숙이고 곧게 서서 전방을 곁눈질하고 있다. 가지런한 갈기에 몸에는 장식품이 완벽히 갖춰져 있으며 말안장도 구비되었다. 안장 위에는 황색, 갈색, 남색, 흰색 유약(釉藥)을 혼합하여 입힌 장니(障泥)가 있다. 혁대에는 여러 가지 색상으로 복숭아 모양 또는 원형(圓形) 무늬를 새겼고 꼬리 끝이 위로 말려 올라갔다. 몸통 전체에 남유(藍釉)를 입혔으며 군데군데 갈색 반점을 찍었다. 당나라 삼채 말 가운데서 극히 보기 드문 수작으로 풍격이 독특하고 기세가 웅대하다. 유색(釉色)은 화려하고 다채로운데 그중에서도 마구(馬具) 장식이 특히 화려하며 "장효사초생, 비양만리의(長哮沙草生, 飛揚萬裏意, 묵묵히 포효하니 사막 풀 살아날 듯, 힘차게 솟구치니 만 리 길 날아갈 듯)"한 풍채도 지니고 있다.

삼채호인견마용(三彩胡人牽馬俑)

당(唐) | 높이 40.6㎝ 길이 45.5㎝
2002년 서안시 장안구 곽두진(西安市 長安區 郭杜鎮) 31호 당묘(唐墓) 출토

San Cai-glazed Pottery with Horse

Tang Dynasty(618AD~907AD) | H 40.6cm L 45.5cm
Excavated from the No.31 Tang Tomb, Guodu County, Chang'an District, Xi'an in 2002

이 견마용(牽馬俑)은 삼채호인입용(三彩胡人立俑)과 피종안마(披鬃鞍馬)로 구성되었다. 말은 머리를 약간 숙여 아래쪽을 보고 있고 두 귀는 앞쪽을 향하여 곧게 세우고 있으며 긴 갈기는 좌측에 드리워지면서 이마 앞에서 분리되었다. 재갈과 고삐는 완벽히 갖춰져 있으며 안장과 장뇌도 구비되어 있다. 안장의 앞에 있는 가슴걸이로 말의 가슴 부분부터 안장까지 묶어놓았으며 가슴걸이 위의 장식에는 작은 꽃이 있고 안장의 뒷부분에는 꽃장식이 가득 달려 있다. 짧고 쳐든 꼬리는 매듭지어졌다. 튼실하면서 힘 있어 보이는 다리를 적절히 구부리고 네 개의 발굽으로 받침 위에 서 있다. 백태(白胎, 고령토로 만들어진 소태)이며 질(質)이 비교적 단단하고 몸통 전체에 담황색 유약(釉藥)을 입혔다.

건장하고 힘 있는 말은 전쟁에 쓰일 수 있고 길들이기도 쉬워 고대 군사, 농업, 교통, 의례 등 여러 방면에서 모두 중요한 작용을 하였다. 특히 수렵은 당나라 때 인생의 삼대(三大) 즐거움 가운데 하나로 간주되었는데 수렵은 말과 불가분의 관계에 있다. 이 밖에 황제의 출행, 궁중의식, 군대의 원정에도 말은 항상 함께했다. 당대(唐代)에 관부와 민간에서 모두 말 기르는 것을 중시하였다. 당현종(唐玄宗)은 서역(西域), 대완(大宛)에서 공납한 양마(良馬)와 중원의 준마(駿馬)를 골라 화공에게 그림을 주문하기도 하고 태부경(太仆卿) 왕모중(王毛仲)과 소경(小卿) 장경순(張景順)을 왕실 마구간에서 기르는 양마 43만 필의 주관자로 임명하기도 했다. 또한 태산으로 제사를 지내러 가면서 수만 필의 말을 대동하기도 했다. 그야말로 "색별위군, 망지여운금(色別爲群, 望之如云錦, 색깔별로 무리지은 것을 바라보니 마치도 비단구름 같았고)", "우교무마백필, 함배상봉(又教舞馬百匹, 銜杯上奉, 또한 춤추는 말 백 필을 길들여 잔을 물고 축수하게 하였다." 이로부터 당인(唐人)이 말을 매우 중시하였음을 알 수 있다. 또한 당나라의 시성(詩聖) 두보(杜甫)도 말을 주제로 여러 편의 시를 지었다. 시「송원(送遠)」에는 "대갑마천지, 호위군원행? 친붕진일곡, 안마거고성(帶甲馬天地, 胡爲君遠行? 親朋盡一哭, 鞍馬去孤城, 갑옷 입은 병사들 천하에 가득한데, 어찌하여 그대는 전쟁터 나가느뇨? 친척과 친구들은 목 놓아 통곡하고, 그대는 말을 타고 외로운 성으로 떠나네)"이라고 읊고 있다. 이처럼 말은 당나라의 문화예술에서 중요한 제재로 손꼽혔다.

"인마상어동호탁(人馬相語同呼啄, 사람과 말은 서로 통한다)." 말을 끄는 호인용(胡人俑)은 노련하면서도 신중해 보이는데 표정으로 말과 호인(胡人)의 자연스러운 소통을 표현하였으며 조형 또한 어우러진다. 호인용과 입마용(立馬俑)은 서로 부각시켜줌으로써 대당성세(大唐盛世) 시기의 기상과 포용적인 기풍을 보여주었다.

101

삼채전종안마(三彩翦鬃鞍馬)

당(唐) | 높이 45.6㎝ 길이 46㎝
2002년 서안시 장안구 곽두진(西安市 長安區 郭杜鎭) 31호 당묘(唐墓) 출토

San Cai-glazed Pottery Horse with Saddle

Tang Dynasty(618AD~907AD) | H 45.6cm L 46cm
Excavated from the No.31 Tang Tomb, Guodu County, Chang'an District, Xi'an in 2002

네 발굽으로 곧게 서 있는 마용(馬俑)이다. 귀는 쫑긋 세우고 있으며 두 눈은 빛나고 생기가 넘친다. 갈기는 이마 앞에서 두 갈래로 나누어졌으며 재갈과 고삐가 완벽히 갖춰졌다. 말안장과 다래(障泥)도 구비되었으며 가슴걸이와 꽃 모양의 장식품도 달려 있다. 몸통 전체는 황갈유(黃褐釉)를 주로 입혔으며 마구(馬具) 등에는 남유(藍釉)를 입혔다. 백태(白胎, 고령토로 만들어진 소태)이다.

당삼채(唐三彩) 말은 대부분 선 흐름이 유창하고 골격과 근육이 잘 빠졌으며 기가 충족해 보인다. 장인들은 상대적으로 정지된 상태의 말을 섬세하게 묘사했는데 사물의 내적 감정을 더욱 중요시해 내재된 감정으로 외적 형태를 표현해내어 당삼채의 독특한 예술적 풍격을 살렸다. 형식적인 면에서 당삼채 말은 전체 윤곽의 평행선과 수직선이 거의 일치하는 사각형 모양이며 네모 혹은 둥글게 변화를 주면서 튼실하고 풍만하며 힘 있어 보이는 형태를 이루었다. 장인들은 간단한 기본 골격을 기초로 그 위에 정확하고 생동감 있게 근육을 표현해 독특한 예술적 효과를 추구하였는데 이는 당대(唐代) 심미관을 반영한 것이다.

102

삼채피종안마(三彩披鬃鞍馬)

당(唐) | 높이 38.2㎝ 길이 46㎝
2002년 서안시 장안구 곽두진(西安市 長安區 郭杜鎭) 31호 당묘(唐墓) 출토

San Cai-glazed Pottery Horse with Saddle

Tang Dynasty(618AD~907AD) | H 38.2cm L 46cm
Excavated from the No.31 Tang Tomb, Guodu County, Chang'an District, Xi'an in 2002

머리를 숙이고 아래쪽을 보고 있으며 갈기가 있다. 말안장에 남색, 갈색의 유약(釉藥)을 입힌 장뇌를 배치하였는데 우아하고 화려하며 직물의 질감을 잘 나타냈다. 몸통 전체는 황갈유(黃褐釉)를 주로 입혔으며 바탕은 흰색이고 질(質)은 단단하다.

103

삼채전종안마(三彩翦鬃鞍馬)

당(唐) | 높이 41.4㎝ 길이 45.4㎝
2002년 서안시 장안구 곽두진(西安市 長安區 郭杜鎭) 31호 당묘(唐墓) 출토

San Cai-glazed Pottery Horse with Saddle

Tang Dynasty(618AD~907AD) | H 41.4cm L 45.4cm
Excavated from the No.31 Tang Tomb, Guodu County, Chang'an District, Xi'an in 2002

두 눈은 앞쪽을 바라보고 정연한 갈기가 있으며 말안장 위에는 지그재그형 무늬가 새겨진 장뇌가 있는데 녹색, 갈색, 백색 등 3색 유약(釉藥)을 입혔다. 받침 위에 곧게 서 있으며 몸통 전체는 주로 황갈유(黃褐釉)를 입혔다. 바탕은 흰색이고 질(質)은 단단하다.

104

삼채전종안마(三彩翦鬃鞍馬)

당(唐) | 높이 42.2㎝ 길이 45㎝
2002년 서안시 장안구 곽두진(西安市 長安區 郭杜鎭) 31호 당묘(唐墓) 출토

San Cai-glazed Pottery Horse with Saddle

Tang Dynasty(618AD~907AD) | H 42.2cm L 45cm
Excavated from the No.31 Tang Tomb, Guodu County, Chang'an District, Xi'an in 2002

두 눈은 앞쪽을 주시하며 정연한 갈기가 있고 받침 위에 곧게 서 있다. 백유(白釉)와 남유(藍釉)를 입힌 말안장은 완벽히 갖춰졌으며 양쪽에 늘어뜨린 끈을 아랫부분에서 이어 맸다. 말의 몸통 전체는 갈유(褐釉)를 입혔다.

장안구 곽두진 31호 당묘(唐墓)에서 말을 끄는 호인용(胡人俑) 여러 점이 함께 출토되었는데 제작이 정교하고 장식이 화려하다.

105

남유점채타라(藍釉點彩馱騾)

당(唐) | 높이 26.5㎝ 길이 33㎝
1966년 서안시 연호구(西安市 蓮湖區) 서안제약공장 출토

Blue-glazed Transporting Mule

Tang Dynasty(618AD~907AD) | H 26.5cm L 33cm
Excavated from the Pharmaceutical Factory, Lianhu District, Xi'an in 1966

짧은 두 귀를 쫑긋 세우고 있는 노새는 머리를 숙이고 직사각형 받침 위에 서 있는데 매우 힘겨워 보인다. 등에는 안장과 다래(障泥)가 있고 안장 위에는 무거운 짐이 실려 있다. 몸통 전체에 남유(藍釉)를 입혔으며 사이사이에 갈색 무늬를 그려놓았다. 짐은 황색, 백색, 남색 등 3색 유약(釉藥)을 입혔다. 노새의 기색, 근육, 건장한 다리의 새김이 매우 세밀하고 생동감이 있다.

노새는 말과 나귀를 교잡한 것이다. 나귀와 말의 장점을 모두 지니고 있고 형체가 크며 참을성이 강해 짐을 나르기에 『사기(史記)』「흉노열전(匈奴列傳)」에서는 노새를 흉노족이 기르는 이상한 가축으로 묘사하고 있다. 입을 약간 벌린 모양새인데 마치 먼 길을 가는 도중 헐떡거리는 모습을 본떠 만든 것 같다. 당삼채(唐三彩) 말, 낙타 종류는 흔히 보이지만 나귀와 노새는 극히 드물다. 이 남유 노새는 드문 것으로 매우 진귀하다.

삼채재물와타(三彩載物臥駝), 견마용(牽馬俑)

당(唐) | 높이 29.1㎝ 길이 45㎝
2002년 서안시 장안구 곽두진(西安市 長安區 郭杜鎭) 31호 당묘(唐墓) 출토

San Cai-glazed Hu People and Pottery of Squatting Camel with Goods

Tang Dynasty(618AD~907AD) | H 29.1cm L 45cm
Excavated from the No.31 Tang Tomb, Guodu County, Chang'an District, Xi'an in 2002

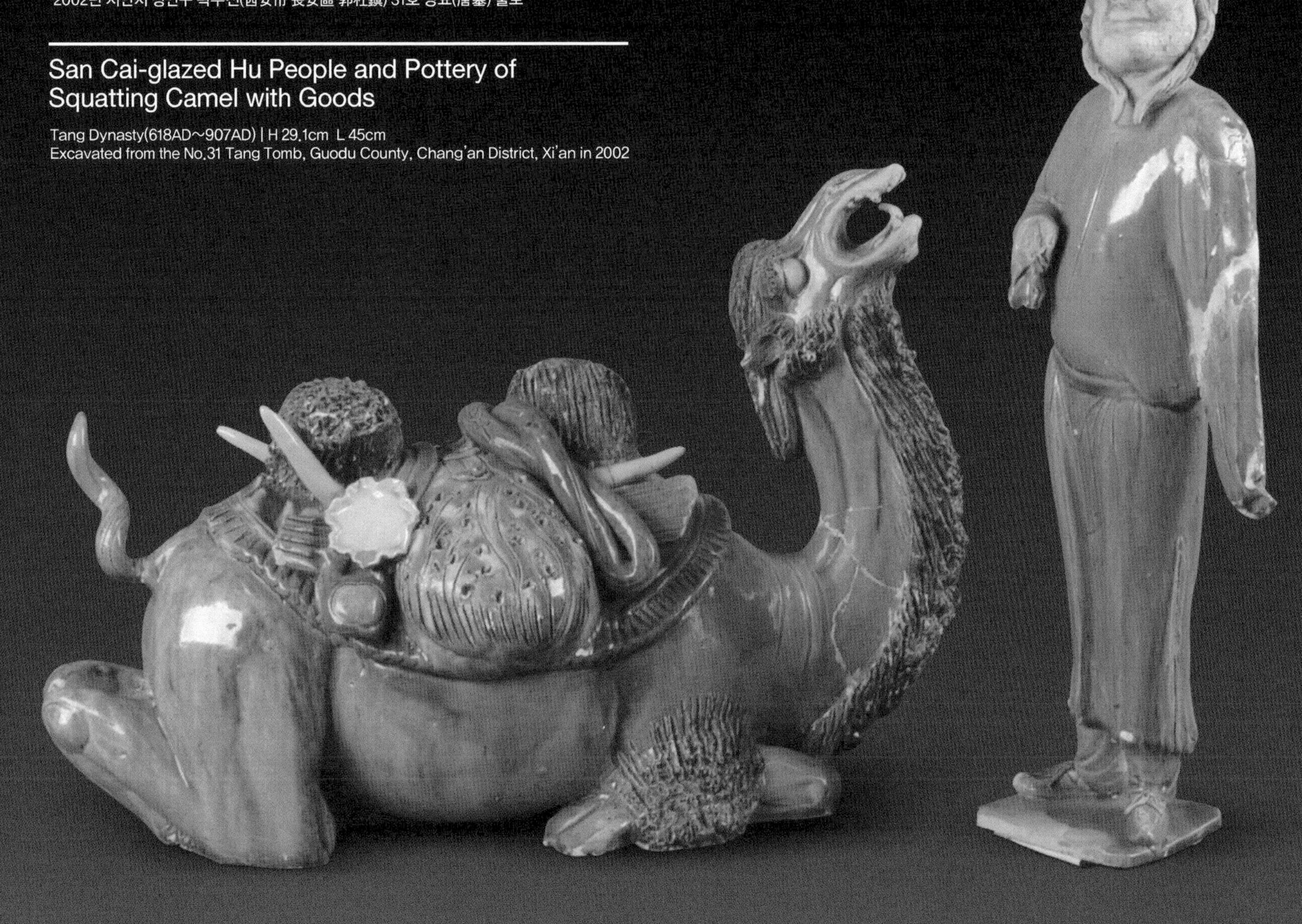

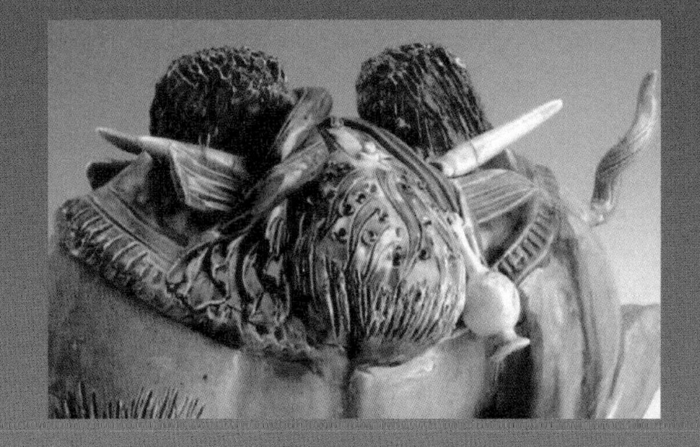

머리를 높게 쳐들고 두 눈은 동그랗게 뜨고 울부짖고 있는 낙타이다. 네 다리를 굽혀 땅에 엎드리고 있으며 꼬리는 위로 말렸다. 등에는 녹색과 백색으로 시유(施釉, 유약 치기)한 타원형 모전(毛氈)이 있으며 모전의 가장자리에 주름을 잡았다. 쌍봉(雙峰) 사이에는 말안장과 다래(障泥)가 있고 주머니, 비단, 상아도 놓여 있으며 양측에 마등호(馬鐙壺), 화구반(花口盤), 봉수호(鳳首壺) 등도 달려 있다. 낙타의 몸통 전체는 갈색, 녹색, 담황색 등 3색 유약(釉藥)을 입혔다. 백태(白胎, 고령토로 만들어진 소태)이며 질(質)이 단단하다.

당삼채(唐三彩) 낙타는 당삼채 동물 조각 중 독창성이 가장 뛰어나다. 지극히 사실적이고 아름다운 조형과 화려한 유약이 자연스레 어우러져 뛰어난 예술적 효과를 나타냈다. 이처럼 다양한 짐을 실은 낙타용(駱駝俑) 작품을 보아 서한 시기 장건(張騫)에 의해 비단길이 개통되면서 중아시아 및 서아시아 상인들이 낙타를 운송수단으로 하여 서역(西域)을 지나 중국에로 왔음을 알 수 있다. 당시 당(唐)은 이미 넓은 영토를 갖추었는데 서역(西域) 여러 나라가 굴복하면서 비단길이 더욱 넓어졌다. 호상(胡商)들은 비단길을 통해 당나라와 빈번한 상업무역을 진행하면서 다른 나라의 문화를 가져옴과 동시에 당나라 문화를 멀리 국외로 전파시켰다. 당삼채 낙타에 가득 실린 동서양 문화색채가 깃든 짐들이 바로 당과 서방 간 문화 교류의 증거이다.

이 짐을 실은 낙타용(駱駝俑)은 제작이 매우 정교하며 낙타 등에 올린 가지각색의 짐들은 생동감 있게 묘사되었는데 이는 비단길을 오가는 낙타 무리와 여러 해외 물품을 사실적으로 묘사한 것이다.

삼채낙타(三彩駱駝)

당(唐) | 높이 81㎝ 길이 57.6㎝
2002년 서안시 안탑구 연흥문촌(西安市 雁塔區 延興門村) 당(唐) 강문통묘(康文通墓) 출토

San Cai-glazed Pottery of Camel

Tang Dynasty(618AD~907AD) | H 81cm L 57.6cm
Excavated from Kang Wentong Tomb, Yanxingmen Village, Yanta District, Xi'an in 2002

쌍봉(雙峰)낙타로 굽은 목은 위를 향하고 있고 머리를 들고 입을 벌려 이빨을 드러내고 있으며 등에 타원형 격자무늬 도안이 그려진 채색 양탄자가 있다. 직사각형 받침 위에 곧게 서 있다. 낙타의 복부를 마르게 표현하였지만 높이 쳐든 목과 힘 있는 사지가 낙타의 굳센 풍격을 드러내었다. 백태(白胎, 고령토로 만들어진 소태)이며 몸통 전체는 갈황유(黃釉)를 입혔다.

"동래탁타만구도(東來橐駝滿舊都, 동쪽에서 온 낙타 떼 성 안에 가득하네)"라는 당시(唐詩)처럼 당대(唐代) 삼채 및 낙타 조각 작품이 대량 출토되었는데 이는 당나라의 대외교류와 비단길을 통한 중국과 서방의 활발한 교류를 그린 것이다.

108

삼채타낭낙타(三彩馱囊駱駝)

당(唐) | 높이 6.9㎝ 길이 6.1㎝
1990년 서안시 연호구(西安市 蓮湖區) 화력발전소 63호 묘 출토

San Cai-glazed Pottery of Camel with Goods

Tang Dynasty(618AD~907AD) | H 6.9cm L 6.1cm
Excavated from the No.63 Tomb, Steam Power Plant, Lianhu District, Xi'an in 1990

머리를 쳐들고 목을 길게 빼들고 있으며 등에는 말안장이 있고 말안장의 가장자리에 무늬가 그려져 있다. 쌍봉(雙峰) 사이에 짐을 실었으며 허리 부분이 약간 들어간 네모난 받침 위에 서 있다. 뒷머리, 목 아래, 낙타봉과 발꿈치에 가는 선을 그렸는데 조형이 거칠다. 윗부분에 갈색, 녹색, 남색, 흰색 등 유약(釉藥)을 입혔으며 다리 아랫부분은 유약을 입히지 않았다. 태질(胎質)은 부드럽고 매끄러우며 바탕은 약간 분홍빛을 띤다. 좌우를 별도로 만들어 합한 것이다.

당묘(唐墓)에서 출토된 낙타용(駱駝俑)과 이를 끌고 다니는 호인용(胡人俑) 작품들을 통해 비단길을 통해 이루어진 중국과 서방 사이 무역 상황을 엿볼 수 있다. 이러한 소형 삼채 낙타는 삼채 장난감과 함께 출토되었는데 이는 그 당시 어린이들의 장난감이었다.

109

삼채조형초(三彩鳥形哨)

당(唐) | 높이 2.9㎝ 길이 4㎝
1990년 서안시 연호구(西安市 蓮湖區) 화력발전소 63호 묘 출토

San Cai-glazed Pottery of Bird-shaped Whistle

Tang Dynasty(618AD~907AD) | H 2.9cm L 4cm
Excavated from the No.63 Tomb, Steam Power Plant, Lianhu District, Xi'an in 1990

측면에서 볼 때 풍만한 날개가 달린 새이다. 머리를 쳐들고 입을 벌린 채 두 날개를 펼치고 꼬리를 약간 쳐들고 지저귀고 있다. 날개와 꼬리를 빼곡한 줄무늬로 장식하였으며 등의 장식이 화려하다. 새의 아랫배는 평평하지만 중심이 뒤로 쏠려 있어 꼬리와 날개가 아래로 처져 땅에 닿아 있다. 그러므로 평지에 놓고 새 머리를 흔들거나 앞뒤로 흔들어도 넘어지지 않는다. 새의 주둥이와 몸 아래에 각각 작은 동그란 구멍이 있는데 이를 호루라기로도 사용할 수 있다. 위쪽에서 보면 동그란 눈망울, 매의 주둥이, 빽빽한 깃털, 곧게 세운 관모(冠毛)를 볼 수 있는데 올빼미와 매 등 맹금(猛禽)의 특징을 종합하여 만든 것 같다. 윗부분은 황갈유(黃褐釉), 녹유(綠釉), 남유(藍釉), 백유(白釉)를 입히고 유하(釉下)에는 한 층(層)의 백색 화장토(化妝土)를 입혔으며 아랫부분은 유약(釉藥)을 입히지 않았다. 태질(胎質)이 부드럽고 바탕은 약간 분홍빛을 띤다.

일반적인 새와 수렵용 매 모두 당대(唐代) 사람들의 생활과 불가분의 관계가 있다. 이런 장난감은 균형을 유지해 넘어지지 않도록 만들었고 등은 매의 조형과 비슷하게 만들었다. 이로써 미묘한 정취의 조형을 만들어낸 장인들만의 독창성을 엿볼 수 있다. 하남(河南) 공현(鞏縣) 황야(黃冶) 가마터에서 이와 동일한 기물(器物)들이 출토된 적이 있다.

110

삼채수우(三彩水牛)

당(唐) | 높이 6.9㎝ 길이 7.3㎝
1990년 서안시 연호구(西安市 蓮湖區) 화력발전소 63호 묘 출토

San Cai-glazed Pottery of Buffalo

Tang Dynasty(618AD~907AD) | H 6.9cm L 7.3cm
Excavated from the No.63 Tomb, Steam Power Plant, Lianhu District, Xi'an in 1990

두 눈을 부릅뜨고 있으며 긴 뿔을 구부려 목덜미에 붙였다. 고삐와 재갈을 물린 머리는 앞으로 길게 내밀고 약간 오른편을 향하고 있다. 꼬리를 오른쪽으로 흔들고 있다. 몸집이 건장하고 네 발굽으로 직사각형 얇은 받침 위에 곧게 서 있다. 몸에 녹색, 황갈색, 남색, 백색 등 유약(釉藥)을 입혔으며 다리 아랫부분은 유약을 입히지 않았다. 볼과 눈은 녹색으로, 입, 코, 이마는 갈색으로, 뿔은 남색으로 칠하여 얼룩덜룩한 모습이다. 바탕은 분홍빛을 띠고 좌우를 별도로 만들어 합하였다.

수우(水牛)는 주로 열대 및 아열대 지방에 분포한다. 당대(唐代) 수우는 흔히 가축으로 길러졌다. 대숭(戴嵩)은 수우로 유명한 화가이다. 작품으로는 두 소가 서로 싸우는 장면을 그린 「투우도(鬪牛圖)」가 있는데 정경이 매우 생동감이 있게 묘사되었다.

111

삼채원앙(三彩鴛鴦)

당(唐) | 높이 2.8㎝ 길이 5.5㎝
1988년 서안시(西安市)공안국에서 넘겨받음

San Cai-glazed Pottery of Mandarin Duck

Tang Dynasty(618AD~907AD) | H 2.8cm L 5.5cm
Transferred by Public Security Bureau of Xi'an in 1988

형태는 원앙새인데 주둥이는 굵고 짧으며 두 날개는 한데 모아 등에 붙였다. 형체는 작고 짧지만 풍만하다. 꼬리는 위로 쳐들렸으며 받침 위에 엎드린 모양이다. 아랫배와 받침에 유약(釉藥)을 입히지 않고 나머지 부분 모두 갈색, 녹색, 황색 등 3색 유약을 입혔다.

112

삼채원앙(三彩鴛鴦)

당(唐) | 높이 5㎝ 길이 4.5㎝
1979년 서안시(西安市) 문물상점에서 넘겨받음

San Cai-glazed Pottery of Mandarin Duck

Tang Dynasty(618AD~907AD) | H 5cm L 4.5cm
Transferred by the Relics Shop of Xi'an in 1979

형체는 원앙새인데 주둥이는 짧고 굵다. 짧은 꼬리는 약간 위로 쳐들렸으며 머리를 쳐들고 원형(圓形) 받침 위에 서 있다. 형체는 풍만하고 두 날개를 모아 등에 딱 붙였다. 날개는 풍만하며 조형이 영리하고도 사랑스러우며 생동감이 있다.

113

황갈유계(黃褐釉鷄)

당(唐) | 높이 8.6㎝ 길이 5.4㎝
2002년 서안시 장안구 곽두진(西安市 長安區 郭杜鎭) 31호 당묘(唐墓) 출토

Tawny-glazed Rooster

Tang Dynasty(618AD~907AD) | H 8.6cm L 5.4cm
Excavated from the No.31 Tang Tomb, Guodu County, Chang'an District, Xi'an in 2002

뾰족한 주둥이, 높은 관을 쓴 머리를 높이 쳐들고 꽁지를 치켜세운 모양인데 그 모습이 마치 닭싸움을 하는 듯하다. 백태(白胎, 고령토로 만들어진 소태)이고 몸통 전체에 황유(黃釉), 갈유(褐釉)를 입혔는데 유약(釉藥)이 심하게 벗겨졌다.

닭은 고대 사람들이 식용하던 동물이며 새벽을 알리거나 점복(占卜), 제사, 투계(鬪鷄)에 흔히 사용되었다. 당대(唐代)에는 명절을 맞이할 때 성대한 행사를 치르는데 대중들 앞에서 황가투계(皇家鬪鷄)를 진행했다. 이백(李白)의 시(詩)에도 "아석두계도, 연정오릉호(我昔斗鷄徒, 連廷五陵豪, 전에 만난 닭싸움꾼, 오릉악당 결탁하니)"라는 시구가 나온다.

114

황갈유압(黃褐釉鴨)

당(唐) | 높이 7.2㎝ 길이 5.8㎝
2002년 서안시 장안구 곽두진(西安市 長安區 郭杜鎭) 31호 당묘(唐墓) 출토

Tawny-glazed Duck

Tang Dynasty(618AD~907AD) | H 7.2cm L 5.8cm
Excavated from the No.31 Tang Tomb, Guodu County, Chang'an District, Xi'an in 2002

납작한 주둥이에 머리를 쳐들고 짧은 꽁지를 치켜세우고 있는 모양이다. 백태(白胎, 고령토로 만들어진 소태)이고 몸통 전체는 황유(黃釉), 갈유(褐釉)를 입혔는데 표면이 대부분 벗겨졌다.

115

삼채입우(三彩立牛)

당(唐) | 높이 10㎝ 길이 16㎝
2002년 서안시 장안구 곽두진(西安市 長安區 郭杜鎭) 31호 당묘(唐墓) 출토

San Cai-glazed Pottery of Erect Cattle

Tang Dynasty(618AD~907AD) | H 10cm L 16cm
Excavated from the No.31 Tang Tomb, Guodu County, Chang'an District, Xi'an in 2002

두 소[牛]의 형체, 크기가 동일하고 바탕은 붉은색이다. 몸통 전체에 암갈색 유약(釉藥)을 입혔는데 표면에 백색 얼룩이 있고 윤곽이 뚜렷하지 않다. 건장해 보이며 방형(方形) 받침 위에 서 있다.

당(唐)나라 사람들은 농사일뿐만 아니라 수레를 끄는 데에도 소를 사용하였다. 『구당서』「여복지(輿服志)」에서는 "고자자대부이상개승차, 이이마위비복, 흘우수대, 조사우가우차(古者自大夫已上皆乘車, 而以馬爲騑服, 迄于隨代, 朝士又駕牛車, 옛사람들은 대부(大夫, 벼슬 이름) 이상부터 모두 수레를 탔는데 말을 비복(騑服)으로 하였으며 수(隋)나라 때 조사(朝士, 벼슬 이름)들은 소 수레를 타기도 하였다)"라는 기록이 있다. 당대(唐代) 도용(陶俑) 및 삼채에서도 소의 형상을 본떠 만들었다.

116

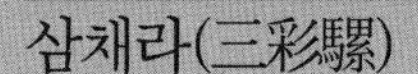

삼채라(三彩騾)

당(唐) | 높이 10.2㎝ 길이 16.6㎝
2002년 서안시 장안구 곽두진(西安市 長安區 郭杜鎭) 31호 당묘(唐墓) 출토

San Cai-glazed Mule Pottery

Tang Dynasty(618AD~907AD) | H 10.2cm L 16.6cm
Excavated from the No.31 Tang Tomb, Guodu County, Chang'an District, Xi'an in 2002

세 노새의 형체는 거의 비슷하다. 세 마리 모두 두 눈을 부릅뜨고 있으며 긴 목에 풍만한 궁둥이를 가지고 네 다리를 곧게 펴고 방형(方形) 받침 위에 곧게 서 있다. 모습이 온순해 보인다. 백태(白胎, 고령토로 만들어진 소태)이며 몸통 전체는 모두 암갈색 유약(釉藥)을 입혔고 사이에 흑반(黑斑)을 찍었다. 그중 한 마리는 유약이 벗겨졌다.

117

자색유낙타(赭色釉駱駝)

당(唐) | 높이 16.8㎝ 길이 14㎝
2002년 서안시 장안구 곽두진(西安市 長安區 郭杜鎭) 31호 당묘(唐墓) 출토

Ochre-glazed Camel

Tang Dynasty(618AD~907AD) | H 16.8cm L 14cm
Excavated from the No.31 Tang Tomb, Guodu County, Chang'an District, Xi'an in 2002

머리는 높게 쳐들고 있으며 굽은 목에 쌍봉(雙峰)이다. 네 다리로 직사각형 받침 위를 딛고 서 있다. 받침은 중간이 빈 환형(環形)이다. 바탕은 붉은색이며 전체적으로 흑갈색 유약(釉藥)을 입혔다.

118

삼채입마(三彩立馬)

당(唐) | 높이 12.4~13.2㎝ 길이 15.2~15.5㎝
2002년 서안시 장안구 곽두진(西安市 長安區 郭杜鎭) 31호 당묘(唐墓) 출토

Potteries of Up-standing Horses

Tang Dynasty(618AD~907AD) | H 12.4~13.2cm L 15.2~15.5cm
Excavated from the No.31 Tang Tomb, Guodu County, Chang'an District, Xi'an in 2002

두 마리의 모양이 거의 비슷하며 바탕은 붉은색이고 형체는 작다. 머리는 약간 숙이고 직사각형 받침 위에 곧게 서 있는데 받침의 중간은 텅 비어 있으며 환형(環形)으로 만들어졌다. 그중의 하나는 흑갈색 유약(釉藥)을 입히고 사이에 담황색 반점을 그렸으며 다른 하나는 흑색 유약을 입혔다.

119

황갈유와구(黃褐釉臥狗)

당(唐) | 높이 2.5㎝ 길이 13.6㎝
2002년 서안시 장안구 곽두진(西安市 長安區 郭杜鎭) 31호 당묘(唐墓) 출토

Yellow-and-brown-glazed Lying Dog

Tang Dynasty(618AD~907AD) | H 2.5cm L 13.6cm
Excavated from the No.31 Tang Tomb, Guodu County, Chang'an District, Xi'an in 2002

엎드린 모양인데 다리는 앞으로 내밀고 눈은 약간 감고 있으며 꼬리를 감아 넣었다. 백태(白胎, 고령토로 만들어진 소태)이고 몸통 전체는 황색, 갈색 유약(釉藥)을 입혔다.

당대(唐代)에 개는 주로 집을 지키거나 사냥할 때 사용되었다. 또한 서아시아에서 들여온 애완견인 로마견은 당인(唐人)들에게 '와(猧)'로 불렸으며 당대 그림에서 찾아볼 수 있다.

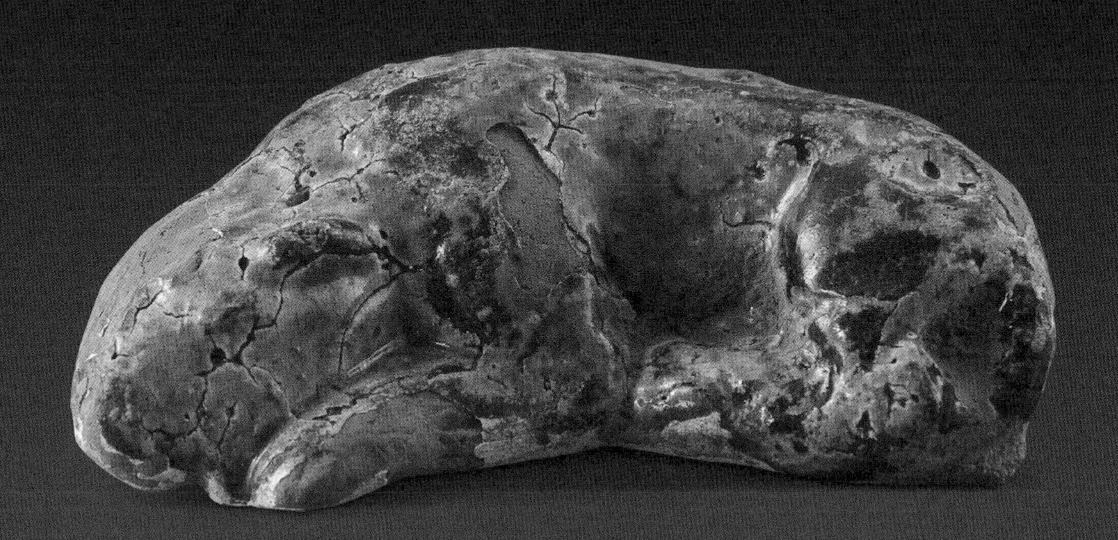

120

황유저(黃釉豬)

당(唐) | 높이 5cm 길이 9.5cm
2002년 서안시 장안구 곽두진(西安市 長安區 郭杜鎭) 31호 당묘(唐墓) 출토

Yellow-glazed Pig

Tang Dynasty(618AD~907AD) | H 5cm L 9.5cm
Excavated from the No.31 Tang Tomb, Guodu County, Chang'an District, Xi'an in 2002

뾰족하고 긴 입, 길고 가는 눈, 둥근 귀를 가지고 있다. 작은 꼬리는 아래로 드리워졌으며 배는 볼록하다. 몸집이 살쪘으며 네 다리로 곧게 서 있다. 바탕은 붉은색이며 몸통 전체에 황유(黃釉)를 입혔다.

121

삼채소사자(三彩小獅子)

당(唐) | 높이 7.8㎝ 길이 5.7㎝
1990년 서안시 연호구(西安市 蓮湖區) 화력발전소 63호 묘 출토

San Cai-glazed Pottery of Little Lion

Tang Dynasty(618AD~907AD) | H 7.8cm L 5.7cm
Excavated from the No.63 Tomb, Steam Power Plant, Lianhu District, Xi'an in 1990

사자는 두 귀를 쫑긋 세우고 성이 난 것처럼 두 눈을 둥그렇게 뜨고 있으며 입을 크게 벌리고 있다. 긴 꼬리는 궁둥이에 딱 붙어 있는데 끝이 높게 쳐들려 있다. 머리는 왼쪽으로 돌리고 있으며 형태는 사자와 맹견을 섞어놓은 듯하다. 직사각형 권족(圈足)에 허리 부분이 약간 들어간 받침 위에 서 있는데 울부짖는 사자의 모양을 본떠 만든 것 같다. 머리 뒤 갈기는 좌우로 나뉘어 빗겨져 있고 머리와 목의 가장자리에 있는 갈기를 줄무늬로 표현하였다. 뒷다리도 줄무늬로 털을 묘사해주었다. 등에는 긴 언치[韉, 안장 밑에 까는 깔개]가 놓여 있는데 가장자리에 술이 촘촘하게 달려 있다. 턱 아래에 방울이 달려 있으며 앞가슴 및 궁둥이에 둥근 장신구가 달린 띠를 둘렀다. 근육과 골격이 굳고 단단해 보이며 형상이 사납고 위풍당당하다. 황갈유(黃褐釉), 녹유(綠釉), 남유(藍釉), 백유(白釉)를 입혔는데 유색(釉色)이 산뜻하고 아름답다. 한쪽 아랫다리 및 받침에는 유약(釉藥)을 입히지 않았다. 태질(胎質)은 부드럽고 바탕은 흰색에 약간 붉은빛을 띤다. 좌우를 별도로 만들어서 합한 것이다.

하남(河南) 공현(鞏縣) 황야(黃冶) 가마터에서 동일한 기물(器物)이 출토되었는데 사자개로 알려져 있다. 이 기물은 유약, 태질(胎質), 조형이 모두 공현 황야 당삼채(唐三彩)와 거의 비슷해 공현 황야요의 작품으로 짐작된다.

사자는 서방에서 전해진 사나운 동물이다. 사자좌(獅子座)는 불교에서 상징적인 의미가 있어 부처의 좌대로 사용되고 있다. 문수보살이 사자 위에 앉아 있으며 이후 불교 고승이 앉는 자리로 사용된다. 이 사자는 긴 꼬리가 위로 쳐들렸는데 몸에 딱 달라붙어 있어 사자개와 비슷한 모습인데 당나라 때 사람들이 사자와 사자형 견(犬)을 정확하게 분별해내지 못하였음을 설명한다. 그는 이미 불교의 성스럽고 위엄 있는 화신이 아니라 아이들의 장난감이 되었다. 하남 공현 황야 및 섬서(陝西) 동천(銅川) 황보(黃堡) 가마터에서 모두 당삼채 소형 사자 거푸집과 폐기된 소태(素胎) 반제품이 출토되었다. 이는 당시 당삼채를 만들 때 사자 모양 장난감이 많았음을 반영한다.

122

삼채소사자(三彩小獅子)

당(唐) | 높이 9㎝
서안시(西安市) 수집

San Cai-glazed Pottery of Little Lion

Tang Dynasty(618AD~907AD) | H 9cm
Collected by Xi'an

서 있는 사자의 모양이다. 머리는 오른편을 향하고 눈썹은 세우고 있으며 입은 약간 벌리고 두 귀는 곧게 세우고 있는데 마치 엄숙한 표정으로 먼 곳을 바라보고 있는 것 같다. 몸집은 작고 깜찍하지만 튼튼해 보인다. 넓적하면서 짧은 꼬리는 위로 감겨 궁둥이에 딱 붙어 있으며 네 다리로 직사각형 받침을 딛고 곧게 서 있는 모습이 혈기가 왕성하고 활발하면서 사랑스러워 보인다. 머리는 녹유(綠釉)를, 몸뚱이는 황유(黃釉)를 입혔다.

당삼채(唐三彩) 사자 가운데 크기가 큰 것은 20㎝에 달하며 흔히 사원 유적지에서 볼 수 있다. 예를 들어 서안시(西安市) 임동구(臨潼區) 경산사(慶山寺)에서 출토된 18㎝ 높이의 삼채준사(三彩蹲獅)는 당(唐) 경산사 사리정실(舍利精室) 유적지에서 발견되었다. 이 밖에 1955년 서안시 왕가분(王家墳) 90호 당묘(唐墓)에서 19.8㎝ 높이의 삼채첨족사자(三彩舔足獅子) 한 쌍이 출토되었다.

『전등록(傳燈錄)』에는 "불위인중사[佛爲人中獅, 불(佛)인즉 인간 중의 사자]"라는 말이 있다. 불교에서 사자를 호법신수(護法神獸)로 여겨 당 황제 역시 사자 모양을 본떠 능의 석각(石刻)을 만들었다. 이 당삼채 사자는 크기가 작지만 당시 사람들의 조각 수준을 보여준다. 비록 장난감이지만 예술적 가치가 높다.

123

삼채포당사자(三彩抱幢獅子)

송(宋) 초기 | 높이 25㎝
1978년 서안시 파교구(西安市 灞橋區) 52공장 공사현장 출토

San Cai-glazed Pottery of Column-hugging-lion

Early Song Dynasty | H 25cm
Excavated from the Construction Site of No.52 Factory, Baqiao District, Xi'an in 1978

머리를 갸우뚱한 사자모형인데 짙은 눈썹, 볼록한 눈, 넓적한 코를 가지고 있다. 입을 벌려 이빨을 드러내고 있으며 긴 수염이 있다. 두 귀는 뒤로 젖혀졌으며 갈기는 구불구불하다. 목에는 구리 방울과 술이 달린 목걸이를 걸고 있다. 왼쪽 앞발은 가슴 앞에서 경당(經幢)을 잡고 오른쪽 앞다리는 곧게 펴 연화좌(蓮花座)를 딛고 서 있다. 넓은 꼬리는 궁둥이에 붙어 있으며 뒷다리를 굽히고 원형(圓形) 연화좌 위에 웅크리고 앉아 있다. 연화좌 아래는 네모난 받침이 있다. 몸통 전체에 녹색, 황색, 갈색 등 3색 유약(釉藥)을 입혔는데 유색(釉色)은 매우 번잡하게 물들어졌다. 태토(胎土)는 흰빛을 띠고 태질(胎質)은 단단하다.

조형이 독특한 이 사자는 지금까지 출토된 당대(唐代) 삼채 사자와는 비교적 큰 차이점이 있다. 머리에 '王(왕)' 자가 새겨져 있고 목걸이에 방울 여러 개를 단 장식방식도 당대의 같은 종류 도기 공예품에서는 찾아볼 수 없는 것이다. 이러한 조형, 유약, 선각기법(線刻技法) 등 특징으로 보아 이는 북송(北宋) 초기 유물로 추정된다.

Construction Models

건축모형

建筑模型

고대 중국의 목조건물은 세계에서 가장 오래된 건축에 속하며 수당대(隋唐代)는 고대 건축 발전이 최고봉에 달했던 시기이기도 하다. 그러나 시대의 변천 및 목조건물의 보존이 어려운 특징 때문에 전통적인 목조건축은 대부분 남아 있지 않다. 따라서 당시 가옥, 저택에 대해 알기 위해서는 문헌이나 돈황(敦煌) 벽화 및 기타 회화(繪畵)를 참고해야 한다. 이런 상황에서 삼채 원락(院落)의 발견은 중요한 실물자료가 될 수 있다.

현재 중국에서 출토된 삼채 원락모형은 세 가지가 있는데 주로 장안(長安) 및 주변 지역에 분포되어 있다. 1959년 서안시(西安市) 연호구(蓮湖區) 중보촌(中堡村) 당묘(唐墓)에서 출토된 것은 현재 섬서(陝西)역사박물관에 소장되어 있고 1987년 동천시(銅川市) 당묘에서 출토된 것은 요주요(耀州窯)박물관에 소장되어 있다. 이 밖에 1995년 서안시 장안구(長安區) 영소(靈昭)에서 출토된 것은 현재 서안박물관에 소장되어 있다. 이 세 삼채 원락모형은 모두 목조건축물을 본뜬 것이다.

삼채 원락의 구조는 중국 고대 전통건축 형식인 사합원(四合院)과 일치한다. 이는 비록 부장품(副葬品)이지만 죽은 자가 생전에 거주하던 주택을 본떠 만든 것으로 당대(唐代) 정원 구조의 특징을 반영한다.

삼채 정원의 대문(大門), 편전(偏殿), 정자(亭子) 등은 모두 중축선(中軸線)을 따라 대칭으로 배치되어 농촌생활의 정취가 느껴진다. 목조건축 위주의 중국 건축은 평면구도에 간단명료한 규칙이 있다. 즉, '간(間)'을 단위로 한 단좌(單座) 건축에 정원이 더해지고 나아가 정원을 단위로 하여 각종 형식의 집단을 구성하였다. 정원과 집단의 구조원칙은 계급사회 및 의식 형태의 영향을 받았는데 대부분이 종횡(縱橫) 축선(軸線)을 따라 대칭으로 설계하였다. 그중 다수는 종축선(縱軸線)을 주로 사용하고 횡축선(橫軸線)을 보조적으로 사용하였다. 일반적으로 주 건축의 정면이나 측면에 부차적인 건축물을 지어 정사각형 혹은 직사각형 정원을 구성하였는데 이를 사합원이라 한다. 삼채 원락은 전형적인 사합원 건축이다. 사합원의 네 모서리에 일반적으로 회랑이나 담을 둘러 건물을 연결시켜 전체적으로 폐쇄적인 구도를 이루었다. 사합원의 포치(布置) 방식은 고대 중국사회의 종법(宗法)과 예교(禮教) 제도를 따라 가족 구성원의 공간을 배치하는 데 편리하였다. 귀천(貴賤), 장유(長幼), 남녀(男女), 주복(主僕)을 명확히 구분해 안전을 보장하고 바람과 모래를 막을 수 있었으며 정원에 화초를 심어 조용하고 안락한 생활환경을 조성하였다.

The ancient Chinese wood construction is one of the oldest constructive systems in the world, and Sui and Tang Dynasty are the climax of the development of ancient construction. However, because of historical changes and wood construction's preserving weakness, most of these ancient constructions have not been conserved. So descriptions of the ancient houses and buildings are mainly from references and documents, or from Dunhuang murals and other drawings. The discovery of tri-colored yard provides us important materials.

At present, three sets of tri-colored yard models have been excavated in China, and they are mainly in Chang'an City and areas around Chang'an. One set which is housed in Shaanxi Historical Museum was excavated from the Tang tomb in Zhongbu Village in Lianhu District, Xi'an City in 1959. One was excavated in Tang tombs in Tongchuan City in 1987 and now is preserved in Yaozhou Kiln Museum. The third one is excavated in Lingzhao, Chang'an District, Xi'an City in 1995, and conserved in Xi'an Museum. The three sets of tri-colored yard models are all imitating wood construction buildings.

Layouts of the tri-colored yards are all the traditional buildings of ancient Chinese quadrangle dwellings. Though they are funerary objects, they should have been made to imitate houses of the dead when they were alive. The objects show the fundamental traits of yards' layout in Tang Dynasty.

Gates, side halls, and pavilions of the tri-colored yard are symmetrical by a middle axial, which shows the houses' country flavor. In the Chinese construction systems, which are mainly wood structures, there is a concise discipline on the plane layout that is to build a single building by setting "room" as a unit and then to form a yard by uniting single buildings, and then yards are gathered to become various groups. The principle of compositing a yard or a group is controlled by the ruling class and their ideology, and most of the time the layout is designed in the way of balanced symmetry by horizontal axial or vertical axial. Horizontal axial takes the majority, while vertical minority. A commonest quadrangle dwelling is to build secondary buildings opposite or by the sides of the main buildings to form a square or rectangular yard. The Tri-colored yard is a typical quadrangle dwelling building. Buildings in the four corners of this kind of quadrangle dwelling are usually connected by passages or enclosed wall to make a firmly enclosed unity. Under the ancient Chinese social patriarchal clan system and feudal ethic code, the layout way of a quadrangle dwelling is convenient to arrange the dwelling place to make distinctions between the seniors and juniors, the old and the young, male and female, the host and the servants. At the same time, it also guarantees the safety, protects against wind and sand, and provides room to plant flowers in the yard, which forms a quiet and comfortable living environment.

갈유조(褐釉竈)

당(唐) | 길이 8.6㎝ 너비 8.6㎝ | 벽높이 6.8㎝ 벽두께 0.8~1.4㎝
2002년 서안시 안탑구 연흥문촌(西安市 雁塔區 延興門村) 당(唐) 강문통묘(康文通墓) 출토

Brown-glazed Kitchen Range

Tang Dynasty(618AD~907AD) | Stove Body L 8.6cm W 8.6cm | Retaining wall H 6.8cm T 0.8~1.4cm
Excavated from Kang Wentong Tomb, Yanxingmen Village, Yanta District, Xi'an in 2002

부뚜막의 평면은 정사각형에 가까우며 뒤에는 굴뚝이 있고 앞에는 벽과 아치형 아궁이가 있다. 부뚜막의 표면은 반듯하며 솥을 거는 곳이 없다. 중간은 텅 비어 있으며 밑부분은 뚫려 있다. 황갈색 유약(釉藥)을 입혔는데 밑부분까지 미치지 못하였으며 유층(釉層)은 비교적 두껍다. 태색(胎色)은 흰빛을 띠며 태질(胎質)은 부드럽다.

부뚜막모형은 한묘(漢墓) 중에서 많이 발견되었다. 재질은 회도(灰陶)와 유도(釉陶)가 있고 형태는 원형(圓形)과 방형(方形)으로 나뉜다. 부뚜막 위에는 흔히 두 개 혹은 세 개의 솥을 거는 곳이 있는데 그 위에 그릇 등 기물(器物)이 놓여 있다. 한대(漢代)의 부뚜막모형과 비교해볼 때 이 삼채 부뚜막은 구조가 간단하지만 유약을 입힌 표면이 반들반들하고 윤이 나며 조형이 반듯하다.

녹유방정(綠釉方井)

당(唐) | 높이 4.1㎝ 입둘레 3.6㎝ 바닥둘레 3.8㎝
2002년 서안시 안탑구 연흥문촌(西安市 雁塔區 延興門村) 당(唐) 강문통묘(康文通墓) 출토

Green-glazed Well

Tang Dynasty(618AD~907AD) | H 4.1cm Mouth Side L 3.6cm Bottom Side L 3.8cm
Excavated from Kang Wentong Tomb, Yanxingmen Village, Yanta District, Xi'an in 2002

사각형 우물모형이다. 평면은 직사각형이고 측면은 위가 좁고 아래가 넓은 사다리꼴인데 중간이 텅 비어 있고 벽이 두껍다. 우물의 위와 네 벽에는 진녹색 유약(釉藥)을 입혔고 표면은 얼룩무늬로 물들였는데 농담과 흐름이 매우 자연스럽다. 네 벽의 아랫부분은 바탕이 드러났으며 태색(胎色)은 흰빛을 띠고 고령토(高嶺土)로 만들어졌다.

이 모형은 당삼채(唐三彩) 중에서 흔히 볼 수 있는 모형 중의 하나로 성당(盛唐) 시기에 유행하였는데 사람들이 생전에 일상적으로 사용하던 물건의 모형을 본떠 만들어 부장품(副葬品)으로 사용하였다. 이와 같은 것으로는 돼지우리, 닭장, 개집, 우물, 정원 등이 있다. 이 같은 형태는 한대(漢代)에 시작되었으며 죽음을 삶의 연장으로 보는 가치관이 드러난다.

126

녹유마(綠釉磨)

당(唐) | 높이 3.4㎝ 윗지름 2.3~3.75㎝ | 아랫지름 3.8㎝
2002년 서안시 안탑구 연흥문촌(西安市 雁塔區 延興門村) 당(唐) 강문통묘(康文通墓) 출토

Green-glazed Grinding

Tang Dynasty(618AD~907AD) | H 3.4cm Grinding D 2.3~3.75cm | Millstone D 3.8cm
Excavated from Kang Wentong Tomb, Yanxingmen Village, Yanta District, Xi'an in 2002

맷돌모형으로 평면은 원형(圓形)이며 아래짝이 위짝의 지름보다 조금 크다. 위짝의 중간 부분은 평면이며 아래로 관통된 두 개의 작은 구멍이 있는데 이를 맷돌구멍이라 한다. 위짝 둘레에 현문(弦紋) 두 줄이 새겨졌고 그 사이에는 수직선과 사선무늬가 있는데 이는 맷돌을 갈 때 생긴 흔적을 상징한다. 위짝의 둘레와 위에는 녹유(綠釉)를 입혔다. 둘레의 유색(釉色)은 비교적 짙고 윗부분은 옅은데 위쪽 유약(釉藥)을 긁어낸 듯싶다. 아래짝의 둘레는 바탕이 드러났으며 태질(胎質)은 굵고 태면(胎面)에 백색 화장토(化妝土)를 칠했다.

127

갈유답대(褐釉踏碓)

당(唐) | 길이 15.2㎝ 너비 4~4.6㎝ 높이 2.8㎝
2002년 서안시 안탑구 연흥문촌(西安市 雁塔區 延興門村) 당(唐) 강문통묘(康文通墓) 출토

Brown-glazed Tap Vertebra

Tang Dynasty(618AD~907AD) | L 15.2cm W 4~4.6cm H 2.8cm
Excavated from Kang Wentong Tomb, Yanxingmen Village, Yanta District, Xi'an in 2002

직사각형 방아의 앞쪽에 방아확이 있으며 중간에 두 개의 짧은 기둥을 세우고 그 위에 판자를 놓았다. 판자의 한끝이 조금 높은데 둥근 돌을 달아 절굿공이로 사용하였다. 다른 한끝은 조금 낮은데 발로 연속적으로 밟으면 돌의 한끝이 오르내리면서 확 안에 넣은 낟알의 껍질을 벗겨준다. 몸통 전체에 황갈색 유약(釉藥)을 입혔다. 유층(釉層)이 균일하지 않으며 표면이 조금 벗겨졌다. 태색(胎色)은 흰색에 약간 붉은빛을 띠며 태면(胎面)에 백색 화장토(化妝土)를 칠했다.

128

삼채원락모형(三彩院落模型)

당(唐)

1995년 서안시 장안구(西安市 長安區) 영소(靈昭) 출토

San Cai-glazed Yard Modeling

Tang Dynasty(618AD~907AD)

Excavated from Lingzhao in Chang'an District, Xi'an in 1995

직사각형 모양의 겹집 구조이다. 중축선(中軸線)에는 대문(大門), 사각정(四角亭), 전당(前堂), 후침(后寢), 가산(假山), 연못 등이 있고 양측으로 폭이 좁은 낭방(廊房)이 있다. 가산(假山)과 연못이 있는 삼채 작품을 제외한 나머지는 출토 당시 모두 삼채 지붕만으로 이루어졌으며 지붕은 주로 남색과 갈색 유약(釉藥)을 입혔다.

삼채 주택모형은 아홉 채의 가옥으로 구성되었는데 대문, 청당(廳堂, 대청), 후실(後室) 그리고 동서 양측에 상방(廂房, 곁채)이 있다. 대문은 박공지붕에 양옆에 벽을 올렸으며 중간에 문이 있고 아래에는 직사각형 받침이 있다. 대청 또한 박공지붕이며 앞쪽에 기둥 네 개가 있고 중간에 문이 있으며 아래에는 직사각형 받침이 있다. 두 곁채의 지붕은 박공지붕이며 양옆과 뒤쪽에 벽을 올렸다. 앞에는 기둥 두 개가 있고 아래에는 직사각형 받침이 있다. 나머지 후실과 곁채는 모두 다섯 채가 있는데 모두 박공지붕에 양옆과 뒤쪽에 벽을 올렸고 아래는 직사각형 받침이 있으며 지붕에는 기와와 용마루로 간단하게 장식하였다. 지붕은 녹유(綠釉)를 입

히고 나머지는 백색 호태유(護胎釉)를 입혔다. 태색(胎色)은 흰빛을 띠고 질(質)은 단단하다.

정원에는 시종(侍從)들이 서 있고 닭, 오리, 개, 돼지, 낙타 등도 있다. 시종용(侍從俑)은 모두 세 점인데 복두(幞頭)를 쓰고 원령장포(圓領長袍)를 입었으며 허리에 띠를 매고 손을 모으고 서 있다. 그중 두 점은 녹유를 입히고 나머지 하나는 갈유(褐釉)를 입혔다. 오리는 모두 네 마리인데 조형이 비슷하지만 동작은 서로 달라 어떤 것은 서 있고 어떤 것은 엎드리고 있으며 앞을 바라보는가 하면 뒤를 보고 있는 것도 있다. 그중 세 마리는 황유(黃釉)를 입혔으며 나머지 한 마리는 남유(藍釉), 녹유, 갈유를 번갈아 입혔다. 개는 모두 세 마리인데 전부 웅크리고 앉아 멀리 쳐다보고 있으며 각각 녹유, 황유(黃釉), 갈유를 입혔다. 닭은 한 마리 있는데 목을 앞으로 내밀고 서 있는 것이 마치 홰를 치는 것 같으며 몸통 전체에 갈색, 남색 유약으로 점을 찍었다. 돼지는 모두 세 마리인데 그중 녹유, 황유를 입힌 돼지는 서 있고 갈유를 입힌 돼지는 엎드리고 있다. 낙타는 한 마리 있는데 정원 안에서 머리를 숙이고 풀을 뜯고 있다. 몸통 전체에 갈유를 입혔다.

세트로 이루어진 당삼채(唐三彩) 원락모형은 출토 수량이 비교적 적으며 주로 당나라 장안(長安) 및 주변지역에서 출토되었다. 이 정원에서 보이듯 성당(盛唐) 시기 상층사회는 경제의 번영과 더불어 안락하고 평온한 정원 생활을 추구하였음을 알 수 있다. 이런 정원은 담으로 연결되었으며 이는 당대(唐代) 귀족주택의 정경을 있는 그대로 묘사한 것이다.

원락모형(院落模型) 원문(院門)

당(唐) | 길이 20.3cm 너비 10.8cm 높이 16.5cm
1995년 서안시 장안구(西安市 長安區) 영소(靈昭) 출토

Door

Tang Dynasty(618AD~907AD) | L 20.3cm W 10.8cm H 16.5cm
Excavated from Lingzhao in Chang'an District, Xi'an in 1995

원락모형(院落模型) 청당(廳堂)

당(唐) | 길이 19.5cm 너비 12cm 높이 18.5cm
1995년 서안시 장안구(西安市 長安區) 영소(靈昭) 출토

Hall

Tang Dynasty(618AD~907AD) | L 19.5cm W 12cm H 18.5cm
Excavated from Lingzhao in Chang'an District, Xi'an in 1995

원락모형(院落模型) 후실(後室)

당(唐) | 길이 15.4cm 너비 9.5cm 높이 16.3cm
1995년 서안시 장안구(西安市 長安區) 영소(靈昭) 출토

Back Room

Tang Dynasty(618AD~907AD) | L 15.4cm W 9.5cm H 16.3cm
Excavated from Lingzhao in Chang'an District, Xi'an in 1995

원락모형(院落模型) 대상방(大廂房)

당(唐) | 길이 15.6cm 너비 9.3cm 높이 16.5cm
1995년 서안시 장안구(西安市 長安區) 영소(靈昭) 출토

Wing Room

Tang Dynasty(618AD~907AD) | L 15.6cm W 9.3cm H 16.5cm
Excavated from Lingzhao in Chang'an District, Xi'an in 1995

원락모형(院落模型) 측상방(側廂房)

당(唐) | 길이 15.4cm 너비 9.5cm 높이 16.3cm
1995년 서안시 장안구(西安市 長安區) 영소(靈昭) 출토

Side Wing Room

Tang Dynasty(618AD~907AD) | L 15.4cm W 9.5cm H 16.3cm
Excavated from Lingzhao in Chang'an District, Xi'an in 1995

원락모형(院落模型) 갈유남시용(褐釉男侍俑)

당(唐) | 높이 16.6cm
1995년 서안시 장안구(西安市 長安區) 영소(靈昭) 출토

Brown-glazed Male Servant Figure

Tang Dynasty(618AD~907AD) | H 16.6cm
Excavated from Lingzhao in Chang'an District, Xi'an in 1995

원락모형(院落模型) 녹유남시용(綠釉男侍俑)

당(唐) | 높이 15.7cm
1995년 서안시 장안구(西安市 長安區) 영소(靈昭) 출토

Green-glazed Male Servant Figure

Tang Dynasty(618AD~907AD) | H 15.7cm
Excavated from Lingzhao in Chang'an District, Xi'an in 1995

원락모형(院落模型) 녹유소구(綠釉小狗)

당(唐) | 높이 8cm
1995년 서안시 장안구(西安市 長安區) 영소(靈昭) 출토

Green-glazed Dog

Tang Dynasty(618AD~907AD) | H 8cm
Excavated from Lingzhao in Chang'an District, Xi'an in 1995

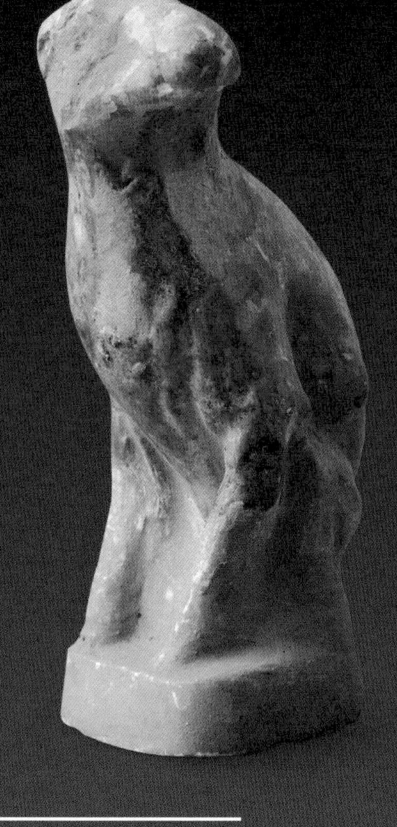

원락모형(院落模型) 갈유소구(褐釉小狗)

당(唐) | 높이 7.5cm
1995년 서안시 장안구(西安市 長安區) 영소(靈昭) 출토

Brown-glazed Dog

Tang Dynasty(618AD~907AD) | H 7.5cm
Excavated from Lingzhao in Chang'an District, Xi'an in 1995

원락모형(院落模型) 황유소구(黃釉小狗)

당(唐) | 높이 7.5cm
1995년 서안시 장안구(西安市 長安區) 영소(靈昭) 출토

Yellow-glazed Dog

Tang Dynasty(618AD~907AD) | H 7.5cm
Excavated from Lingzhao in Chang'an District, Xi'an in 1995

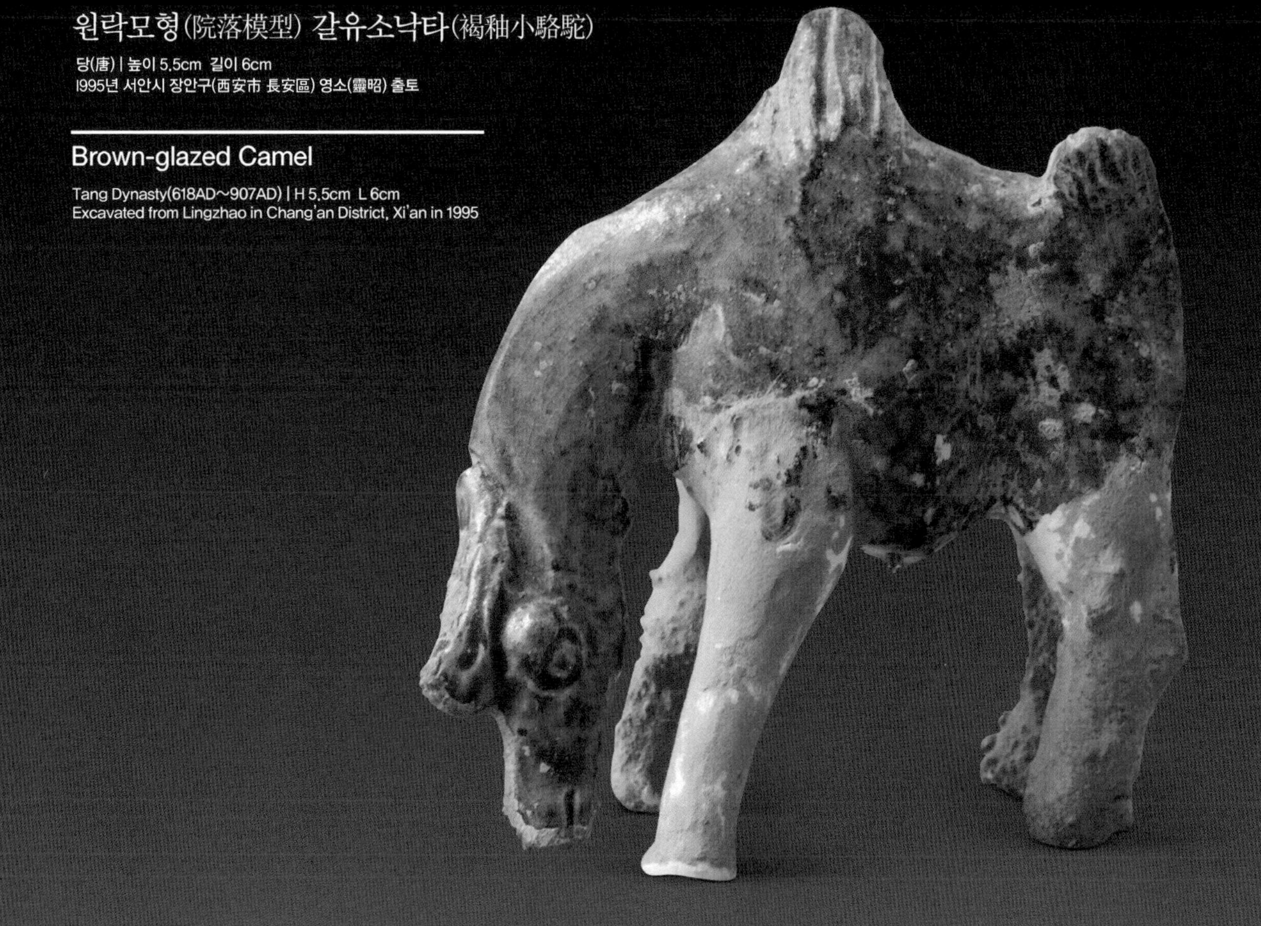

원락모형(院落模型) 갈유소낙타(褐釉小駱駝)

당(唐) | 높이 5.5cm 길이 6cm
1995년 서안시 장안구(西安市 長安區) 영소(靈昭) 출토

Brown-glazed Camel

Tang Dynasty(618AD~907AD) | H 5.5cm L 6cm
Excavated from Lingzhao in Chang'an District, Xi'an in 1995

원락모형(院落模型) 삼채소계(三彩小鷄)

당(唐) | 높이 6.5cm
1995년 서안시 장안구(西安市 長安區) 영소(靈昭) 출토

San Cai glazed Rooster

Tang Dynasty(618AD~907AD) | H 6.5cm
Excavated from Lingzhao in Chang'an District, Xi'an in 1995

원락모형(院落模型) 삼채소압(三彩小鴨)

당(唐) | 높이 4cm
1995년 서안시 장안구(西安市 長安區) 영소(靈昭) 출토

San Cai glazed Duck

Tang Dynasty(618AD~907AD) | H 4cm
Excavated from Lingzhao in Chang'an District, Xi'an in 1995

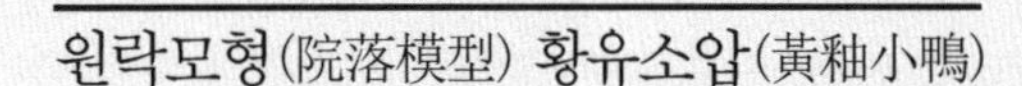

원락모형(院落模型) 황유소압(黃釉小鴨)

당(唐) | 높이 5cm
1995년 서안시 장안구(西安市 長安區) 영소(靈昭) 출토

Yellow-glazed Duck

Tang Dynasty(618AD~907AD) | H 5cm
Excavated from Lingzhao in Chang'an District, Xi'an in 1995

원락모형(院落模型)
녹유소저(綠釉小猪)

당(唐) | 높이 5cm 길이 8cm
1995년 서안시 장안구(西安市 長安區) 영소(靈昭) 출토

Green-glazed Pig

Tang Dynasty(618AD~907AD)
H 5cm L 8cm
Excavated from Lingzhao in Chang'an District, Xi'an in 1995

원락모형(院落模型)
황유소저(黃釉小猪)

당(唐) | 높이 4cm 길이 6.5cm
1995년 서안시 장안구(西安市 長安區) 영소(靈昭) 출토

Yellow-glazed Pig

Tang Dynasty(618AD~907AD) | H 4cm L 6.5cm
Excavated from Lingzhao in Chang'an District, Xi'an in 1995

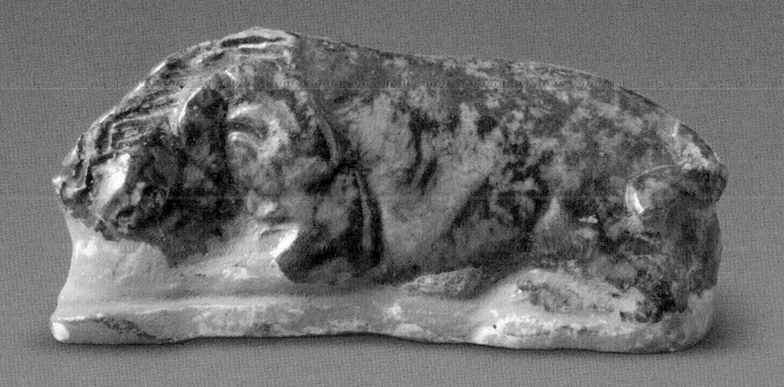

원락모형(院落模型)
갈유소저(褐釉小猪)

당(唐) | 높이 3.5cm 길이 6cm
1995년 서안시 장안구(西安市 長安區) 영소(靈昭) 출토

Brown-glazed Pig

Tang Dynasty(618AD~907AD) | H 3.5cm L 6cm
Excavated from Lingzhao in Chang'an District, Xi'an in 1995

Utensils

1. A Phoenix-headed Bottle

It has a small mouth in a shape of the phoenix head, narrow neck, oval-shaped deep belly, trumpot-shaped ring foot. The mouth rim of the bottle was moulded as a high phoenix coronet. The phoenix opens its eyes widely, looking attentively ahead. Its feather is curled. Its beak is long, hooked, and strong and in it there is a bead that has holes for the flow of liquid. The oval handle is like a Ruyi. Its belly is a combination of two half models, which are separated by two symmetrical crippling arris to become the front and back side which are relief sculptured honeysuckle pattern and sea pomegranate pattern respectively. On the front side, there is a phoenix with spreading wings on the leaves of grass. On the back side is the image of horse-riding and hunting. The bottle is glazed reddish brown, green, blue, and white and so on. It is bright in color, vivid in emblazonry, peculiar in shape and sparkling in luster. Though it has been buried underground for about a thousand years, its color is still bright and shining as it used to be.

This phoenix-headed Bottle can be a quality article among products of the same kind in the prosperous period of Tang Dynasty. Handle-bottle decorated with auspicious fowls(phoenix head) has strong exotic Hu bottle flavor. Its modeling is similar to that of the silver handle bottles of the later Sassanid Persia in the eastern Asia and Shute in middle Asian. This kind of San Cai bottles have thick and strong round base, and the upper end of the handle is closely connected to the rim. As far as we know, most Hu bottles of Sassanid Persia have thin and tall base, and their bases have no symmetrical decoration like silver-handle bottle of Sassanid Persia, so this Phoenix-head Bottle is similar to silver-handle bottle of Sugdiana in term of modeling style. It has a beautiful body and a style of its own. Phoenix-headed bottles that share the same model have been excavated in Xi'an, Shaanxi Province and Guanlin and Tawan Village in the eastern suburb in Luoyang, Henan Province. So we know that the novel pattern was really popular in Chang'an and Luoyang in Tang Dynasty. The emblazonry on the belly was bulged as if it is punched out with a metal hammer. The phoenix emblazonry on the belly is similar to that on the copper mirror and copper bell of Tang Dynasty.

2. Little San Cai Bottle

It is an open-top container, and its mouth rim is valgus. It has a round drum-like belly, whose bottom is gathered like a fake round base. The outer and inner sides are both glazed. On the glaze layer, there are fine cracks. The internal side surface is glazed all over excluding the bottom. The pottery is exposed on the lower belly and round base. At the end of the base, there is sticky sand. The glaze colors are naturally blended colors of black, yellow, green and so on, and they are very rich and shining.

From the exposed pottery, we see the pottery is reddening, and its surface is put on a layer of white engobe. Its quality is comparatively crude and loose. The erosion at the end of the base indicates that its adobe is common clay. The burn marks on the shoulder of the bottle show when it was being burned, the kiln had a very crowded arrangement, or a way of multi-piece sets burning was employed.

3. Little Gourd-shaped San Cai Bottle

Its shape is like a gourd. The round mouth is thick and the rim is adducent. It has a narrow neck, sloping shoulders, a drum-like round belly with a narrow bottom and fake round foot. On the shoulder, there is a relief band. It is glazed all over, and the main glaze color is white, stippling with yellow, green and red-brown. The flexible using of glaze colors gives the small and dainty gourd-shaped bottle the artistic effect of a riot of colors. This kind of gourd-shaped bottle was popular in Tang Dynasty, and the dainty bottles were excavated in large quantities in Big and Small Huangye Tang San Cai Kiln in Gongyi City, Henan Province, and Huangbu Tang San Cai Kiln in Tongchuan, Shaanxi Province.

4. San Cai Appliqué Jar with Four Handles

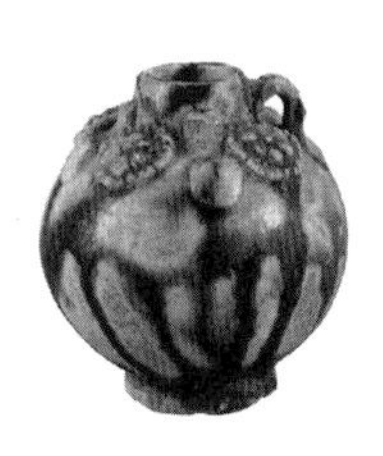

It has a round mouth, a short and straight neck, sloping shoulders, a round and full belly, a fake round foot with a big diameter. Around the neck, there are four kneading handles. And between each two handles the round decoration of composite flowers round-linked with lined pearls are attached. From the broken handles, it can be seen that the adobe is white with slight flesh-red; its quality is even but not compact. The utensil is glazed all over its body; the colors are mainly yellow, green and brown. The brown color is distinct, naturally flowing. On the glaze face, there are some well-distributed fine cracks.

This jar is not so big, but its modeling is round and full and its glaze colors are rich gaudy and natural. What's more, the attached decorations of composite flowers have a strong sense of three-dimension, which composites a typical Tang San Cai stereotype of the age.

5. San Cai Jar with Four Handles

It has a round mouth, a flat rim, a short and straight neck, sloping shoulders, round belly, fake round

with a big diameter which is slightly outward. There are four kneaded U-shaped handles at the neck-shoulder place. It was half glazed. The base lower belly and ring foot are exposed with red raw clay which has white engobe on it. Its glaze colors are mainly green and brown, shading naturally. On the belly, there are many round spots, indicating wax printing method was employed in the process of glazing. The specific steps of wax printing are using wax to put various dots on the raw clay in a causal way or lined-up way, firstly; then paint glazes on it. Wax on the raw clay will melt and spread to form some virtual and real white speckles when it was being burned. The wax printing method was widely used in Tang San Cai manufacturing in Henan, but it was rarely used in Shaanxi.

6. San Cai Appliqué Jar with Four Handles

It has a straight mouth, a flat rim, short and straight neck, sloping shoulder, round and full upper belly and tight lower belly. It has a fake round foot and a big bottom caliber whose range is outward. Around the neck-shoulder are four kneaded U-shape handles, between each two handles there is an attached six-petal flower. The pottery adobe is crude, and reddening. The jar is glazed all over, but some glaze fell off. The glaze colors are alternating brown, green and white, making a strong sense of flowing. Because white glaze color takes a big proportion on the jar, the surface looks gorgeous, unique, fresh and elegant. From the dots on the glazed surface, we know that wax-pointing method was employed to decorate the glaze and flowers with green glaze color.

7. Green-glazed Jar

It has an open-top mouth, narrow neck, sloping shoulder tapering to a narrow flat foot. It is glazed all over. The raw clay is made of Kaolin soil. The jar is small and exquisite. Although the size is small, it is neatly made. The glaze green color is unusual. Judging from the different tones of watermelon green color and the partially white glaze, this jar belongs to the type of green color in white glaze. Because it uses green glaze to paint in large smear vertically, the jar body presents a beautiful mottled water-melon green effect. This kind of green glaze color has more than two color gradations, so it is still traditionally regarded as Tang San Cai. This kind of jars, whose artistic value win high praise from academic circles and ceramic circles, were also found in Gongyi Tang San Cai Kiln and Xing Kiln, Henan Province. In recent years, there are many objects of this kind found in the sunk ship, "Batu Hitam", in Indonesian sea area.

8. Green-glazed Jar

It has a round mouth, revolute rim, almost no neck, round and full belly, slightly adducted lower belly, short body, and big flat base. The modeling is full and nice, possessing a typical style of Tang Dynasty. The jar was evenly and sleekly glazed all over with some tiny cracks. The method of painting glaze colors on the jar is to brush water-melon green glaze in large scale on the white glaze, making the white color faintly seen under the green glaze, giving people a feeling of vivid light green.

9. Glazed Yellow Jar

It has a round mouth, revolute rim, short and narrow neck, full shoulder, round and full belly. Its lower belly is narrow and its flat bottom is slightly outward. The body is glazed yellow excluding the bottom. From the traces of glaze painting, it was done by dipping glaze twice, with the bottom held in hand. The glaze on the shoulders is comparatively thicker.

From the red raw clay soil exposed at the broken places on the jar, we can see that it is not Kaolin soil, but clay. There is a layer of white engobe to cover the original color of the raw clay. This kind of products was mainly produced by the kilns which were lack of porcelain clay mine but were close to markets. Recently, there are a lot of kiln sites that made and burnt Tang San Cai and pottery utensils were found in the neighborhood of East and West Markets of Tang Chang'an, especially in the Liquanfang Site in the north of Xi'an City, where a large quantity of Tang San Cai artwork models and products were found. Through excavation, Shaanxi Provincial Institute of Archaeology also found the kiln sites. Few Tang San Cai artworks using white raw clay(Kaolin adobes) were found in Liquanfang Kiln, its main products were mainly red pottery Tang San Cai made by painting some engobe on the ordinary clay.

10. Blue-glazed Jar with White Dots

It has an open-up mouth, sharp and overturning rim, short and narrow neck, adduct lower belly, and fake round foot. It is glazed blue all over the body, and on the glaze surface, it is netted with white piebald made by pointlizing, which belongs to the technique of wax-pointing to paint glaze. The blue and white color are inter dip-dyed, bringing an evident drooping trace. Its base is white and loose. This jar was glazed by cobalt blue, which was introduced to China from the Western Asia in Tang Dynasty. The number of the blue Tang San Cai and glazed pottery is comparatively small, which shows how precious the blue glazed utensils are.

11. San Cai-glazed Jar

This jar has a round mouth, revolute rim, short and narrow neck. The upper belly is round and full, and the lower part is adducted. It also has a fake round bottom. The glaze colors are mainly green and yellow, which are overlapped and mingled together. A large quantity of round spots made by wax-pointing on the glazed surface and dip-dyeing and mingling green and white glaze colors form a colorful and gorgeous ornamental effect, which is quite similar to the artistic style of Silk in Tang Dynasty. The bottom is not glazed, and there is some exposed raw clay at the lower belly and round foot. The quality of raw clay is hard and from the exposed reddening part at the foot, we can see it is clay adobe. On the clay face, there is a thick layer of white engobe. The raw clay soil has the characteristics of the adobe burnt in the kilns close to West Market in Chang'an City in Tang Dynasty.

12. San Cai Jar

It has a round mouth, sharp and round overturning rim, short and narrow neck, and round sloping shoulder which has a circle of bow string pattern. The upper belly is round and full, but the lower part is inward. It has a flat foot. The base is red clay. The base surface is painted white engobe. The utensil is glazed all over. The main glaze colors are yellow, green, blue, and brown. The decoration craft of combining many glaze colors together with wax-pointing method are employed, which make the glaze colors show plenty of rectangular spots in every color. Those colors alternatively flow over each other, bringing out such a dreamlike, gorgeous and dazzling feeling.

13. San Cai Jar with a Cap

It has a round mouth, rim, short neck. The upper belly is round and full, and its lower belly is adducted. It has a fake round foot, and a cap with a round knob. The modeling of the utensil is perfectly round and magnificent, showing the typical style of the prosperous period of Tang Dynasty. Its base is red clay and a layer of white engobe is painted on the surface, but the bottom is not glazed. Part of the pottery is exposed at the lower belly and round foot. The glaze colors are green, white and brown. The green color is especially rich and gaudy. Wax-pointing method was applied in the making of both the body and the cap. Spots of every color are dip-dyed and mingled, and they naturally flow to form a variegated artistic effect.

14. San Cai Jar with Fold Shoulder

It has an open-up mouth, sharp and round rim, short and narrow neck, fold shoulder, straight belly wall, slightly adducted lower belly and outward fake foot. The bottom is not glazed, and the pottery is exposed at the lower belly and fake round foot. The color of the pottery is white and comparatively compact. There are green, brown, and white glaze colors on the body. During the glazing, mingling glazed colors and wax-pointing methods were employed, so glaze of every color showed in the form of spots and there is no flowing trace on the glazed surface, which is heavily glazed. The modeling of fold shoulder is rarely seen in Tang San Cai. Yellowish brown glaze on the jar contains rich iron. When the jar was burnt, some evident iron rust appeared on the brown glazed color, which is rarely seen in the decoration of Tang San Cai.

15. Multi-curved Long Cup with a Flower-like Mouth

The mouth rim is widely open, and is shaped nearly oval with twelve curved petals. Glaze on the rim fell off. The belly is the shape of a ridged melon, and it has arc-wall, deep waist, and flat bottom. It was painted with flowers and leaves of grass on the outside wall of the body; the inside is glazed but no painted; and on the bottom, there is the four petal surface. Its base is red clay, whose nature is coarse and loose. The utensil was glazed all over. The inside wall was glazed yellow, blue, and green, which were arranged alternatively and were ingenious combined with the ridged-melon-shape belly. The colors are bright and strongly contrastive. The outside belly surface was glazed pure and heavy green.

The modeling of the long cup is small and dainty, but it is elegant, poised and delicate. Its shape and decoration are comparatively complex. In the aspect of shaping, it employs a method of combination. First, put the kneaded base clay into the cup mould, extrude the clay to form the mould with hand, and then put into kiln to burn after fixing and drying; reglaze the cup after it is put out of the kiln, and then put it back and burn again; fi nally come the quality goods.

For the decoration part, this cup used a lot of methods, including painting, pressing, and color-pointing. The outside surface is modally painted sets of flowers and grass emblazonries. The inside wall is painted glazed points of yellow, green and white colors, making it very magnificent and gorgeous. The modeling of the multi-curved long cup with a flower-like mouth is called "Feather Wine Vessel", which has been seen among the gold, silver and jade wares in Tang Dynasty. The modeling is probably an imitation of the gold and silver multi-curved long cup of Western Asia.

16. San Cai Kettle with Handle

The mouth is like a lotus leaf and the neck is narrow. Opposite to the flow, there is a double mud bar handle, which has a flat round object at each end. It has a round and full belly, fake and high round outward foot, an indent bottom whose edge has a circle of cutting and oblique arris. The mouth neck and the upper half of the handle are painted yellowish brown glaze. Wax-pointing technique is used on the shoulder and belly, embellishing white round spots on the ground-tints of yellow-brown, green and blue. The lower belly and bottom are not glazed. Its base clay pottery is white with red. This modeling absorbs the characteristics of "Hu Bottle" in Sugdiana and Sassanids. Those characteristics are combined with craftsmanship of Tang San Cai, making the glaze colors gorgeous and the modeling elegant.

17. Blue-glazed Bowl

The mouth is big and a little bit outward. It has a sharp and round rim, shallow belly and round foot. The base clay is white with red, and its quality is fine. The upper part of the inner and outer belly walls are glazed blue, and the lower outer belly wall and round foot are not glazed.

The coloring agent of the blue glaze was cobalt, whose composition according to the test is high-iron and low-manganese, and since it's imported from Western Asia, utensils glazed pure blue are rarely seen. The blue glaze of the bowl is strong, thick and even, stable. Though it is not fully glazed, it still reflects that workers in Tang kilns really mastered the technique of color agent of cobalt.

18. San Cai Little Bowl

It has an open-up mouth, a fold and valgus rim, arc-wall, shallow belly and flat inner bottom. Its outer bottom is like a jade disc. The base clay is white with red and its quality is not fine. The inner wall is fully glazed, and the outer is also glazed, excluding the bottom. The glaze colors include brown, yellow, green and white, which are bright and inter dip-dyed, and are naturally transitional in depth. Bowls(cups) of such kind are common among the social and daily tablewares in Tang Dynasty. Sometimes they were also put into the san cai trays or the high-footed plate as a part of the Seven Star Plate.

19. San Cai High-disc Furnace

It has a wide open mouth, flat rim, shallow arc ventral, high and round foot in trumpet form. The connected part of round foot and the ground is broad and flat. Only the outer belly of the bowl is glazed, and the pottery of other parts is all exposed. The color of the base clay is white and its quality is fine and compact. The primary glazed color is blue, alternating with white, brown and green, forming various shapes of strips, flowers and dots. Wax-pointing method is also used. Compared to some other Tang San Cai, the color of this bowl is not so bright. But because of its large-scale exposure as well as the exquisite decorative layout, it still reflects particular artistic effects. From the Kaolin and trumpet-shaped modeling, this san cai bowl, which is close to the characteristics of those in Gongyi Kiln, Henan Province, should be a product of Gongyi Kiln in the prosperous period of Tang Dynasty.

20. San Cai Case

The body has a composite mouth, oblate and round belly, and straight belly wall. The lower belly is the incurved arc structure. The bottom is flat. The cap is oblate and round, and it fits to the body by the composite mouth. Around the surface of the cap is a little bit bulging, and it has flat top, and no handle. The whole case is alternately glazed white, brown and green. On the flat part of the cap, the white glaze spots are arranged to form the shape of flower; the body and narrow parts of the cap are naturally glazed flowing dark brown. The proper use of space and the ingenious layout and the patterns make the dainty place present a multi-colored decorative effect.

21. San Cai Case in Chinese Flowering Apple Printing

The container and the cap of the case are both in the shape of oval Chinese Flowering Apple. The belly is shallow, short and has round foot. The body has a secondary mouth, which is perfectly knotted to the cap. The top of the cap is pump, and it is decorated with a petal-shaped consecration, outside which there is a circle of pearl string patterns and inside which there is painted flower-petal pattern on the roe pattern. The pottery is reddening, and its quality is crude and loose. The case is all glazed mainly with green alternating with yellowish brown and white glaze. Some colors are dark while the others are light and their distribution is pealing. Green glaze on the outer wall of the body is light, while green of the painted flower on the top of the cap is dark and strong. In addition, within the dark green there are some pointed bright yellow spots on the four petals, which highlight the cap's decorative effects.

The cap is quite usual among the ceramics in Tang Dynasty. There are the written words "Cream Container" on the cap from the Changsha kiln, which indicate that it was mainly used as making-up utensil. Sometimes ceramic cases were also used to contain medicines. On the perspective of modeling and decorative methods, this san cai Case in Chinese Flowering Apple Printing has obviously imitated the beating and folding effect and the pearl string pattern of gold and silver wares in Tang Dynasty. The bottom pattern distinctly imitated the engraving effect of roe pattern. According to studies of gold and silver wares, silver case with round foot of this kind in Tang Dynasty is classified into the product of the 9th century, so this san cai capped case can be dated back to the late prosperous period to mid Tang Dynasty.

22. San Cai Little Water Bowl

The bowl has a round up mouth, flat shoulder, oblate and round belly and a tiny flat bottom. The rim and shoulder are alternately glazed brown, green, and yellow, which flow naturally. The base of the lower belly and the bottom are exposed. The color of the pottery is white with yellow, and its quality is not so pure. The modeling is exquisite and steady, which is the common modeling of little bowls in Tang Dynasty, simple and neat.

Besides writing brushes, ink sticks, paper and ink stones, traditional Chinese stationeries also include plenty of other supplements like paperweight, writing-brush washer, water-pourer, seal, ink box, ink slab, ink rest, penholder and so on. Water bowl, which is also called "Water shing", "Water Dropper", dates back to Qin and Han Dynasty. It is a container for ancient scholars to hold water and drop water. Water is dropped on the ink-slab to help grind the ink. The one with a mouth is called water-pourer, and the one without is called water shing. The modeling of water bowls is mostly round mouth, pump belly, and flat bottom. Some are with foot.

23. San Cai Little Water Bowl

It has a round up mouth, round and full belly, and flat bottom. The base is white with red. The outer surface is fully glazed, but the inner is not. The background is white, and strips of green, yellow and reddish brown are painted on the background. Its colors are bright and gorgeous, they flow naturally. The surface is covered by fine cracks. This bowl is small, but it is full in body and elegant in shape. The contrast among colors is strong, bright and well-lit, possessing well the features of Tang San Cai.

24. San Cai Water-pourer

It has a round mouth, revolute rim, wide caliber, and almost no neck. The upper belly is full, and the lower is inward. There are some short columnar on the shoulder. Its fake round foot is short. Its base is white with red, and its quality is crude. It is glazed all over except the bottom. The raw clay on the round foot and lower belly is exposed. The glazed colors are mainly yellow and green, which alternate with brown. There are tiny cracks on the surface. The vertical flow on the glaze layer is obvious. There is trace of pasting and burning on the shoulder.

25. Water Pourer with Blue Spots

It has a round mouth, raised rim and no neck. The middle belly, which has a circle of pumped ridge, has the maximum diameter. There is a short columnar flow on the shoulder. Its foot is like a cake, and the edge of the foot has a circle of cutting slant edge. The base is white with red. On the base, there is a layer of white engobe. Glaze is painted to the lower belly, near the foot, and it is not glazed inside. The glazed color is white with blue. There are groups of three round blue spots sparsely spotted on the white glaze, which are quite like plum blossoms. Cracks cover the glazed surface. The pourer was burnt under a low temperature, so the glaze dropped distinctly. Compared to other multicolored San Cai, this water pourer is simply decorated: the blue spots on the white glaze are like plum blossoms in vast expanse of snow, giving us a different kind of feeling.

26. San Cai Appliquéd Little Water Pourer with Four Handles

It has a round mouth, sharp and round revolute rim, short and narrow neck, round and full belly, adducted lower belly and round foot. There are four double compound handles pasted on the shoulder. Among the four handles, there are columnar short flows and moulded flowers with three petals arranged alternately. The bottom is not glazed, and near the bottom of the lower belly and part of the round foot, some hard pottery is exposed, which is white with red. The glazed colors are alternating green, brown, yellow and white. All the colors are rich and gaudy. Its glaze layer is thick. Combined with wax-pointing technique, the glaze flows naturally. This utensil is exquisite in modeling and strict in production. It can be used as a water dropper in the study appliance.

27. Stippling Green Glaze Water Pourer

It has an open-top mouth, revolute rim, short and narrow neck and round shoulder. The upper belly is slightly pumped. There is a hexagonal prism spout on the shoulder. The shoulder and upper belly are engraved with two raised band emblazonry. The bottom is flat and not glazed. The reddening base is exposed at its lower belly and bottom. Its base quality is crude clay. Green and white colors are alternately glazed. They mingle with each other, and vertically flow. Combined with wax-pointing technique, the glaze colors naturally shade from dark to light. The pieces of light green and white variegation are like snow flakes on the utensil.

28. Yellow-glazed Little Water Bowl with Three Feet

It has a round mouth, sharp and round revolute rim, short and narrow neck, sloping shoulder, oblate and round belly, and three short feet. The bowl is glazed yellow all over the body. The trace of vertical flow is obvious. Yellow glaze naturally shades from dark to light. There are some green spots on the rim. Cracks cover the glazed surface. Glaze on the belly and rim has peeld. Its base is white and compact, so it should be Kaolin. Although this water bowl is small, it has the style of plump and round objects in the era of Tang Dynasty.

29. San Cai Water Bowll

It has an open-up mouth, revolute rim, narrow neck, full belly and ring bottom. Under the belly, there are three feet in beast paw shape. There are two band emblazonries on the shoulder. On the belly, there are traces of pasting and burning. There is no glaze on the lower belly and bottom. Its base is white with red and there is a layer of white engobe on the glazed surface. The base and glaze are well integrated. Its rim and three feet are glazed yellow, while the body is alternately glazed green, yellow and white. Due to the using of the wax-pointing technique, it produces vertical flowing and mingling of the glaze after it being burnt. The gorgeous modeling and magnificent glaze colors make this three-foot water bowl an art treasure among the Tang San Cai objects.

30. San Cai Water Bowl

It has an open-up mouth, sharp and round lip, revolute rim, short and narrow neck, sloping shoulder, full belly and flat bottom. There are three outward hoof-shaped feet under the belly. On the shoulder there is a band emblazonry. Its rim and body are unevenly glazed yellow and green. The glaze has differences in thickness with the thickest color, which is dark brown, on the rim and the colors are distinctive in darkness. The naturally and vertically flowing yellow glaze on the shoulder and belly is bright and shining. Green glaze scatters on the yellow glaze in shape of tablets. The contrast of green and yellow glaze is simple and striking. There is no glaze under the belly and on the feet. Its base is reddening.

31. Yellow-glazed Water Bowl with Three Feet

It has a small open-up mouth, round revolute rim, short and narrow neck, plump shoulder, full belly, and ring bottom. Three simple but strong hoof-shaped feet are under the belly. The whole bowl is glazed yellow except the hoof bottom and the nearby bottom parts. The glazed color is dark and well-distributed. Fine cracks cover the glazed surface. Although single glaze-colored San Cai was common in the early Tang Dynasty, multiple glaze-colored objects were popular in the prosperous period of Tang Dynasty, and they still existed in Middle Tang Dynasty. So judging from the plump modeling of this three-foot water bowl, it ought to be the product of the prosperous period or Mid Tang Dynasty.

32. San Cai Ink Stone with a Circlet

It is round in shape. There is a flat top in the middle, which is surrounded by a ring of inkslab. There are nine short feet in the shape of kneeling human body, whose facial features are quite Hu people with smile, vivid facial expression and neck belted. The nine short feet are connected to the round bottom, forming a hollow round bottom. The top and the bottom have raw clay exposed, while the other parts of the ink stone is glazed strong and bright green. Its base is white with red, and its quality is not so hard.

"Biyong" was a school established by the Emperor of Western Zhou Dynasty in the countryside. It is surrounded by waters to make it isolated from the outer world. Biyong Ink Stone is round, and has a raised center which is surrounded by waters, making it quite like Biyong School, so it is named that. "Chant to Ink Stone" by Yang Shidao in Tang Dynasty reads "Jade water like the round pool is, Vividness the Ink paints", which vividly describes Biyong Ink Stone's modeling. This ink stone was popular from Jin Dynasty and Northern and Southern Dynasties to Tang and Song Dynasty. In that period, ink stones were mainly made of celadon, ceramic white ware and pottery and there were a few made of San Cai in Tang Dynasty. From the condition of excavation, three-foot appeared in Western Jin Dynasty, four-foot in Eastern Jin Dynasty; Six-foot in Southern Dynasty and Multi-foot was quite popular in Sui and Tang Dynasty when round bottom appeared, too.

This ink stone was placed beside the head of Mrs. Liu who was the tomb owner Zhangsun's wife. There were making-up appliances like copper mirror, silver case and stone case together. Mrs. Liu was born in a government official's family. She was well educated and showed a good sense of judgment. Unfortunately, the beauty passed away when she was only eighteen years old. When the ink stone was excavated, its surface was quite clean without any trace of having been used, so it was probably a funerary object. This tomb was buried in 674, so it is definitely a treasure of Tang San Cai made in the early Tang Dynasty. In 706, another similar green-glazed ink stone was excavated from the tomb of Itoku Prince, only there is brown glaze in the center of the top.

Tang ceramics Biyong Ink Stones appeared many times in excavation. For example, a seventeen-foot yellowish-glazed Biyong ink stone was unearthed in Baisha NO.172 Tomb in Yu County, Henan Province in 1952; a similar green-glazed Biyong ink stone was excavated in Anniang Tomb, which was buried in Linde period of Tang Dynasty, in Guyuan, Ningxia, and the inkstone top is much higher than its pool.

33. Green-glazed Spittoon

It has a flaring mouth, revolute round rim, smooth and open edge and narrow neck. There is a big fold edge between its neck and the flaring mouth. It also has a sloping shoulder, oblate and round belly. The maximum diameter is in the middle of the belly and it has a fake round foot. It is glazed all over except the bottom. There is exposure on the lower belly and round foot. The base is reddening and it is made of clay. The base is thick. The body is glazed green. There are thin and clear traces of wheel spin on the neck, shoulder and belly, so this spittoon is modeled in the way of wheel system.

34. San Cai Spittoon

It has a flaring shallow mouth, sharp and round revolute rim, smooth and open edge and narrow neck. There is a big fold edge between its neck and the flaring mouth. It also has a sloping shoulder, oblate and round belly. The maximum diameter is in the lower belly and it has a fake round foot. It is glazed all over expect the bottom. There is exposure on the lower belly and the round foot. Its base is red clay, and there is additional decoration of white engobe, so it meets the characteristics of the products in the nearby kilns in Eastern and Western Markets in Chang'an City, Tang Dynasty. The edge, neck and shoulder are glazed with dark green, and the belly is glazed green and yellow. The glazed layer is soaked and the colors on it flow naturally. From the traces of pasting and burning on the belly, we can see its burning method is a way of multi-piece sets burning.

35. San Cai Round Censer with Five Beast-shaped Feet

It has an open-up mouth, sharp and round lip, revolute rim, barrel-type straight belly wall, and flat bottom. Under the bottom, there are five outward beast-shaped feet and on the body there are two raised band emblazonries and several concave ones. Its surface is glazed yellow, white and brown which are thin and light.

The censer, with dignified, simple and delicate modeling, should be a container practical use at that time. Characteristics of its base glaze and modeling are similar to those of Tang San Cai which is excavated from the Huangye Kiln in Gongyi City, Henan Province.

36. San Cai Pillow with Deer-hunting Pattern

It presents a shape of rectangle. The edges are glazed green; the large surface and the bottom are applied with brown glazed plum blossoms in five rows with four blossoms row in each on the white glaze, so it forms bright patterns. The four sides around are painted hunting patterns with the two small sides painted a running deer and the bigger side is painted a hunter who is riding a horse to chase the deer. The surroundings were painted floral scrolls. The picture of a running deer and a chasing hunter on different sides is really very ingenious, vivid and lively, so it is a typical item to reflect the splendid culture of Tang Dynasty. This pillow is small and exquisite, so it should have been used by the doctors of traditional Chinese medicine to wrist to diagnose.

37. Yellow-glazed Wind Furnace & Pot

It has a round furnace body with a quadrate furnace door, its upper body is barrel-type, the lower part is adducted which is like a base, and the bottom is flat. On the top of the furnace is placed a round pot which has a round mouth, flat shoulder, slanting wall, and deep belly. The outer sides of the furnace and the pot are thickly glazed brown. Without glaze, the bottom has the base exposed that is white and hard.

This furnace is particular in modeling, and it might be made by imitating the ceramic tea cooking blast furnaces which served as tea sets in Tang Dynasty and made as funerary objects. This kind of little furnaces are commonly seen in Liao Tomb murals of tea cooking scenes.

38. Green-glazed Candleholder

This candleholder consists of four parts: the lowest part is a big plate, whose rim is sharp and revolute, whose bottom is flat, and whose round foot is trumpet shaped; the middle part is a cylinder-shaped long arm with concentrated bamboo emblazonry standing in the center of the plate. On the top of the long arm, there is a small plate, whose modeling is the same as the big one. Standing in the center is a cylindrical holding post, which is used for candle inserting. The candleholder is glazed green, shading naturally from dark to light. Some parts of the glaze fell off and near the round foot, it is not glazed. The base is white. Although the glaze color of the candleholder is single, it is elegant in modeling and complex in structure, and is comparatively big. So it is still a treasure work of the pottery of single glaze in Tang Dynasty.

39. Green-glazed & Human-head-shaped Oval Earthen Wind Instrument with Six Holes

Its modeling is round, and it has thin and long eyebrow, long and round eyes, high nose, and big mouth, which present the image of Hu people. On the cheek, there are two round holes for playing; around the face, it is covered with uneven edges to indicate Hu people's thick hairs. Its face is glazed green, and the back of the head has no glaze. On the top of the head, there is a blow round hole. Hu people instruments like this were excavated in large quantity in Gongyi, Henan Province and Huangbu in Tongchuan, Shaanxi Province, and in Tangcheng Sites, Yangzhou, too, which all indicate that this Hu instrument toy was popular all over the country in Tang Dynasty.

40. Monkey-head-shaped Oval Earthen Wind Instrument with Six Holes

The monkey has a round face and a pointed cheek. Its eyeballs are amusing and bright. Its nose ridge is high and straight. Its sharp mouth is tightly closed. Its forehead, cheeks and lips are decorated fine hairs. The back of its head is slightly concaved. In the very center of the top head, there is a round blow hole and there is a sound hole on each cheek. The body is hollow. The front side is glazed green, brown, blue, yellow and white. Under the glaze, there is a layer of white engobe. The back head is not glazed. Forehead hairs, eyes, lip surface, and parts of the temples' hair are glazed green, while the top head hair, nose ridge, chin, and parts of the temples'hair are glazed brown. The two sides of forehead are glazed blue, between the glazes are filled with white and yellow glaze which is vividly and naturally soaking and mingling. The front part and the back part are two connected models, so there is a circle of raised edge at the connection part. The base quality is fine and reddening.

The Monkey Head Shaped Oval Earthen Wind Instrument with Six Holes is a simple instrument toy, which mingles practicality and artistry. The pottery quality, glaze painting, modeling of this instrument are similar to those of the same type in Huangye Kiln in Gong County, Henan Province, and different from those in Huangbu Kiln in Tongchuan.

41. Elephant-head-shaped Paste Ornaments

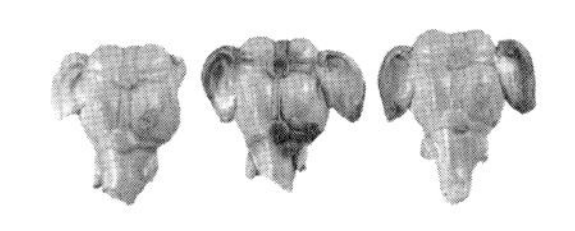

The three pieces are almost the same in terms of modeling and size, all damaged. Their faces are in the shape of triangular. Their eyes are thin and long, almost like strips. There is leather belt on the face. Its oval ears are large, with ear-sharps drooping. Its white and hard base is made of Kaolin. Its surface is glazed white, yellow and green. White glaze occupies a large area. On the ears and belts are pointed yellow and green glaze. The glaze gloss is strong, but because of little glazing color, the glaze surface is neat and shining. Its function is similar to the mentioned Dragon-headed Paste Ornament, so it also belongs to ornaments on objects of san cai tower jars. Shaanxi History Museum houses a painted terra-cotta tower jar on an elephant base which is excavated from the western suburb in Xi'an. Around this jar is pasted such kind of elephant-headed ornament. A san cai tower jar with high foot, which is excavated in Zhongbu Village in the western suburb of Xi'an in 1959, has dragon-headed and elephant-headed ornament pasted on its body.

42. Dragon-head-shaped Paste Ornament

The front of the ornament is oval. There are two antlers on the forehead separately on the left and right. Its eyebrows are wrinkled, its angry eyes stare, its nose curls, its mouth opens wide, its teeth are out, and its hair is neatly combed. Its front is glazed blue, green, white and yellow, and it is not glazed on the back. The base is white.

This dragon-head-shaped ornament is oblate and flat. The front is plump, which is made in the way of model painting. The dragon's facial features are rather crowded together, but they are very lifelike. The glazed layer is thick, smooth and colorful. It is often used as the ornament pasted on another object like san cai tower jar. The san cai tower jar with high foot excavated from Zhongbu village, Tang Tombs in the western suburb in Xi'an in 1959 has had such kind of dragon-head and elephant-head pasted ornaments.

43. San Cai-glazed Turriform Caps

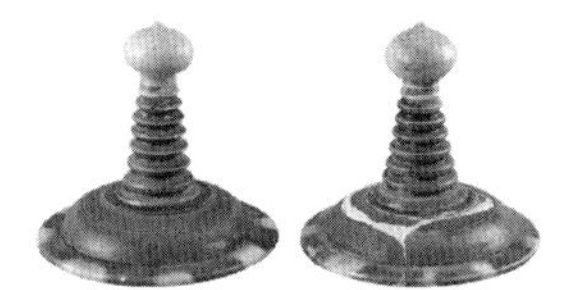

Three caps were excavated together, two of which are almost the same in term of modeling and glazing color, but the other one is slightly different. All of the three have round shape and round lip. The outer edge is wide and flat, and the cap surface is plump. On the two similar ones' surfaces, there are two or three circles of string emblazonries, but the other has not. Knob of the cap is like a tower with a pearl on the top. The similar two have almost the same tower shape and height, but the other one is quite different. There is no glaze under the cap, where there is a secondary mouth, however. All the three are with white bases. The whole object is regularly glazed. Pearls of the similar two are pointed white and yellow glaze color on the green glaze, and their tower bodies are with yellow glaze and the highest two floors are not glazed at all. The cap surface is jade green, and the cap edge is green with yellow and white spots. Pearl of the other one is yellowish brown, and its tower body is green and yellowish brown. The cap surface is glazed blue, and the edge has alternate strips of yellowish brown and white.

From the comparison of the three caps, the similar two caps are better than the third one in terms of glaze quality and manufacturing technique. However, they share the same function, as the caps of tower jars.

44. San Cai Lotus-petal Holder

The two objects are the same in shape and modeling. Both of them are composed of two separate parts. The upper part is a ventral arc shallow plate, which is pasted three layers of lotus petals around the edge. The lower part is a flared base. The holding pillar is high, and there is a fold edge at the lower part; and connecting part between the pillar and the ground is revolute. Except the connecting part, the whole object is glazed yellow, green and white. Glaze inside the upper plate is flowing in free and fluent form. At the bottom, wax-pointing technique is employed; and the glazed spots are like countless stars in the sky. Among Tang San Cai, base with lotus petals always match as tower jar, which has an obvious Buddhism implication.

45. Yellowish Brown Glazed Cap

The four were excavated at the same time. They are almost the same in modeling and glazing color. Their caps' flat surface is round, the outer edges wide and flat and lips wide and round. They all have pearl-like knobs, and their cap surfaces are raised like an overturned earthen bowl. Besides, they all have obvious turning and spinning traces. Under the cap, there is an inward secondary mouth. The inner wall is not glazed, exposing the white base, and the other parts are unevenly glazed yellowish brown which has traces of flowing glaze.

46. San Cai Holder

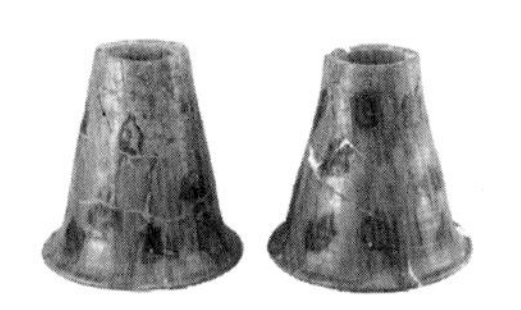

The two were excavated at the same time, and they are the same in modeling and glazing color. In the shape of trumpet, they are hollow inside. The upper mouth is flush so that it can hold things while the lower mouth is broad and flat so that it can stand steadily. Not glazed, the inner wall is red clay. The outer surface is painted yellow glaze, which has slim flowing. What's more there are casually pointed blue spots on the yellow glaze, and there is very slight green color around the spots.

47. Yellowish Brown Caselike Objects

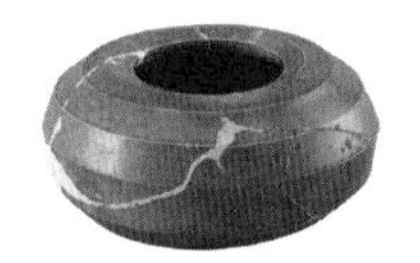

The two were excavated at the same time and are the same in modeling and making method. They have square lips, small adducted mouth and fold shoulder. The maximum diameter is in the middle of the belly, and the lower belly is folded inward with a hole in the bottom which has a smaller caliber than the upper one. On the shoulder, belly and the maximum diameter part, there are obvious fold edges. White base is exposed in the inner surface, while the outer surface is glazed yellowish brown all over. The glaze layer is even and bright. There a slight glazing color difference of the two objects.

Figures

48. Yellow-glazed Standing Female with High Bun

The female figure is combed a knot out of her hair in the shape of a knife. She wears a short gown with round collar and narrow sleeve, and a boob-tube-top long dress that is long enough to cover her feet. She also wears a silk scarf on her shoulder. Her left hand is holding a handkerchief in front of her chest, and her right arm is hanging down and her hand is slightly lifting her dress in the gesture of waiting. She has a slender body, but her face is a little bit plump and full. Smiling gently, the female figurine is sleek and vivid.

Its profile curve is natural and smooth. It is glazed yellow all over, and some parts fell off. Its base is reddening, and the base quality is rather crude and loose.

49. Yellow-glazed Male Figurine

Wearing a man's scarf, the figurine turns his head slightly left. His facial muscles and features are vividly engraved. His mouth opens a little bit, smiling gently. In a round-collar robe with narrow sleeve, he wears a leather belt and long boots, his shanks and feet are exposed. Cupping one hand in the other before his chest, he stands on a square board, gesturing in a most respectful attitude. The whole figurine is thickly glazed yellow and where the glaze is accumulated, there will be greenish. There is no glaze on the bottom board and his feet. The base is reddening and its quality is compact.

50. Yellow-glazed Horsing Riding Musician

The musician is wearing a helmet turban, a gown with narrow sleeves and long boots. He is riding a horse, and he is lowering his head, playing the panpipe in his hands. Standing on a board, the horse bows its head and opens its eyes. There is horsehair on its neck. The musician and the horse are glazed yellow, but unevenly. Some parts of the glaze fell off. The base is light white and hard like porcelain.

51. Yellow-glazed Female Dancer and Musician

There are three of them, including one dancer and two musicians. The dancer's figure is slender, and there are two high buns on her head. She is wearing a round-collared short shirt with long sleeves, and a pleated draggle-tail skirt. She wears a silk cape in the way a kasaya is worn: covering her right shoulder, cross her chest and tying a knot at her left hip. Her gesture is natural, elegant, simple and graceful. Her right hand uplifts to the ear and the sleeve and naturally hangs down. Her left arm droops to the left side of her body. It seems that she is dancing to the music. Its glaze color is evenly painted light yellow glaze.

The other two musicians are kneeling on a rectangular board and they have a single bun on each head. They wear round-collared short shirts with narrow sleeves, and long dresses which cover their knees and fall to the ground. One of them is playing a reed pipe wind instrument and the other is playing the panpipe. Both of them are quite attentive and at ease. They are glazed yellow all over their body. The glaze colors are divided into light yellow and bright yellow.

Figurines in Sui Dynasty are different from those in Tang Dynasty in the following aspects. In modeling, Sui figurines are much thinner, while Tang figurines are plumper. Figurines in Sui Dynasty are single in color, while those in Tang Dynasty are more colorful. Speaking of the quality, most of Sui figurines are porcelain, while most of Tang figurines are pottery, including San Cai and colored pattern. The three female figurines were made in Sui Dynasty in terms of modeling, color and quality.

52. Yellow-glazed Horsing Riding Figurine

The horse riding figurine is wearing a helmet and a suit of armor. His head lowers down, his back slightly bows and he leans his body to the right. His left hand is in front of him, while his right hand is behind. From his gesture, it seems that he is holding a long item. The horse also wears armor. Its four hoofs are exposed and its head lowers down. The figurine and the horse are unevenly glazed yellow. Glaze on the front armor of the horse fell off. There seems to be yellow, white and black colors, but they have fallen off over time. The base is light white and dense.

53. Yellow-glazed Horse Riding and Falcon Calling Figurine

This figurine wears a helmet turban, a gown with narrow sleeves, and long boots. On the back of the horse, he puts one hand upon his mouth, whistling, and the other hand points to the sky, calling the falcon. Standing on a rectangular board, the horse's neck, which has horsehair on, slightly bends, its head lowers, its eyes are open and its ears stand straight. The figurine and the horse are both glazed bright yellow and the glaze layer is thick and shining. There is exposure on the board. The base is light white and hard.

54. Yellow-glazed Warrior Figurine

Wearing a war helmet, this figurine opens his eyes widely. He is wearing a two-crotched armor, bright and shining loricae, and leather belt. On his arms there are beast-headed Swallow hole(a home protecting evil). On his knees, there are kneepads in the shape of beast face. In caliga, he is standing on a rectangular board. One of his hands makes a cavity fist and uplifts in the gesture of holding a weapon; while the other hand is akimbo, looking bold and strong. The whole figurine shows an image of an armed brave soldier. It is glazed yellow all over except the bottom. The glaze layer is thick, and its color is bright. From the belly to the bottom, there are soaked and mingled red and black, which might be damaged by the buried environment.

55. Pottery of Tawny-glazed Upright Male

The figurine wears scarf on the head, the eyes half-closed. He stands on a round pedestal. The round-collar gown extends above the feet. The sloping-shoulder figurine cups one hand in the other before his chest, with a belt around the waist. His gesture and respectful expression reveal his status as a servant. He is slim in face and figure, especially the parts under the waist. The body is thickly glazed with tawny, with pastel decorated on the head and neck. The white base is not very compact.

56. Yellow and Brown-glazed Potteries of Hood-wearing Figurine

The unearthed utensils are five hood-wearing figurines with white base and overall tawny glaze. The glaze is thick and lustrous, dotted with black iron corrosion. The fabrication and size of the figurines are basically the same. They wear tangerine pastel hood, and have slightly plump face. They are assumed to be a set of male servant figurines from their politely looking-forward faces. The hair on the forehead, the eyebrows and the lips are color-painted. They stand upright, wearing cross-collared and open-sleeve gown. They hold their hands in front of the chest, standing straight with an aperture, which shows they should have had something in hand.

57. San Cai Maiden

The female figurine is tall and strong, standing on an oval board. Her hair style is loose and wide and her top bun bends forward, hanging on the forehead. Her face is plump, and her eyes look attentively ahead. Her rosy lips are slightly open, smiling. Wearing green shirt, she has a yellow draggle-tail on. On her shoulder, there is a long blue silk cape which bypasses the chest and hanges on behind. Her hands are crossing in front of her chest and there is a blue silk handkerchief covering her hands. She carries a flower-shaped plate, in which there is food. She wears a pair of toe-springs, waiting. Its pottery is white, and the head, neck and chest are not glazed, while her clothes are thickly glazed yellow, green, blue, and white. Quality of the glaze is thick and crystal-clear, indicating that the workers are very skilled in applying the glazing techniques.

This San Cai female figurine is typical among the same type in Tang Dynasty. Her plump face, graceful manner and elegant and magnificent clothes all present us female images in daily life in Tang palace. This figurine is a success no matter in terms of characters shaping or glazing technique, both of which represent superb tri-colored figurines' making and burning techniques in Tang Dynasty. This artwork also fully reflects Tang people's aesthetic taste and aesthetic point of view. First, her chubby face and smooth skin reflect the strong sense of texture and beauty. Her gesture is perfect: her hands are carrying food and her eyes are attentively looking ahead. She is so gentle, dignified, quiet and reserved, that she performs the image of a cultivated lady in the court.

58. Potteries of Two Upright Female

These two utensils are of similar fabrication and in relatively small shapes. Their hair on the temple stretches around the face, wearing the bun on the forehead. The single-bunned figurine gazes with a side face, while the double-bunned one faces forward. Both of the figurines are slightly plump-faced and slim-figured. They wear narrow-sleeved short jacket and waist-high strapless long dress, with tiptoes outside. They drape a piece of silk over their shoulders with one end hanging down to the back. The figurines stand on the round baseplate, with hands in front of belly in attendance. The relative difference of these two figurines lies in the colors of the glaze. The single-bunned figurine wears brownish blue short jacket, brown dress and brownish blue silk cape. The double-bunned one wears white short jacket, isabelline blue and white iridescent dress, and tawny silk. The white base is exposed at the part above the neck, which is not glazed.

The San Cai glazed female figurines of Tang Dynasty unearthed from Chang'an district are quite abundant. Some figurines sit in a leisurely and graceful way, as if absorbed in thought. Some stand gracefully erect. Some are piously respectful and elegantly refined. Some are gently pretty, with their buns high. Some are curvaceously elegant, revealing their smartness, wit and liveliness. The vividly diversified representing of these female figurines lies in the craftsmen's observation on life and insight in art.

59. San Cai-glazed Female Upright Pottery

These two female figurines are the same in fabrication. They wear a pair of buns high on the head, a round-necked and narrow-sleeved short jacket, and a strapless long dress, with tiptoes covered. They drape a piece of white silk, over their right shoulder to knees. They stand attendantly with hands hidden in the sleeves. The figurines are slim in shape and slightly plump in face. The face, decorated with fine eyebrows, dainty eyes and slightly up-rising mouth, is beautifully shaped with delicate outline. Except the parts not glazed in the head, face, neck and chest, the dress is brightly glazed with brown, green and white. Though the texture of the glaze is lack of color fluidity of the typical San Cai glazed pottery, the colors are distributed regularly. Of these two figurines, one wears brown jacket, green dress and white silk; the other, green jacket, brown dress and white silk.

60. San Cai-glazed Pottery of Heavenly King Figurine

This figurine wears peacock-shaped and high helmet, bright armor, green piebald round collar, arm protecting visor on the shoulders, campaign gown and boots. He stands with the right leg standing upright on the oval-shaped base, bending the other leg on the Yaksha, which is forced on the pedestal, naked. The Heavenly King figurine clenches the left hand into fist, in front of his chest, with the lips tightly shut, eyes widely open and the right hand akimbo, while the Yaksha struggles with the left hand supporting on the ground, mouth widely open and blue veins swelling. The powerful bold Heavenly King figurine vividly contrast the ferocious savage Yaksha. The pedestal of the utensil is in light white. Except the parts not glazed on the Heavenly King's head and Yaksha's body, the rest is glazed with yellow, green and a little white. The color and luster are clear and luminous.

61. San Cai-glazed Pottery of Heavenly King Figurine

The Heavenly King figurine ties his hair up high into a round knot, revealing the large ears. With the protuberant eyebrows rising up, he glares forward with round eyes. He has his mouth widely open, and he wears bright armor, neck-protecting visor, the corselet with two rising round visors on both sides, and around the waist, knee-length skirt hanging down on both sides of the belt and war boots. The figurine clenches his left hand high into fist with right hand akimbo. He stands with the right leg straight on the oval-shaped pedestal, bending the other leg on the Yaksha, which struggles desperately. Except the not glazed part of his head and the pedestal, the rest part is glazed with brown, blue and white.

62. San Cai-glazed Pottery of Heavenly King Figurine

The figurine is in a helmet with a peach-shaped decoration and with two spinning-up ear-protecting visor. He bows his head slightly rightward, with the protuberant eyes widely open, eyebrows frowned. Under the straight nose, his mouth brims with smile. His shoulders are decorated with up-rising dragon heads. He wears armor, a neck-protecting visor and a two-part chest-protecting visor with a raised round visor on each side. Between the neck-protecting visor and round visor an armour belt is vertically tied from the chest to the back. Another round visor is on the belly with tassel, with knee-length skirt hanging down on both sides of the belt. His left arm rises high above the shoulders, with the right hand akimbo and the left hand seeming to have had something in. He stands on the hip of the monster with the right foot, with the other leg slightly rising, hitting the monster's face. The monster lies ferociously on the oval-shaped pedestal. Except that the Heavenly King's head and the pedestal are exposed of the red base, the rest parts are glazed with blue, brown and a little white. The glaze is natural and thick.

63. San Cai-glazed Pottery of Heavenly King Figurine

The figurine wears a helmet, with a peacock-shaped decoration on the top. He faces left with the eyes angrily and widely open and the big mouth tightly shut. He wears armor, dragon-head-decorated arm-protecting visor on the shoulders(there is a bead on each dragon's head), a leather belt around the waist, a gown and boots. He stands on the monster's leg with the straight right leg, with another leg bending on the monster's shoulder. His left arm bends inside under the shoulder, and seems to hold something originally and the right hand akimbo. The Heavenly King's head and the monster are pastel, not glazed. The white base emerges with red. The rest parts are glazed with green, blue, white, brown and black. The glaze is various in colors and complicated in the decorating pattern.

64. San Cai-glazed Pottery of Warrior

The two figurines are basically of the same size, shape and glaze. The red-mouthed figurines raise one hand forward and the other hand akimbo. They stand on a square pedestal, with armor and boots. There are arm-protecting visors on the shoulders, armor, long chest-protecting visor in round shape and narrow-sleeve jacket inside. They are glazed with green, brown and white. The colors are bright and contrasting. Both heads are exposed in pastel, glazeless. The wadobe is white with reddening. The differences are that one wears ear-protecting armor, with protuberant eyes and open mouth. The other wears tiger-head hood, whose belt is tied in front of the neck, with the mouth shut and the eyes open.

Figure figurines are the largest in number and the most artistic funerary objects, among the San Cai glazed funerary objects of Tang Dynasty. The craftsmen captured the instant expression, exquisitely and vividly revealing their emotion on the art form of San Cai glazed pottery through a lucidly realistic manner. Through the gesture, costume and expression, people could catch different emotions expressed by different classes, fields and ages in Tang Dynasty. The pair of warrior figurines are vigorous and strong. The glaze flows naturally, with accurate outline, especially the vivid facial expression, which reveals their emotion. The strong artistic appeal represents the majestically grandeur Tang warrior.

65. San Cai-glazed Pottery of Civilian

The tall civilian wears black hat, with the mouth and eyes widely open. He wears a tawny open-sleeve and round-collar gown, with green long shirt inside, belt on the waist and long boots on the feet. His right hand is hided in the sleeve in front of chest, and the left hand half-clenched on the waist. He stands on a high pedestal, dotted with green, yellow and white. Except the glazeless head, red lips and pastel face, the body and the base are glazed with brown, mixed with green and yellow. The glaze is thick and bright, obviously contrasting with the pastel face.

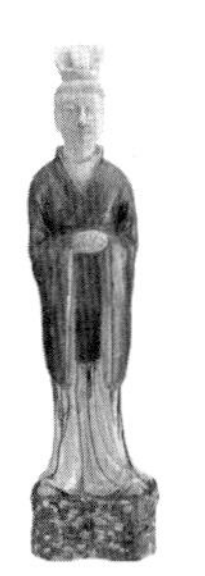

66. San Cai-glazed Pottery of Civil Officer

The hat-wearing civil officer figurine is well-featured, smiling with respect and solemnity. He wears brown cross-collar short gown with green margin, with widely open sleeves and the hands holding together in front of the chest. Standing on the square pedestal, the figurine wears longuette extending to feet with tiptoes outside. The figurine is upright and impressive in appearance. Except the not glazed parts of head, which are exposed of the white base, the body and pedestal are glazed with brown, green, light yellow and white. The glaze is terse and bright. The figurine is based on the real image of a civil officer, vividly revealing his devotion to his duty.

67. San Cai-glazed Pottery of Warrior

The warrior wears his hair tied up, in a fan shape on the top, revealing the big ears. The eyebrows are protuberant, the eyes angrily open, with eyeballs protuberant, the lips are red, and the mouth is wide open. The not glazed head has the red base exposed. The body and the pedestal are glazed with brown, green and white. The dress is thick in glaze, while the boots thin. There is gold painted on the glaze. The shape is basically the same as the previous one, except the hair style, facial expression and the color of the beast-eyed chest-protecting visor in front of the chest.

As the miniature of Tang military forces, most warrior figurines are unrestrainedly brilliant young warriors. Among these strong and clear-outlined warriors, some are standing, some are riding a horse, bending a bow or shooting an arrow. These warriors are used to protect the spirit of the dead from evil. Thus, craftsmen made them with strong muscles, frowned eyebrows, angry eyes, swords drawn and crossbows set, revealing a sense of ferocity.

Although the glaze of this two figurines is not as bright as the usual ones, its maturity and stability in using the colors matches the capability and experience of the warriors. Besides, it's rare to find gold painted on the glaze of San Cai glazed pottery.

68. San Cai-glazed Pottery of Warrior

The figurine wears a helmet with a golden top. The big eyes look upward, with the thick eyebrows frowned. The nose is straight and the mouth is wide. He wears an armor, neck-protecting visor, dragon-head decorated on the shoulders, yellow beast-eye-shaped chest-protecting visor in front of the chest, a belt around the waist, gown and long boots. His right hand rises high in fist, with left one akimbo. He stands on the oval-shaped high pedestal, with the feet slightly apart. The white base is rigid in texture. Except the glazeless head, the body is glazed with brown, green, and white. The dress is dotted with glaze. There is golden pastel on the glaze.

69. San Cai-glazed Pottery of Civil Officer

The hat-wearing figurine is bright-eyed and clear-lined in mouth and nose, smiling, with gold decorated on the hat. He wears a tawny, lapel and open-sleeve short jacket, with the cuffs dot-glazed with brown, green and yellow. He wears belt around the waist, a piece of silk in front of the chest, and wavy cloud pattern shoes. Standing on the oval-shaped and hollow pedestal, his hands are held together in front of the chest. Except the not glazed parts of the face and red lips, the rest parts are glazed with brown, green and yellow. The trace of gold decoration can be found on the surface of the glaze.

70. San Cai-glazed Pottery of Military

The single-bar-hat-wearing figurine faces slightly left, compact-featured, looking forward and leaning forward. He wears a white open-sleeve gown with tassels, broad belt around the chest with the back end hanging down to the pedestal, and green longuette extending to feet with the tiptoes outside. He stands in attendance on the oval-shaped pedestal, with hands holding a scepter board in front of the chest. The utensil is glazed with yellow, blue, white and green. The colors are vividly matched with each other, for example, the cuffs and collar of the gown are glazed blue. The white base is rigid in texture.

71. San Cai-glazed Pottery of Civil Officer with Single-bar Hat

The tall military officer wears a hat on the head, well-featured. He wears a cross-collar and open-sleeve short gown, with belt on the waist. His hands hide in the narrow-sleeve underwear in front of the chest, where is a painted silk handkerchief, named "Jialiang". His long dress extends above the boots-wearing feet. Standing on the pedestal, the figurine is rigid-faced, which reveals the obedient image of the low and middle officers in the feudal society. The head and neck are exposed with the protuberant base. The short gown is glazed with henna, green and white cuffs. "Jialiang" is dotted with yellow, green and white. The white glazed shirt has the brown and green flowing traces. The pedestal is dotted with dark green, brown and yellow. The glaze is bright and clear, contrasting sharply with each other. The light white base is rigid in texture.

72. San Cai-glazed Pottery of Hu Military Officer

The Long-hat-wearing figurine is slightly plump in face nodding and smiling, with gold decorated on the hat. Wearing a green cross-collar and open-sleeve short gown, the figurine holds his hands together in front of the chest. The cuffs are dot-glazed with brown, green and white. He wears belt around the waist, a piece of silk in front of the chest and pointed-end boots, with the crura begirded. He stands upright on the oval-shaped and hollow pedestal, with the feet being slightly parted. The pastel face is exposed of the white base, and the lips are red. The body and the pedestal are glazed with green, brown and yellow. The trace of gold decoration can be found on the surface of the glaze.

73. Pottery of Military Officer with Long Hat

Except the differences in the color of the collar, the two utensils are basically the same in size, fabrication and expression. Both figurines have round face, Roman nose, protuberant eyes and black, shock whiskers, wearing a scarf on the slightly right-leaning head. The lapel and tight-sleeve Hu-dress extends to the knees. They wear belt around the waist and long boots. The right hand rises slightly higher than the left one, in the position of a leading horse. They stand on the square board with the feet slightly parted. The head is exposed in rigid white base. One figurine is glazed with blue on the right collar and white on the left collar. The other is glazed with white and blue dots on the right collar, and green on the left one. The gown is glazed with yellowish brown. The colors are terse and clear with luster.

74. Pottery of Hu People Leading Horse (Hu: the northern barbarian tribes in ancient China)

On the face of the hat-wearing figurine, there are wide open deep eyes, Roman nose, big ears and whiskers all around the jaw. He wears an open-sleeve and cross-collar green tassel gown, with white collar and cuffs, standing a little forward on the oval-shaped and hollow pedestal. His yellow longuette extends above the slightly parted feet with the tiptoes outside. The figurine holds a white scepter board in front of the chest, imposing in expression. Except the head being exposed in the base, the body and the pedestal are glazed with green, white, yellow and brown. The glaze is thick, bright and lenitive. The white base is rigid in texture.

The Hu military officer comes from the northern barbarian tribes in ancient China. It's common to find Hu people to be an official in Tang Dynasty, which indicates the civilized open political policy of Tang Dynasty.

75. Pottery with Horse

The three figurines are basically the same in size, fabrication and expression. They wear scarf on the head, looking upward on the right. Standing on the square board with parted feet, the figurines wear lapel and tight-sleeve Hu-dress, belt around the waist and boots. The hands are in the position of pulling rein. The figurines are in rigid white base. Except the pastel head is exposed of the base, the gown is glazed mainly with tawny and decorated with blue. The figurines are different in their collar colors, which are blue dotted with white, white and blue respectively.

The San Cai and painted potteries of Hu people leading horse and camel are vividly sculpted in the prosperous period of Tang Dynasty. Potteries of Hu people leading horse, the similar utensils with M31, are frequently unearthed from Chang'an and Luoyang, the ancient capitals of Tang Dynasty. The horse and camel are strong in muscle, upstanding with bending legs with some bowing their heads, some raising the heads neighing to the sky. They are well-saddled. Together with the horse and the camel, there are scarf-wearing figurines. They wear lapel gown with the front crossed, narrow-ended pants and pointed-end long boots. On their face, there are deep eyes, Roman nose and shock hair. They are typical Hu people with full vigor.

76. San Cai-glazed Pottery of Armless Hu People

The black-scarf-wearing figurine is large in physique, with Roman nose deep protuberant eyes. There are ear coverings on his slightly rising head. He wears a round-collar and narrow-sleeve yellow gown, belt around the waist and round-end shoes. Standing on the square board, the figurine raises his right handless arm bending in front of the chest, and the other arm hanging down. Except the not glazed part of the head and the red lips, the body is glazed with yellow, with some flowing traces of blue and green glaze. The white base is rigid in texture.

The pottery of Hu people is commonly found among the unearthed utensils of Tang Dynasty. The figurines, typically from Western Regions and Western and Central Asia, are with deep eyes, Roman nose and various postures. They wear peaked hat, open-collared shirt, with Hu-bottles or cloth-wrappers. Their tenacity reveals the industrious image of merchants, who came all the way from Persia and Sugdia na, the Western and Central Asian countries. They play an important role in bridging the economic and cultural exchange between the East and the West, as well as promoting the thriving economy of Tang Dynasty.

77. San Cai-glazed Pottery of Hu People Leading Horse

The scarf-wearing figurine has big deep eyes, Roman nose and shock whiskers. This image of West Region is attentive in expression. He wears lapel and a narrow-sleeve gown, belt with purse around the waist. His naked forearms reveal his capability and strength, with only underwear on the right shoulder and the upper part of the arms. Standing on the square board with slightly parted boots-wearing feet, the figurine's hands are in the position of holding reins. Except the not glazed parts of the head, neck and naked forearm, the gown is glazed with sleek and glossy henna; the lapel is glazed with dark green and the legs are glazed with light yellow. The white base is rigid in texture.

78. San Cai-glazed Pottery of Han People Leading Horse

The dark-brown-scarf wearing figurine leans his head rightward, with red lips and well-featured face. His lapel narrow-sleeve brown gown extends to the knee, with the lapel being green. He wears belt around the waist, with a purse on it. Standing on the square board with parted long-boots-wearing feet, his hands are in the position of holding the rein. Compared with the previous utensils, this one is lack of strength in expression, vividness in color and luster in texture, while the feature of the Han people is delicate.

79. Pottery of Hu People Leading Horse

The round face figure has a black handkerchief on his head, hands in fists, with the left lower than the right one. The figure wears lapel and tight-sleeve Hu-dress. It stand on the Y-shaped board. The head and feet are exposed in rigid white base. The dress is glazed with yellow and brown, and the collar is green.

80. San Cai-glazed Pottery of Female Figurine Leading Camel

The up-standing figurine has centre-parting-fringe, with two side-buns above the ears. Her deep big eyes, Roman nose and plump face indicate her identity as a Hu female. Standing on the trapezoid board, the figurine wears a lapel narrow-sleeve gown, belt around the waist and narrow pants. She leans her head, looking upward, with the left hand lower than the right one, in fists. It is obvious that she is leading a large camel, walking.

81. San Cai-glazed Pottery of Hu People Riding Flying Horse

This utensil consists of two parts, Hu people figurine and the flying horse. The figurine's hair is central parted, with two buns above the ears. He is plump in face, leaning forward, in the position of holding the rein with both hands. He wears round-collar blue gown, a leather belt around the waist with purse hanging on it and smooth-end boots. As for the strong flying horse, its neck manes rise up. There is a bag behind the saddle in the color of white, green and yellow. The horse is glazed with yellow in the body, and light white on the front legs with the obvious trace of flowing yellow glaze.

Pottery horse is the most vivid one among the animal utensils in Tang San Cai. It is Tang people's tradition to love courser. The image of courser can be widely found in stone inscriptions, potteries, and paintings in Tang art. The craftsmen capture the spirit of horse, showing its strong-will in their strong-shape. This utensil of Hu people riding flying horse is a fine artwork rarely seen in Tang San Cai by its vivid sculpture and bright glaze.

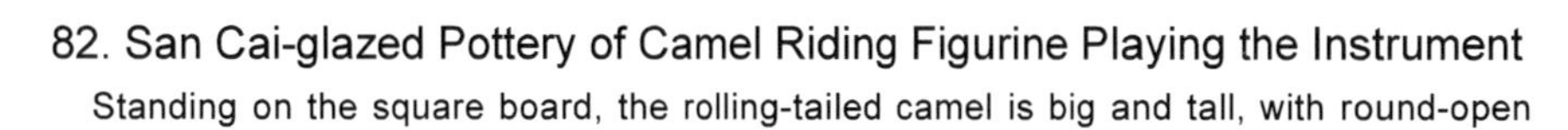

82. San Cai-glazed Pottery of Camel Riding Figurine Playing the Instrument

Standing on the square board, the rolling-tailed camel is big and tall, with round-open eyes neighing with the head held high. On its back, there is an oval-shaped felt, with pleated sewing. Between the humps, there is a Hu person sitting sideways, with the left leg on the right. The Hu person has deep eyes, Roman nose and whiskers, looking forward, with scarf on the head. He wears a narrow-sleeve gown, belt around the waist, a drum in front of the chest. He raises the right hand with the other hand in the position of holding something. The camel is glazed with mainly ivory-white and mixed with yellow and green. The white base is rigid in texture.

Jie drum is an ancient instrument of ethnic groups, with a thin waist and buck leather covering both sides. Its sound is mainly within the ancient Twelve-tone temperament. In the ancient time, residents in Qiuci, Gaochang, Shule and Tianzhu played Jie drum.

In Tong Dian, written by a Tang scholar, Du You, this instrument comes from Jie Zhong. In Record of Jie Drum, Nan Zhuo describes it as an exotic instrument, from Rong Jie. "Jie" appears in both books. According to history record, Jie is Jie Hu. The ethnic group Jie comes from north part of China, originally XiaoYuezhi in Qilian Mountain district, appertaining to Hun. Jie People came all the way to Jie Shi(now Lucheng, Zuoquan, Shanxi) in Wei and Jin Dynasties, and they began to live with Han People undertaking farming.

Shi Le, the founder of Hou Zhao(319—351), one of the sixteen countries of East Jin was a Jie people. Is Jie drum invented by Jie People? From all the relative documents, there is no such clue. Jie drum were not widely played in the north area where Jie People lived. On the contrary, it was rather popular in the West regions as Qiuci, Tianzhu and Gaochang.

Thus, the cradle of Jie drum should be in the West regions. What Jie People did was bringing this instrument to Central Plains during their migration. This is the origin of its name. Jie drum came from West Regions to the Central Plains in Southern and Northern Dynasties. Maybe it had already in Central Plains in the period of Shi Le. While the official use of Jie drum was until the introduction of Qiuci music. Qiuci music represents the best state of the music of West Regions. According to Sui Book: Music, since Qiuci was annihilated by Lv Guang, it was introduced eastward.

83. Pottery of Acrobatic Kids Making Human Pyramid

There are two groups of kids on the head of Hercules, with three kids in each group. In the upper group, one kid, with an open-front pant in the position of leaking, stands on the shoulder of the underside kids. The kids are in different postures. Hercules stands on the pedestal with parted legs, balancing himself with his hands. The white-based utensil is beautiful and delicate, glazing with white, green, yellow and blue. This San Cai glazed pottery of acrobatic kids making human pyramid is particularly vivid. Hercules at the bottom opens his eyes wide and is with well-rounded belly. The acrobatic kids' astounding feat, especially the top kid's leaking makes the audience laught. This artistic appealing utensil is the only one of this type among the unearthed San Cai glazed pottery.

There are many frescos in Mogao Grottoes of Dunhuang, theming human pyramid. Taking the human-pyramid-fresco on the north wall of the thriving Tang's No.217 grotto for example, a kid bends the upper body and supports the body with hands. Another kid stands on his back single-legged. On the south wall of the Mid-Tang's No.361 grotto, there is a fresco named Amitabha Sutra-illustrations, where the image is also a human pyramid. There are six acrobatic kids performing up-side-down with the hands holding the body and the parted legs, up-side-down single-handedly, bending the waists backward, and standing single-legged on the belly of the former one respectively.

On the south wall of the late-Tang's No.85 grotto, there is a fresco named Gratitude Sutra-illustrations. On the fresco, there are four kids wearing soft boots and kid-bun. One kid bends his waist, while the other standing single-legged on the waist of the former one. One kid plays the flute, while the other is clapping. The fresco is vivid and lively.

In the Jing mausoleum, west of Pangliu Village, Chang'an District, which buries Wu, Xuan Zong emperor's Zhen Shun empress, several acrobatic-themed frescos were found on the remnant in 2008. One of the frescos presents three kids pyramiding at the top of a high building. Together with the San Cai glazed pottery of kids making human pyramid, they all truly present the consummate acrobatic level in Tang Dynasty.

84. Pottery of Sumo Kids

This pair of round-faced kids looks naive, with side-buns, hugging together as wrestling. One holds the other's waist and leg. The other holds his opponent's neck and leg. On the round board, the kids are round in physique, with the upper bodies naked and only panties. The utensil is glazed with green, tawny, blue and white, with white faces. The white base is fine-textured with slightly yellow and red. The utensil is made under bilateral mould.

As one of the variety shows, Sumo is popular in Tang Dynasty with the characteristic of athletics and entertainment. Even kids take part in this sport. Their posture is clumsy and vivid, revealing the vitality of this sport in Tang Dynasty.

85. Pottery of Musician Striking Waist Drum

The figurine wears a scarf on the head, with partings high and leaning forward and the two ends hanging down the back head. He wears cross-collar shirt with the interlining covering half of the arms. With one leg kneeling down, the other standing half-squat on the square board, the figurine strikes the tunic drum leaning along his chest. The utensil is made under front-and-back mould in a hollow way. It is glazed with tawny, green, blue and white. The pedestal is not glazed but has the trace of flowing glaze. The white base is slightly yellowish.

Similar utensils are unearthed from Huangye Kiln in Gong County, Henan. From the aspect of glaze, base and shape, this utensil should be a product of Huangye Kiln.

The waist drum was originally from Qiuci an ancient state in Wei and Jin dynasties, with the distinction of playing with staves(Zheng Drum) and with hands(He Drum). The drum in this utensil is He Drum. In Tang Dynasty, music and dance in Hu style are popular in the capital city, Chang'an. And waist drum is widely used in Hu music in the music department in Xiliang, Qiuci, Gaoli, Shule and Gaochang etc. In Record of Jie Drum, written by a Tang drummer Nan Zhuo, there is a quote "Either Shi Mo from Qingzhou, or painted porcelain from Lushan." It indicates that there are waist drums made of painted porcelain from Lushan. There are complete waist drums made of painted porcelain from Lushan collected in the Forbidden City in Beijing. There are many repairable fragments unearthed from this kiln. Waist drums made of painted porcelain from Huangbu Kiln, Shannxi, the predecessor of Yaozhou Kiln, are also unearthed from Xi'an.

86. Pottery of Horse Riding Male Figurine

The head manes of the horse rise up sharply, and the means on the neck are well-cut. There are apricot leaves decorated on the chest belt. The horse stands on the square thin board, lowering its head, with whip, saddle and a short tail. The rider wears scarf on the head, leaning leftward, with hands bending in front the chest. The utensil is glazed with tawny, green, blue and white, with white engobe underneath. The parts above the horse legs are not glazed. The pink base is fine-textured. The utensil is made under bilateral mould.

Riding horse is a common way of outing for Tang people, even for ladies in the royal palace. From this utensil, it's easy to imagine the popularity of children's riding horse.

87. Pottery of Bi Li-playing Corydon Riding Buffalo

Standing on the oblong thin board, the buffalo stretches its neck, with the horns long and bending backward. The little corydon sits sideways on the buffalo back, playing the Bi Li(an instrument in ancient China). Though it's fuzzy, the posture is rather cute. The utensil is glazed with tawny, green, blue and white. The base is pink. The utensil is made under bilateral mould.

The realistic pastoral scene of the Bi Li-playing Corydon riding a buffalo, returning late, reveals the thought of Confucianism, Buddhism and Taoism. It is extolled and portrayed by men of letters in the past thousands of years. The instrument in this utensil is not a common flute, but Bi Li, which is played erectly. It came to China during Sui and Tang Dynasties from Qiuci. This utensil is made by folk craftsmen, with great originality. It is an early work of this kind.

Pottery of Animals

88. Yellow-glazed Tomb-protecting Animal

The tomb-protecting animal has an animal face, squatting on the oblong board, with a large horn rolling backward. It has protuberantly round-open eyes, Ruyi-shaped big nose, slightly-opened mouth, visible teeth and up-right little ears, looking ferocious. There are hackle-like ridges on its neck and back. It has wings and protuberant chest. It stands with the front legs and the back legs are squatting, the tail rolling upward. Its chest, front legs and front paws are strong. The yellow glaze is mostly desquamated, with the remaining trace of red and black paintings. It matches the processing features of Sui or early Tang Dynasty.

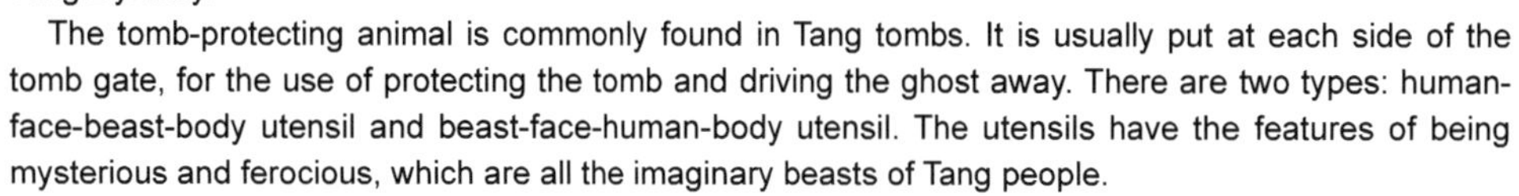

The tomb-protecting animal is commonly found in Tang tombs. It is usually put at each side of the tomb gate, for the use of protecting the tomb and driving the ghost away. There are two types: human-face-beast-body utensil and beast-face-human-body utensil. The utensils have the features of being mysterious and ferocious, which are all the imaginary beasts of Tang people.

89. Pottery of Human-faced Tomb-protecting Animal

This is a pottery of human-faced tomb-protecting beast. Its top hair is twist-shaped, with a pair of prominent ears, angrily open eyes, exposed tusks and beard. There are wings on his slanting shoulders, with hairs at the wing-tips. The beast squats on the irregular-shaped pedestal, with the front legs erect, and it has hoofs. Except the not glazed part of its head, the utensil is glazed with tawny, green and white, with gold decorated on the glaze.

The utensil was made in 697 AD, the first year of Shen Gong, in Wu Zhou Period. It displays the feature of San Cai of that time.

90. Pottery of Beast-faced Tomb-protecting Animal

This is a San Cai glazed pottery of beast-faced tomb-protecting animal. Its tusks are exposed in the open mouth. This fierce beast has up-rising triangle hair on the head, beard under the jaw, destroyed manes on the shoulders and claws. The beast squats on the oval-shaped pedestal, with the front legs erect. Except the not glazed parts of the head and pedestal, the utensil is glazed with blue, green, yellow and white, with blue as the main color.

There were already mythical tomb-protecting animals in Eastern Zhou Dynasty. The first solid tomb-protecting animal made from lacquer and copper was found in the Tomb of Chu State in the Warring States period. There are seldom tomb-protecting animals in Tombs of Qin and Han Dynasties. Afterward, green-glazed pottery of tomb-protecting animal was found in the Tomb of East Wu in Ezhou, Hubei.

In the period of Southern and Northern Dynasties, there is increasing use of tomb-protecting animals. The squatting tomb-protecting animals in pairs appeared in Northern Wei and Northern Qi Dynasties. In Northern Zhou Dynasty, the tomb-protecting animals appeared with loricae warrior figurines. Since Northern Dynasties, the tomb-protecting animals are used with one human-faced and one beast-faced animal in a pair. In Sui Dynasty, clay and glaze tomb-protecting animals are rowed in the front of all tomb-protecting figurines.

The large amount of tomb-protecting animals and figurines of Tang Dynasty are Dang Kuang, Dang Ye, Zu Ming and Di Zhou, mentioned in Da-Tang-Liu-Dian. They are testified as tomb-protecting animals with human face and beast face in pairs in Tang Dynasty. The pair of tomb-protecting animals unearthed from Tang tomb in the brickyard, Taidian, Gongyi, Henan in 1986 are written "Zu Ming" in Chinese ink at its back, which provides the evidence that this type of tomb-protecting animals are "Zu Ming", mentioned in Da-Tang-Liu-Dian.

91. Pottery of Beast-faced Tomb-protecting Animal

The utensil is with lion face and beast body. The hair behind head sticks upward, with round knobbing eyes, open mouth, tusks and small upstanding ears. There is a pair of horns on its head, with a ball in between. There are manes on its shoulders, with all its hair radiately sticking up. The beast squats on the oval-shaped pedestal, with the front legs erect, with hoofs and an up-rolling tail. Except the not glazed part of the head, the utensil is glazed with green, blue, yellow and white, mainly green. Its base is white.

Of San Cai glazed funerary objects burned in Tang capitals, the large-sized San Cai glazed potteries unearthed in Chang'an are brighter in glaze. The tomb-protecting beasts'horns and hair, flame-shaped wings decorated on the shoulders are more complicated and beautiful.

92. Potteries of Tomb-protecting Beast with Wings

These two utensils are similar in fabrication, with a bit difference on their shoulder wings. There are angrily opened eyes, prominent ears and dual-twisted upstanding hair on the head. There is a horn rising on the forehead. They hold their heads high. The manes on the shoulders rise as wings, with up-rolling tails. The beast squats on the oval hill-shaped pedestal, with the front legs erect, and it has hoofs. Except the pastel head, the utensils are glazed with green, yellow, blue and white, mainly blue and partly shading. The white base is rigid in texture.

According to Chinese Ancient Tomb-protecting Mythicai Objects, compiled by the cultural relics and archaeology institute of Zhengzhou City, the evolvement of San Cai glazed pottery and painted pottery of tomb-protecting beast are different between Shaanxi and Henan province in Tang Dynasty. The utensils in Shaanxi province are more gorgeous, grander with richer facial expressions. During Kaiyuan period, the tomb-protecting animals squat on a higher pedestal, with the front legs erect. At the end of Kaiyuan period, the tomb-protecting beasts stretch out their paws, with up-rising manes. They stand on the evil with the back legs, with one front paw rising high and another akimbo. The image looks more ferocious.

From then on, squatting tomb-protecting beasts are gradually substituted by this new type of tomb-protecting beasts. In Tianbao period, there emerged the erect tomb-protecting beasts. The face is so twisted with ferocity that it's difficult to distinguish human face from beast face. At the end of Tianbao period, the beasts' manes are reduced to even more bare. Some erect the upper body, squatting with the back legs, with one front paw rising high, the other grasping a snake; some stand on the pedestal with one leg, with the other leg bending on the monster or Yaksha, rising one of the front paws, with the other wrapping a snake. The monster or Yaksha are struggling very hard.

In late Tang, as the national power decreased, the funeral culture changed thereby. Iron cattle and pig, the utensils used in geomancy and FengShui, take the place of tomb-protecting beasts and the Heavenly King figurines.

93. Pottery of Beast-faced Tomb-protecting Animal

The tomb-protecting beast squats on the oblong pedestal. There are a pair of twisted horns erecting on its head, protuberant facial muscles, round-opened giant eyes, open mouth and teeth on its face. There is a pair of wings on its back shoulders. It stands on the pedestal forcibly with the hoofs, bending the back legs and erecting the front legs. Its expression is pretentiously arrogant and overbearing. The light white base is glazed with yellow, brown and green, with a little white. The colors are bright and vivid. By following the wax technique of Dyeing-Weaving, the decorations on the glaze magnify the gorgeous effect.

This utensil is large in size, emphasizing the protuberant face and the erect wings, leaving a sense of mystery and reality, which is rare among the same type.

94. Pottery of Tomb-protecting Beast with Human Face and Beast Body

This tomb-protecting beast with human face and beast body has the feature of Hu people. There is prick-shaped hair on the head, and it has prominent ears, projecting eyebrows round eyes, Roman nose and big mouth. There is a pair of moustaches, a small beard under the lips, curving whiskers on the cheek, prominent facial muscles and small wings on the shoulders. The beast squats on the round-cornered square pedestal, with the front legs erect, the back legs bending, with hoofs. The beast looks short and strong. Except the not glazed part of the head and the pedestal, the utensils are glazed with yellow, green and white, forming vivid contrast.

This utensil is similar in style with the one that unearthed from Tang tomb in Sujiazhuang, Luzhuang, Gongyi, Henan province.

95. San Cai-glazed Pottery of Saddleless Horse

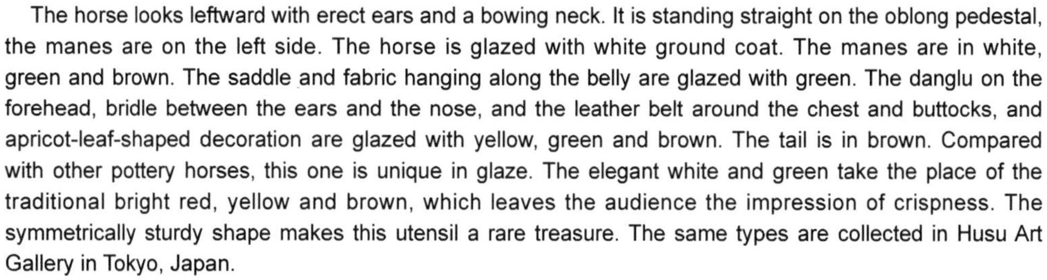

The horse looks leftward with erect ears and a bowing neck. It is standing straight on the oblong pedestal, the manes are on the left side. The horse is glazed with white ground coat. The manes are in white, green and brown. The saddle and fabric hanging along the belly are glazed with green. The danglu on the forehead, bridle between the ears and the nose, and the leather belt around the chest and buttocks, and apricot-leaf-shaped decoration are glazed with yellow, green and brown. The tail is in brown. Compared with other pottery horses, this one is unique in glaze. The elegant white and green take the place of the traditional bright red, yellow and brown, which leaves the audience the impression of crispness. The symmetrically sturdy shape makes this utensil a rare treasure. The same types are collected in Husu Art Gallery in Tokyo, Japan.

The San Cai glazed pottery of horse is grand in shape, revealing the prosperity of Tang Dynasty, as well as the then aesthetic preference to plumpness. Although different in shape, the horses share some similarities: the small head, thick neck, round buttocks, wide back, strong limbs, symmetrical body and smooth outline. The vivid shape perfectly shows the inner spirit. There are decorations on the horse, i.e. braid, saddle, felt and leather, which are plastered after mold-printing. The glaze is done afterwards by brushing.

Among the pottery horses, there are potteries of single horse, potteries of hunting with horse, potteries of warrior riding horse, potteries of polo playing and potteries of female riding horse. It followed the realistic Qin and Han style, and was affected by the then culture. The luxuriously romantic appeal is created by abstracting the shape and renewing the glaze, effectively foiling the heyday of Tang Dynasty.

96. Yellow-glazed Pottery of Saddleless Horse

Standing on the pedestal with erect legs, the horse has a long neck, with slightly lowered head and short tail.

It is glazed with yellow. Especially the color on its back is thick, sleek and glossy, giving us a sense of purity in hair and muscularity in body, revealing the carefree and cute image of a freely raised horse.

97. San Cai-glazed Pottery Horse with Saddle

The horse leans its head leftward, with long manes, bowing neck, erect ears and open mouth. Standing on the pedestal, the horse erects its front legs, slightly bending the back legs with the tail stretching backward. From an overall observation, the open mouth, slightly bending back legs and the backward stretching tail indicate the horse is neighing. Its body and legs are glazed with bright yellow. The saddle and the hanging carpet are green. The long manes are in yellow and white. The glaze is brief, bright, sleek and glossy. Besides, the delicate craftsmanship endows the utensil with great artistic and economic values.

98. San Cai-glazed Pottery of Saddleless Horse

Standing on the oblong pedestal, the horse lowers its head with open mouth, and bowing neck. The white base is glazed with white and yellow. The color and the partial portrayals(manes and decorations) are quite simple, while the fat back and the strong legs embody the features of Tang horse.

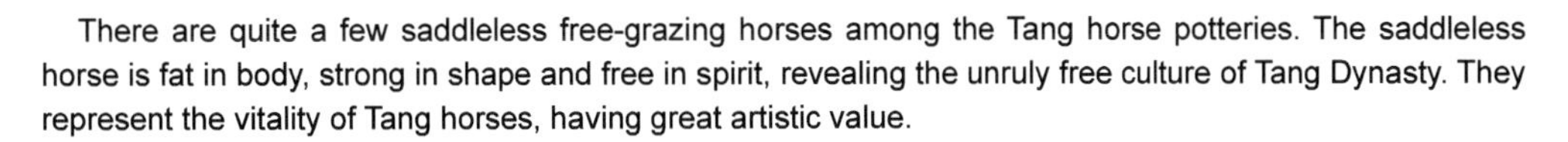

There are quite a few saddleless free-grazing horses among the Tang horse potteries. The saddleless horse is fat in body, strong in shape and free in spirit, revealing the unruly free culture of Tang Dynasty. They represent the vitality of Tang horses, having great artistic value.

99. San Cai-glazed Pottery Horse with Saddle

The horse stands up-right, with lowered head, the eyes looking askance forward and it has neat manes. There are complete fittings and saddles, with Zhangni(defending-mud) glazed with yellow, brown, blue and white. There are peach-shaped or round mottle curlicues on the leather belt. The tail rises upward. The utensil is glazed with blue, dotted with brown. The unique and grand style makes it a rare treasure. The glaze is bright and the harness is gorgeous, with the spirit of "neighing among the desert and the prairie, speedcoursing through thousands of miles."

100. San Cai-glazed Pottery with Horse

The horse slightly lowers its head, with the eyes looking downward and the ears erecting forward. Its long manes hang on the left side and parting on the forehead. It has complete headstall and saddle. There is chest belt in front of the saddle, which is set in front of the chest. There are flower-decorated ke on the chest belt. There are curlicues decorated on the boots behind the saddle. The tail is short, up-rising and tied. Standing on the pedestal, the horse has strong legs with handsome posture. The white base is rigid in texture. The utensil is glazed with light yellow all over.

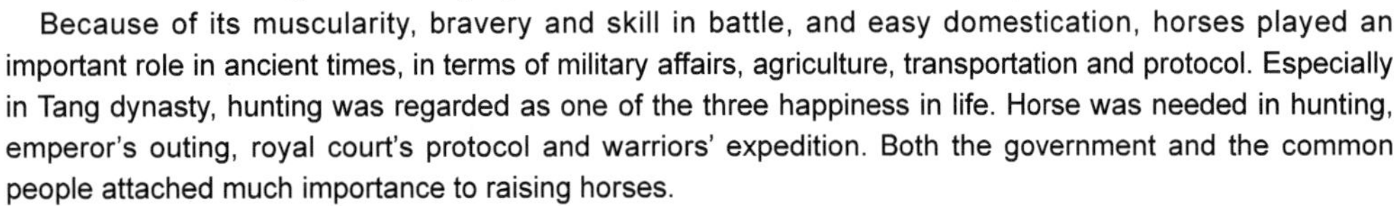

Because of its muscularity, bravery and skill in battle, and easy domestication, horses played an important role in ancient times, in terms of military affairs, agriculture, transportation and protocol. Especially in Tang dynasty, hunting was regarded as one of the three happiness in life. Horse was needed in hunting, emperor's outing, royal court's protocol and warriors' expedition. Both the government and the common people attached much importance to raising horses.

Emperor Xuan Zong once asked the painter to draw the coursers offered by West Region, Da Wan, and from the central plains. He also ordered the officials Wang Maozhong and Zhang Jingshun to raise 430,000 coursers in the royal stall. When holding a fete in Tai Mountain, Emperor Xuan Zong brought with him tens of thousands of horses, "the different crowds with distinctive colors are like wavy cloud" and "hundreds of horses were taught to bear the cup for festa." That's how Tang people upheld horses.

Du Fu, the renowned master of Chinese poetry, mentioned horses in his works many times. Thereby, the horse is one of the most significant subjects in Tang artistic creation.

The scene of the human and horse harmoniously together can be found in the pottery of Hu people leading a horse. The experienced and prudent Hu person perfectly matches the horse in manner and sculpting, revealing the all-embracing feature and diversity of the heyday of Tang dynasty.

101. San Cai-glazed Pottery Horse with Saddle

The horse stands erectly with firm feet. It has erect ears, a pair of bright piercing eyes, the neat manes parting on the forehead, and the complete headstall and saddles are with chest belt and curlicues. The white-based utensil is glazed with tawny. Most San Cai glazed horse potteries are featured in smooth outline, symmetrical body and full spirit. The craftsmen showed the horse's appearance with the inner spirit. The emotion of the object emerges on the relatively steadily delicate carving, which is a unique feature of the San Cai glazed pottery of Tang Dynasty.

From the aspect of form, the San Cai glazed pottery of horse is cubic-shaped, with the horizontal and vertical lines of similar length. The visual effect of strength and roundness are achieved by the changes of cube and sphere. Craftsmen decorated the basic structure of the horse with accurate and vivid muscle, which achieves a unique and romantic artistic effect, revealing the artistic aesthetic value in Tang Dynasty.

102. San Cai-glazed Pottery Horse with Saddle

The horse lowers its head inward, with upward looking eyes and long manes. There is beautiful Zhangni(defending-mud) with blue and brown glaze on the saddle. The Zhangni(defending-mud) has the sense of fabric texture. The utensil is glazed with tawny. The white base is rigid in texture.

103. San Cai-glazed Pottery Horse with Saddle

Standing upright on the pedestal, the horse looks forward and it has neat manes. There is a zigzag pattern Zhangni(defending-mud) with green, brown and white glaze on the saddle. The utensil is glazed with tawny. The white base is rigid in texture.

104. San Cai-glazed Pottery Horse with Saddle

Standing upright on the pedestal, the horse looks forward. It has neat manes. There are complete saddles,

with bands tied under the belly, glazed with blue and white. The utensil is glazed with brown. There are sets of utensils of Hu people leading horse excavated from No.31 Tang tomb in Guodu, Chang'an, which are delicately made and beautifully decorated.

105. Blue-glazed Transporting Mule

Standing on an oblong pedestal, the mule has a pair of short erect ears, lowered head, in the position of walking with heavy load. There is a saddle and a heavy bag on its back. The mule is glazed with blue and with brown dapples. The bag is glazed with yellow, white and blue. The expression and the strong legs are vividly carved.

Mule is crossbred from horse and donkey, born with the advantages of both. The large size and great stamina enable it to be a good transporter. According to Hun Commentary Section of the Historical Records, mule is a kind of the miraculous livestock in Hun. This blue-glazed mule slightly opens its mouth, in the position of catching its breath during the arduous long journey. It is common to find San Cai glazed potteries of horse and camel, but not donkey and mule. Thus, this utensil of blue-glazed mule is a rare treasure.

106. San Cai-glazed Hu People and Pottery of Squatting Camel with Goods

The camel has up-rising head and round-open eyes, in the position of neighing. The camel squats on the floor with bending legs and a bending and up-rising tail. There is an oval-shaped felt, with chiffon around and with grass green and white glaze. There is a saddle between the humps, with bags, silks, ivories on its top. On both sides, there are stirrup bottles, plates with fancy edge and phoenix-head bottle. The utensil is glazed with light yellow, brown and green. The white base is rigid in texture.

Pottery of camel is among the most original utensils in the San Cai glazed potteries, with vivid beautiful shape and gorgeous San Cai glaze. Its artistic achievement is amazing. These various goods-carrying camels reveal the social scene of that time. Since Zhang Qian started the Silk Road in West Han Dynasty businessmen from Central Asia and Western Asia were coming to China through the West Region, with camels as their transporters. Tang Dynasty is wide in its territory, with countries in the West Region submitting to it, the Silk Road became more unimpeded. Hu businessmen did business with Tang Dynasty through the Silk Road, bringing in exotic culture and spreading Tang culture outward. These camels carry goods of both the East and West cultures, which is the evidence of blending of Western and Eastern cultures in Tang Dynasty.

This utensil is delicately made, especially the various goods, which are a realistic representation of the camels and different goods travelling on the Silk Road.

107. San Cai-glazed Pottery of Camel

The double-humped camel has up-rising bowing neck, up-rising head, open mouth with exposed teeth and oval-shaped and pane-patterned color hair carpet on its back. Standing on the oblong pedestal erectly, the camel is slightly thin in belly, while the rising neck and the strong legs show that it is strong although thin. The white-based utensil is glazed with brown. In a Tang poem, there is a line describing the scene of large numbers of camels in the capital. Thus the great number of unearthed camel potteries are portraiture of the active communication between China and the West through the Silk Road in Tang Dynasty.

108. San Cai-glazed Pottery of Camel with Goods

Standing on the concave-waist square pedestal, the camel has rising head, crane neck, lacy saddle on the back and bags between the humps. There are fi lament patterns behind the head, under the neck on the humps and the leg joints. The shape is babyish. The utensil is glazed with brown, green, blue and white, with the parts below the legs being glazeless. The pink base is rigid in texture. The utensil is made under bilateral mould.

The large number of camels and camel-riding Hu people unearthed from Tang Tombs reflect the thriving scene of the Silk Road between China and the West. This small-sized camel is unearthed with other San Cai glazed potteries, which are kids' favorite toys.

109. San Cai-glazed Pottery of Bird-shaped Whistle

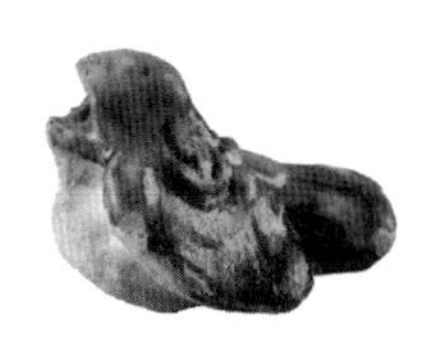

From its profile, it is a bird with full plumage, rising head, open mouth, expanding wings, slightly up-rising long tail, in the position of chirping. There are filament patterns on the wings and tail, with the back magnificently decorated. Though it is flat in belly, its centre of gravity is at the back, with the back tail touching the floor. It can rock fore-and-aft by pressing the head, without falling. There is a hole in its mouth and under its belly respectively, which enable the utensil to be a whistle. Seen from the upper part, the utensil is in the image of a raptor, with round eyeballs; hooked beaks, clustering ear plume and up-rising head plume, combining the features of strigidae and eagle. The upper part is glazed with tawny, green, blue and white, with white engobe underneath. The lower part is not glazed. The base is fine-textured and in pink.

No matter common birds or hunting eagles, they are all closely related with Tang people's life. Both of the tumbler and eagle-like back are with originality, wit and humor. The same utensils have been unearthed from Huangye Kiln, Gong County, Henan.

110. San Cai-glazed Pottery of Buffalo

Standing on the oblong board with erect hoofs, the buffalo has round-opened eyes, long and bending horns stretching to the back, forward-stretching and right-slanting head, headstalls, a right-swinging tail and a strong body. It is glazed with green, tawny, blue and white, all over except the part below the legs. The buffalo has a mottled body with green on the cheeks and eyes; tawny on the mouth, nose and forehead and blue on the horns. The base is pink. The utensil is made under bilateral mould.

Buffalo is a tropical or semi-tropical animal. In Tang Dynasty, it is a common labor. Dai Song is an expert in buffalo painting, with his masterpiece bullfight, vividly depicting the fighting scene of two buffalos.

111. San Cai-glazed Pottery of Mandarin Duck

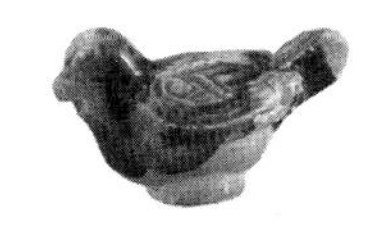

Lying on the pedestal, the utensil is in the shape of mandarin duck, with short thick beak, wings held together on the back, small chubby body and up-rising tail. Except the not glazed belly and pedestal, the utensil is glazed with brown, green and yellow.

112. San Cai-glazed Pottery of Mandarin Duck

Standing on the pedestal with rising head, the utensil is in the shape of mandarin duck, with short thick beak and up-rising short tail. It is chubby in body, with wings held together on the back in full plumage. The utensil is lovely in shape and vivid in expression.

113. Tawny-glazed Rooster

The rooster has pointed beak, high comb and up-rising head, standing in a cockfighting way. The white-based utensil is glazed with yellow, brown, which have seriously peeled off.

Rooster serves the needs of eating, crowing, auguring, sacrificing and cockfighting. Royal cockfighting was a repertoire in Tang festivals and grand ceremonies. Li Bai, the renowned Tang poet, also depicted the scene of cockfighting in his poems.

114. Tawny-glazed Duck

The duck has flat beak, up-rising head and up-rising bobtail. And it is in the position of standing. On the white base, there are yellow and brown glaze, most of which have peeled off.

115. San Cai-glazed Pottery of Erect Cattle

These two utensils are similar in fabrication and size. The red-based utensils are glazed with purple brown, dotted with white. Standing on the square pedestal, the cattle is fuzzy in shape, but looks very strong.

Besides plowing, cattle are also used for driving in Tang Dynasty. According to Jiu Shu Yu Fu Zhi, "before Sui Dynasty, an official's carriage was driven by horse, while it changed into cattle after Sui Dynasty." Cattle potteries can be found in pottery fi gurines and San Cai glazed potteries of Tang Dynasty.

116. San Cai-glazed Mule Pottery

These three utensils are basically the same in fabrication. Standing on the oblong pedestal, the mules have erect legs, round-opened eyes, long neck and fat buttocks, and are docile in posture. The white-based utensils are glazed with purple brown, dotted with black. The glaze of one utensil has peeled off.

117. Ochre-glazed Camel

Standing erectly on the oblong pedestal, the camel has up-rising head, bowing neck and double humps. The ring-shaped pedestal is hollow in the middle. The red-based utensil is glazed with black ochre.

118. Potteries of Up-standing Horses

These two utensils are basically the same in fabrication, with red base and small size. Standing on the ring-shaped hollow oblong pedestal, the horses slightly lower their heads. One is glazed with black brown with light yellow dots. The other is glazed with black.

119. Yellow-and-brown-glazed Lying Dog

The lying dog has forward-stretching legs, slightly closed eyes and bending tail. The white-based utensil is glazed with yellow and brown. In Tang Dynasty, dog serves the needs of looking after the house and hunting. There are Fulin dogs (Roman dog) imported from Western Asia, kept as pet, which can be found in the paintings of Tang Dynasty.

120. Yellow-glazed Pig

The pig has long pointed mouth, slim eyes, round ears, nutant tail, round belly and fat body. It stands with erect legs. The red-based utensil is glazed with yellow.

121. San Cai-glazed Pottery of Little Lion

Standing on the oblong pedestal with ring foot and concave waist, the lion has up-rising ears, angrily round-open eyes, wide-open mouth, long tail stretching to the buttocks, up-rising tail and left-slanting head, with the body similar to mastiff, snarling. The manes behind the head are parting to both sides. There are filament patterns decorated around the neck and behind the legs. There is a saddle on its back, with tassel around the edge. A bell is tied under the jaw. The chest and buttocks are tied with belt, with round decorations around it. The lion is strong and healthy, looking very ferocious and powerful. It is glazed with tawny, green, blue and white. Except a not glazed leg and the pedestal, the color is brightly glazed. The slightly red base is fine-textured. The utensil is made under bilateral mould.

The same utensils have been unearthed from Huangye Kiln, Gong County, Henan, which are regarded by someone as poodles. This utensil is nearly the same in glaze, base and shape as the ones from Huangye Kiln, so this one should be a product from the kiln.

Lion is a fierce animal from the West. It has a symbolic meaning in Buddhism that it is the mount of Buddha. Manjusri Bodhisattva is the image that rides a lion. It is later extended as the mount of monks of high rank. This lion has an up-rising tail that stretches to the body, almost the same as a mastiff, which indicates that Tang people can hardly distinguish lion from mastiff. Thus the lion is no longer a holy avatar, but a toy popular with kids. There are moulds, waste and semi-manufactured potteries of San Cai glazed pottery lions of small size, in both Huangye Kiln, Gong County, Henan and Huangbu Kiln, Tongchuan, Shaanxi.

122. San Cai-glazed Pottery of Little Lion

The standing lion turns its head rightward, with up-rising eyebrows, slightly open mouth and erect ears, gazing afar soberly. Its body is small but strong. Its short wide tail bends upward on the buttocks. Standing on the square pedestal, it looks energetic and cute. Its head is glazed with green and body is in yellow.

The large-sized San Cai glazed pottery lion can reach the height of 20cm, commonly seen in temple sites. One example is the San Cai glazed pottery of squatting lion, 18cm in height, kept in the site of Sarirakeeping–room in Tang Qingshan Temple in Lintong, Shaanxi. Another example is the San Cai glazed pottery of paw-licking lion, 19.8cm in height, unearthed from No.90 tomb, Wangjiafen, Xi'an in 1955.

According to Chuan Deng Lu. Buddha is a lion among human. Buddhism treats lion as the holy beast that guards the Buddha. Tang emperors carve stone lions for their mausoleums. Besides, small-sized San Cai glazed potteries of lion also fully present the excellent sculpting technique of Tang Dynasty. Although they are toys, they still have great artistic values.

123. San Cai-glazed Pottery of Column-hugging-lion

The lion has slanting head, dense eyebrows, protuberant eyes, wide nose, open mouth, baring teeth, long beards under the mouth, backward ears, curled manes on the head and copper-bells-and-tassel-decorated chaplet around the neck. It squats on the lotus pedestal with the back legs bending, the right front leg erecting and the left front leg hugging the stone column in front of chest. Its wide tail clings to the buttocks, sitting on the round lotus pedestal with a square pedestal underneath.

This utensil is unique in shape. Some scholars point out that it's a post-Tang utensil, due to the bell cluster and the "Wang" mark on its forehead. There is no similar utensil unearthed till now. From the glaze and overall style, it should be a product of Song Dynasty.

Construction Models

124. Brown-glazed Kitchen Range

Its plane is square with a chimney in the front and a retaining wall at the back. There is an arch door and a hollow body. The plane is flat and no cooking pit and no bottom. It is glazed yellowish brown except the bottom. The glazed layer is thick. The pottery is white and fine. This kind of modeling is found in large number in tombs of Han Dynasty. Their textures are grey pottery and glazed pottery and their shapes are round and square. Usually, there are two or three cooking pits on the hearth and there are basins on the pits. Compared to the modeling in Han Dynasty, this San Cai Kitchen Range is simple in structure, but its glaze layer is smooth and thick, and its shape is well-arranged.

125. Green-glazed Well

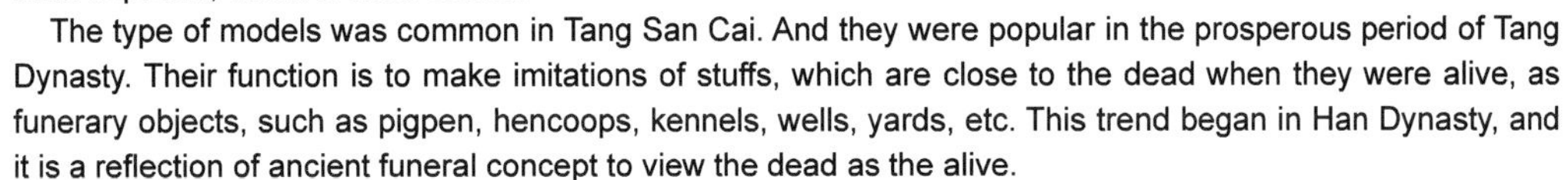

This is a square well model, whose plane is rectangular, and the four sides are trapezoids. It is hollow, and its wall is thick. The plane of the well and the four walls are glazed dark green on the upper part. There are pits on the glaze and they are appealing in thickness, flowing naturally. The lower parts of the four walls have the base exposed, which is white Kaolin.

The type of models was common in Tang San Cai. And they were popular in the prosperous period of Tang Dynasty. Their function is to make imitations of stuffs, which are close to the dead when they were alive, as funerary objects, such as pigpen, hencoops, kennels, wells, yards, etc. This trend began in Han Dynasty, and it is a reflection of ancient funeral concept to view the dead as the alive.

126. Green-glazed Grinding

The plane of the grinding model is round. The upper part is the grinding, and the lower part is the millstone whose diameter is larger than that of the grinding. In the middle of the grinding, there are two holes which link the upper and the lower. Around the grinding, there are two circles of string patterns, between which there are a circle of vertical and slanting lines, symbolizing the engraved traces in the grinding. The perispore and the plane are glazed green while glaze on the plane is light, which seems to have been scraped. Around the perispore, there is pottery exposure which is crude and a layer of white engobe on it.

127. Brown-glazed Tap Vertebra

On the tip of the rectangular bottom is a mortar; in the middle stands two short supporting pillars on which there is a tablet with its one end slightly higher than the other. The higher end is fixed with a round stone to be a pestle head, while the lower end can be continuously stamped by feet, so that the end with stone can be up and down to remove the skin of the brown rice in the mortar. It is unevenly glazed yellowish brown and some has fallen off. The mortar pottery is reddening and there is a layer of white engobe on the glaze.

128. San Cai-glazed Yard Modeling

The rectangular yard has two gates. On the middle axial, there are gates, tetracerous pavilion, antechambers, back bedrooms, rockeries and pools; and on the two sides, there are lathy bungalows. Except the San Cai product of the integrated rockeries and pools, the others only have the San Cai caps excavated, which are glazed blue and brown respectively.

This San Cai house model consists of nine rooms, including gates, halls, kerns and western and eastern side-rooms. The roof of the gate is overhanging-gable-roof, which has gables on the two sides, a gate in the middle and a rectangular floor at the bottom. The roofs of the back rooms are also overhanging-gable-roof, which have four pillars in the front, a gate in the middle, and a floor at the bottom. The second room of the largest hall also has a overhanging-gable-roof, which is set with a gable and back wall, two front pillars, and a rectangular floor. Others are five halls and wing rooms, having overhanging-gable-roof, a gable, a back wall, a rectangular floor. On the roof there are simple decorations of tiles and ridges. The roofs are all glazed green, while other parts are painted white glaze protection. The base is white and hard.

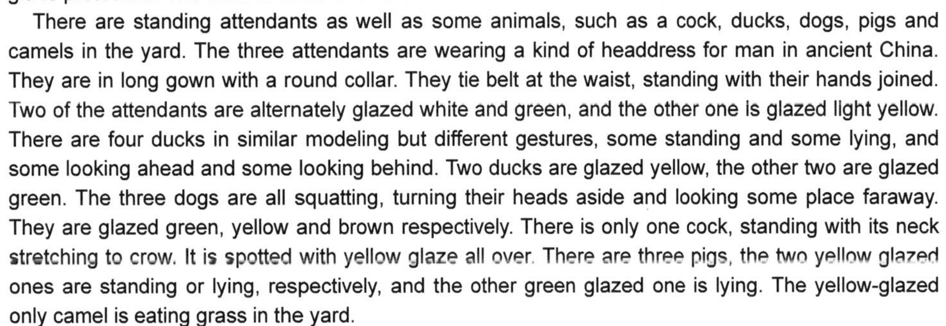

There are standing attendants as well as some animals, such as a cock, ducks, dogs, pigs and camels in the yard. The three attendants are wearing a kind of headdress for man in ancient China. They are in long gown with a round collar. They tie belt at the waist, standing with their hands joined. Two of the attendants are alternately glazed white and green, and the other one is glazed light yellow. There are four ducks in similar modeling but different gestures, some standing and some lying, and some looking ahead and some looking behind. Two ducks are glazed yellow, the other two are glazed green. The three dogs are all squatting, turning their heads aside and looking some place faraway. They are glazed green, yellow and brown respectively. There is only one cock, standing with its neck stretching to crow. It is spotted with yellow glaze all over. There are three pigs, the two yellow glazed ones are standing or lying, respectively, and the other green glazed one is lying. The yellow-glazed only camel is eating grass in the yard.

The type of San Cai yard model in a set is rarely excavated. Tang Chang'an and the surrounding areas are the places where this kind of models is mostly found. It reflects Tang Dynasty's economic prosperity, and the upper class' pursuing of cozy and comfortable garden life. Such kind of yard is connected by walls, which is a real portrayal of the aristocrats' residential conditions Tang Dynasty.

삼채(三彩)는 중국 고대(古代) 도기 중 빼놓을 수 없는 귀중한 유물로 생동감 있고 색상이 화려하며 풍부한 생활의 정취를 담고 있어 전 세계에 널리 알려지게 되었다. 당대(唐代)는 고대 중국의 번영기로 경제가 발전하고 문화예술이 찬란하게 꽃피던 시기였다. 화려하고 생동감 있는 당삼채는 당나라의 번영을 반영하고 있다.

시안은 세계적으로 이름난 역사와 문화의 도시이며 중국 유일의 13개 왕조의 도읍지이다. 시안에서 발견된 당삼채는 대부분 성당(盛唐) 시기의 것이며, 종류가 다양해 당대 사회 및 역사의 진귀한 연구자료가 된다. 이 책은『시안문물정화(西安文物精華)』시리즈 중 하나로 시안 지역에서 출토 · 수집된 삼채 120여 점이 수록되었다. 그중 일부는 처음 공개되는 것으로 독자들의 감상과 연구에 도움이 되길 바란다.

이 책은 쑨푸시(孫福喜) 박사가 책임지고 편찬한 것이다. 쑨푸시와 왕펑쥔(王鋒鈞)이 체계를 잡고 짜이룽(翟榮), 위녀(魏女), 두원(杜文), 장취안민(張全民), 양훙이(楊宏毅), 양쥔카이(楊軍凱), 왕쯔리(王自力)와 함께 집필했다. 왕바오핑(王保平), 위싱순(魏興順)이 사진 촬영을 진행하였으며 자시아오얀(賈曉燕)이 교정을, 장쥔(張俊), 왕후안링(王煥玲)이 사진 정리를 책임졌다. 작전시(禚振西) 선생이 서언을 써주셨고 중밍산(鐘明善) 선생이 서명을 지어주셨다. 시안시문물국의 정위린(鄭育林), 샹더(向德)는 책의 출판에 커다란 도움을 주었다. 중국도서수출입시안회사의 우훙차이(武宏才)와 판신(樊鑫) 선생도 책의 출판에 많은 도움을 주셨다. 이 자리를 빌려 진심으로 감사의 말씀을 드린다.

이 책은 유물을 사랑하는 일반 독자를 대상으로 한 서적으로 과학적으로 체계를 세우고 정확하고 대중적인 설명과 시각미를 고려한 디자인으로 이루어졌다. 저자는 모두 오랫동안 유물 관리와 연구에 종사한 유물고고학 전문가이다. 그러나 개인의 부족함으로 오류가 있다면 독자들의 아낌없는 의견을 바란다.

편집인